國家古籍整理出版專項經費資助項目
全國高等院校古籍整理研究工作委員會規劃項目

吴震生全集

二

（清）吴震生◎著　王漢民◎編校

北京师范大学出版集团
BEIJING NORMAL UNIVERSITY PUBLISHING GROUP
安徽大学出版社

目録

玉勾十三種（之十至十三）

臨濠喜

臨濠喜目録

第一齣　喜端

【蝶戀花】（末上）年少爲官忙到老，名異齊民，樂處尤其少。只爲太平多察考，難容越格謀歡好。　僅有偏安才是寶，政舉心忠，閫室憑喧噪。有識佳人先娶了，怨家妻子還歸抱。（問答照常）

【慶親朝慢】崇俊劉生，淮安人氏，家餘故宅遺書。乃被朱温豪壻占奪，遷居避惡。蘄州楚地，暫時入教依諸。逢賢妹，極嗤兄祐，訂就葭莩。　楊行密，成吴業，因干謁特遣守濠滁。盡舉諸般善政，秉燭嬉娱。掠得他邦美婦，其中成主婦尤殊。兒魁解，趙巖歸命，妻願爲奴。

詩

避豪强的劉崇俊因禍得妻，
占田産的趙立巖失勢如龜。
用才能的楊行密從臣所好，
立邪教的諸希祐有妹稱奇。

第二齣　檢書

【滿庭芳】（生上）平世能臣，危邦志士，昔人本有批評。離群絶俗，匪我所能。矜維翰，三般是悦，妓錢書實可娱情。扶紅袖，讐今校古，樂豈讓簪纓。

〔鷓鴣天〕家有藏書與屋基，固窮未忍棄。先遺步，行空宇，聊摩揣，每遇微言可據依。忠合盡，孝能移，總由開卷世烏知。縱無俊嫗調陳相，且把醇醪下漢詩。小生劉崇俊，字人傑，孝綽公十世孫也。世居淮水，祖籍彭城。本炎火之遺精，學王孫之垂釣。梁代滿家有集，祖茆盡似神人。杯棬不見，止剩千間。手澤如新，徒存萬卷。弄姿李固，未患無妻。納履張良，差堪入幕。紅粧難致，請姑以酒代之。翠髮初長，有暇觀書足矣。正是學不常師，心鏡群籍，理不啓問，情照諸密。所以談皆朕理，筆有奇鋒。今日有一甕蠟黄在此，不免自斟自酌，把這經史子集從頭檢點一番，有何不可？

【破陣子】（丑扮書童持壺上）只怕喫多沈醉，不能曲盡其情。今日光身横見暴，他日成房類棄罌，教人暗淚零。

酒熱在此，相公請用。（生）那裏頓著，不要住火。（丑下）

【繞紅樓】（小旦扮書童抱書上）妖娜東君與訂盟，情固重，痛却難勝。碧玉爲簪，緋羅作袴，只恨步蓮平。

書檢在此，相公請看。（生）還有幾許，逐漸尋來。（小旦下）（生作翻書介）這是《十三經》，縹緯百世，而後地高天下。人知其母，不知其父。蓋情欲肆，斯禮義巇，使非得不傳之學於遺經。則晦盲否塞，反覆沈錮，先王之教掃地盡矣。争奈五季之衰，壞亂已極，只可行權合經，不能引經折獄，且放一邊。

【傾杯序】管下書生賴六經，令彼相恭敬。血氣方剛，易色賢賢，乃見狂且，醉變爲醒。奈長槍闊劍，彼全無惧，却看你怎生逃命。僞成名，難教一世暗呑聲。

這是《十七史》續《春秋》，猶如自古以來一本大大的帳。今日算不得此帳，他日如何管得此帳？幸喜小生記性頗好，若教背誦，一字無遺。

【前腔換頭】分明自洛周至殘唐，觀覽如看鏡。成敗興亡，治亂安危，狡佞忠良，一一都登。人全要於中得力，記兵興某地，事由何釁。作干城，方能衆弊一時清。

這是仙佛二藏，無量無邊，恒河沙界。何嘗有一句一字，不是真實義諦。無如閨中軟暖物，到老還捨不得。大戀所存，這些個千生萬生，只在除非以欲勾牽，慢慢引入佛智。

【玉芙蓉】髯經溯上清，禿講談空影。恒沙意義，穩實休驚。除非没個雞皮剩，並斷安陵莫找零。纔使我心腸硬，絶無由動情，不教他生天靈運佛先成。

這是秦漢以來各家的文集，可惜名心太重。要想人人贊好，不敢自抒己見，所謂自此以往，吾不欲觀之矣。

【前腔】紛紛舊有名，漸漸聲光冷。縱高如身等，容易批評。盤空峭筆雖剛勁，剿襲鋪張異創成。徒争競，任堆齊棟楹，總無非拾人乾矢詡芳馨。

這是淮南王著作，世称《鴻烈》之書。（念介）世莫不言舉賢，舉賢非同乎己者也。故官自聖，則吏藏智而不用。任之者非其職，則賢者無異於不肖。猶狸不可使搏牛，虎不可使捕鼠也。只這幾句就先妙起。（斟酒飲介）可爲浮一大白。

【傾杯玉芙蓉】〖傾杯序〗何世無賢只待升，一語相匡正。須似吾身，能體吾心。纔號爲賢，何必庸登？〖玉芙蓉〗只看那爲官，自是將才騁。這許多椽屬呵，就把智深藏説不能。非其任，反將他訊刑問。伊家搏牛，呼鼠豈能行？

要曉得世上的事脱不得這故紙，又執不得這故紙。所以鬼谷子道：昔者聖王之治，天下也得其情，乃制其術，故以此制萬物。

【朱奴兒犯】明晃晃烏絲朱印，閃爍爍衆義紛呈，鑱刻包羅萬象並，論世事，全無遺剩。一部一杯傾，也就要教儂沈醉，負了個人情。須詳慎周知，民隱始堪矜。

（小旦上）譙樓上打四鼓了，相公去安置罷。

【尾聲】（生）拜官何日臨州郡，作萬姓黔黎司命。（小旦）到處春風沛遠霖。

詩

今人每每笑書獃，使竟無書更不才。
只要個中能決擇，劉家也有讀書臺。

第三齣　勸兄

【虞美人】（旦上）閒來推遍紅顏事，幾個人如意。人生切忌有瓌姿，既已如斯，遭遇豈能奇。

〔憶秦娥〕人綽約，休言須讓高根脚。高根脚，若無知識，夫難憑託。兄由異教開戎幕，非遵王路無歸著。無歸著，屢曾相勸，積迷難藥。奴家諸氏，小字慧娭，楚國著籍人也。未曾識字，遇事輒洞其機。不善調脂著粉，亦如其面。親兄諸祐，字曰希祐，陷身邪教，已經十有六年。聚衆勤王，令及三州八縣。目下各無統屬，自可偷安。倘然真主降生，豈能曲貸。所以時時相勸，刻刻勞心。今日待他回來，再狠狠的絮聒一番，也不枉一場兄妹也。

【前腔】（丑珠帽、花衣上）名爲扈駕全由己，一草朝而已。便宜多少貴爺兒，但肯相依，下賤任他騎。

妹子起來了麼？（旦）哥哥，聽説你這所在，既叫做個忠義扈駕都統府，雖然無處禀命，法制由我，也要依傍常理，方纔日後無禍。怎麼還把那教門道理，在於此處施行？

【宜春令】（旦）依魔教，醒似迷。矯常情，心圖炫奇。英雄來也，豈能容我無拘忌。摘段兒借意誅邪，趁隙兒屠伊諸孽。（丑）孫恩祖師留下的規矩，難道聽了一個妹子的話，就把他來更變了不成？莫不今朝捨舊更新，另立綱紀。

（旦）你那教中規矩，平等相奸，照常論罪。賤人奸了貴人，不但問罪，還要把他的娘母妻女斷與受辱之家，倒也罷了。怎麼貴人强奸了賤人的妻兒，也叫他將錢贖罪？

【前腔】錢能贖，犯不知。只要那貴人呵，果鍾情，身兒便隨。情多緣廣，何人不受豪家戲。賤辱貴合弄他娘，貴凌他怎全除罪。（丑）是這們的，俺標下的官吏，方纔願把娘兒送來與我享用。況且又是第一個騙錢法子。不盡謀人，似是厚他，實自爲計。

（旦）還有一件，越發要速速改變。怎麼爲你官弁的，就内娶不問，生子聽認，和既漸多，强也不究，通成了安息國的風俗。百姓就是肯服，佛爺也不相容呢！

【三學士】乍媾歡聲如鼎沸，同心無翼能飛。庸流共妒情難解，識者翻驚事可危。（丑）當初我的師父參透，人家骨肉，氣雖相禀，魂實各方。半是冤仇，半由緣業。所以只要他替我立功，就不去管他閒事了。握雨携雲雖喪耻，非干我，聽支離。

（旦）這纔叫做五代之時，容人恁地胡鬧。只怕不多幾年，天心一明，就要尋到你哩！

【前腔】不信交情皆乳水，强和一任情虧。初心不動猶枯木，到底雖然類死灰。（丑）却虧其天定者，原自無碍，所以不曾去禁治他。屢承賢妹相勸，愚兄頓開茅塞。將來殺猪宰羊，祭了教裏的神道。齊起行來，盡行改變。賢妹自然没得説了。幾曾見柳下魯男成伉儷，初膠柱，後委蛇。

詩

諸祐欣爲五代民，不當里長害其身。
黄梅陳起何仇恨，只爲家無勸改人。

第四齣　占宅

【秋夜月】（丑箭衣武巾上）雖不才，訟牘粗能解，近向皇親家裏躧。驚人毒計加三倍，任横行似蟹，没人來佈擺。

自家非别，海州城裏一個小小光棍，叫做王伏都的便是。慣會興波作浪，遇事生風鬧撞。街坊與人家國，認得我的，略有睚眦，弄得他人亡業敗。認不得我的，知其殷實，也要他手顫頭疼。近日鑽上了一條門路，你道是什麽人，就是當今的趙巖駙馬。他的令正乃俺大梁國太祖高皇帝朱嫡嫡親親掌上珠般寵愛的令愛公主。此公没别所好，單喜奪人田宅。自亳至邳，那一處好莊子不是他的，只差没到兩淮。俺這山陽鄉下，有個劉家，雖然家計中落，一所宅子到是天下無雙。崇俊秀才有個堂叔，喜於嫖賭。嗔他拒絶不認，與俺商量，説要弄他一弄，方纔爽快。俺便著他賴説宅子原是祖造，該分與他這房，秀才之父僞造分單罩占住了。如今我没錢使，要尋個大大受主出脱這宗。曉得駙馬日夜看見舅子與李存勖相殺，赢少輸多，大有預避南方之意，就去替他投獻了。（大笑介）他雖與我無仇，一向不來親近。就叫他吃這苦惱，又何罪過？駙馬許了事成之後，包問朝裏討個將軍俺做。俺肯做背時運的人麽？况且如今時世，把平民百姓，論千百户占做家奴的，也不止駙馬一個。借那捕賊名色，收他婦女魄獻豪强的，還比區區更凶哩！

【前腔】（副净珠帽華衣，雜隨上）朱爬灰慣的姑兒怪，只許將他來頭戴。幸童秖侯容誰代，許多田與宅，並無姬妾在。

（丑見，叩頭介）（副净）老王，你知竅麼？咱們要撚了那酸丁出去，在宅子裏慶賞中秋纔好。（丑）今朝八月初二，正是黄道吉期。小的跟隨駙馬就此前去罷了。（作行到，副净正坐拍臺介）快喚主人出來交房。（生上，見介）貴人是那一位？請問何事到此？（副净）咗，俺趙立巖，天下有名，誰不知道。你什麽人，要問名姓？（生）不知就是駙馬，這是小生不是。（丑）從二月裏，你叔子就把他這住宅賣與駙馬了，你還推不知道麽？（生）就是别人盗賣，也該先通個信。爲何今日突然而來？（副净）咗，本爵跟前，你敢强辨。平日行勢，不消説了。

【駐雲飛】（副净）恃勢奴才，爲惡多年衆見來。做盡紳衿態，强把平民捺。嗏！靠你潑天財，能將人買來。我跟前休想還胡賴，等你從今學個乖。

（生）何以見得？實在是孽族的官司，判斷也還驗勘紙筆。（丑）你叔子衣裳襤褸，柴米艱難。你祖父出仕，坐享素封，自然他的産業都被你家霸占了。紙筆怕不會假造麽？（生）小生祖父錙銖積累，至儉至勤。他一連三代，嫖賭嚼摇，交結匪類，所以局面不同。足下又是何人，替他苦苦作對？（丑自指介）咳咳，王伏都都不認得？你這個人，也就是倒運漢子了。

【前腔】謎不難猜，巧語支吾想白賴。慣奏官司凱，俺是衙門帥。嗏！問我姓名來，淮南没賽。爾叔窮催，難守清貧戒。駙馬爺呵，費本成交頃刻諧。

（生）既然如此，爲何不見孽族自來？（丑）你家奴才婢妾養著許多，他一個人走將來時，罵你不過，打你不過，你要他來有何難事？有區區在此，難道還怕你麽？（生撞頭介）我家前世與你有什麽寃牽呀？哎！（丑掀，生連跌介）（副净）打得有趣，跌得有趣。

【不是路】計出新裁，不怕伊家是秀才。時常泰，偏逢地棍代，生財没慈哀，飢猫遇鼠難相貸，飽兔償鷹自會來。公平買，遲交空笑胸襟窄。老王今日這齣，著實可以賞鑒。有功須賚，有功須賚。

（丑亂擲器物臺椅介）俺且打你個一掃光，再作道理。（生）就是没有官司也有天理，怎麽花花世界有這等横行的人？（丑）俺活了幾十歲，倒從不曾見什麽天理呢！（生撞又連跌介）

【前腔】（丑）法重難捱，無故教伊結禍胎。休相怪，饒逢雞肋手難抬。暢懷哉。（笑介）莫言吾未持刀械，那怕你痛哭秦庭淚滿腮。圍争解，既然心似穿窬客，緑林能賽，緑林能賽。

（生）寒舍縱然没有别的長物，書籍還有幾橱。也待小生搬寄親眷家去，纔好將屋交你。（净）這件迂腐東西，我們不要你的。限你三日之内速速搬移。

詩　何世無豪似趙公，搆挑成釁是諸狨。
直須濡縷三千劍，掃盡僉壬慰士農。

第五齣　避惡

【風馬兒】（生敝衣，小旦扮書童隨上）（生）昔住村莊樂有餘，鳥巢失計，蕭疎只邪徒。錢米填倉户，途窮無奈，只得叩門呼。

〔望江南〕（生）巢覆矣，愁對落花風。（小旦）樹上朱英纔變紫，枝頭青菓又催紅，人在道途中。（生）還説甚情淡與情濃。（小旦）今日頓令滋味減，原來歡忭與愁同。（生）何日顯英雄。俺與你自從去歲房子被人占去，算計住他左近，還要路上相逢。所以乘風直上，到這湖廣地方。争奈盤川已盡，好客無人。借居飯鋪，日見其窘。怎麼是好？（小旦）相公這等一軀，也決不是老於貧賤的人。或者太平在即，名世應時，些須幾百間房值個甚的。大丈夫在世，處處可以居住，何必山陽。據畫郎説，仍舊自尋樂地，莫因窮窘焦愁，纔方是個道理。（生）如今只這荒州有個諸祐，聚衆復唐。錢穀山積，有客必留，要官便與。無奈向在邪教，媟嫥大化，終久要犯天條。不便和他交際。（嘆介）咳，到此山窮水盡之時，也就説不得哩！（小旦）只不做他的官，便可以不必入他的教。暫爲救急之計，却也不妨。（生）今日喚你隨我出街，就是往那裏去。（小旦）如此快走，過了這阪就是都統府了呢！（作行到投帖介）山陽劉俊拜候都統。（雜扮督兵接帖介）一位相公。且請少待。（下）（丑上，生進見介）（丑）遠方賢士，何故先施？（生）忠義可欽，特來晋拜。（丑）且留賓館，必有奇謀。（生）期睹〔一〕尊顔，别無希冀。

【金絡索】（丑）言詞莫近迂，迂處難爲據。議論詼奇，免得人輕覷。（生）曾經讀舊書，薄相如。未欲高乘四馬車，無心暗把文君娶。（丑）我處尤多是，彼姝留心處。逢迎應接不勝書，縱名儒罕慕華裾，吾不厭情言絮。

（小旦）俺相公此行，一來聞得都統自標忠義，恨不一見其面；二來要勸都統竟就實實在在做個忠義之人。無論成與不成，到底名標青史。休要三心二意，借此爲名，把一個好題目錯做了戲。并不是没有别處做官，趕來這裏謀幹的。（丑）跟隨的小哥哥也會説些道理，先生高雅更可知矣！

【前腔】（生）相規又囁嚅，欲吐難成句。莫把綢繆，逗我愁千縷。（丑）心兒未必紓，在窮途。難免瞞人掩淚珠，何妨遍合連環玉。（生）鬱塊填胸豈易舒，休煩絮，教將忠義博歡娱。實心腸，要我相俱。須掃盡，淫邪語。

（丑）果然性情孤僻，也就不敢相强。把俺湖北山水暢遊一番，小呰送些盤費，聽先生回去如何？（生）也不是勸人道學。只説當此之際，不可亂行。到了功名成就之後，傍情傍理，那怕没有你幹的事。

【前腔】年華似隙駒，警戒英雄語。事就名成，别的何愁慮？（丑）裙釵樂更殊，惜居諸。一線

〔一〕睹，底本作『賭』，據意改。

春光一粒珠，珠多線少無穿處。（生）正務爲先始丈夫，非無趣，將他爲首便粗疎。古人中多少前車故反覆，期相喻。

（丑）你要分個次第，俺却二者並行。全要心裏暢快，纔方有那高興去幹國家大事哩！

【前腔】名兒逐個呼，一一靈犀度。耀武揚威，全靠風流助。（生）心稠外且疎，捨歡娛，學個顓愚類古初，權時做對愚夫婦。（丑）細看時興士女圖，知非誤。行爲不是偶胡塗。後和前，怎定榮枯。取現在，真明悟。

（生）原來都統心下，只一個怕等不得。要知道用兵出殺這一件事，全靠精神充足。弄得没有精神，連自己的性命且落他人之手，還有那件算得我的。

【梧桐樹犯】癡魂不肯甦，儧體還僵仆。命屬他人，孽鬼看床鋪。（丑）曾聞萬事由天數，姑借兵戈講戲渝。（生）争伊不過空陳訴，友怕斯疎，任君自主。

（丑）待先生自家專主之時，再使你肚裏的見識便了。雖然話未投機，本府也不相怪，一年半載悉聽盤桓。左右牽匹馬來，送劉相公賓館裏去。

【前腔】寅賓有客厨，從不教空去。四海名賢，以此來相赴。（生）既然逃得飢寒出，聊盡君家酒百壺。（丑）黄粱白粲千倉貯，喫飯雖佳，終非妙處。

（雜牽馬上）（生揖别介）（丑）恕俺不遠送了。（下）（生上馬介）（小旦）原來他這所在，全靠把那女色來買人的心腸、騙人的財物。據我畫郎想來，婦女這件東西，比俺們也差遠不多。相公此後，斷不可爲其所惑。

【尾聲】（生）肥甘許饜愁官署，作彼臣僚，體便被拘。（小旦）樂得推辭，有什麽没伴侣的苦。

詩

四海爲家豈戀鄉，曾無小技易空囊。
明知邪教難投足，權且安身免咽糠。

第六齣　訂婚

【一翦梅】（老旦上）才色牽人曲似鈎，無自相投，忽已相投。風情雖淡意兒稠，不肯干休，只怕干休。

好笑諸家小姐，多少官人不嫁。躲在阿哥屏後，覷見賓館書生，頓興永好之思，竟入多情之障。説道此人日後必能光照妻孥，要俺乳母跟隨，便道與伊相會。雖然兄妹相敬，没有人來拘束。萬一已經婚娶，豈不更覺强顔，少年另有想頭，只得依他便了。

【步步嬌】（旦上）暫栖托華堂愁，今後莫被蘭房囿。須先自講求，勝侣稀逢，高才難又。錯過了悔無由，經權都要休循舊。

昨日請你進府來，同往禮拜寺討笺。如今正好去哩！（老旦）等俺叫人牽過馬來。（雜牽馬上）（旦、老旦作跨上）（加鞭行介）（老旦）這就是俺都統府裏新造的迎賓館哩！小姐可要進去瞧瞧呢？（旦）瞧瞧也好呀！（進，遇生介）（老旦）好位相公！（生）請問尊駕從那裏來？（旦、老旦下馬介）（老旦）府裏都統就是這位小姐的哥哥。觀音巷裏燒香，打從這裏經過。俺領進來瞧一瞧哩！（生）原來如此！且容小生迴避。（作轉身行介）（旦）叫跟馬的攔住雜人，説請相公問話。（雜應暫下）（老旦請介）俺小姐請你過去問一句話。（旦）先生請坐。（生挈椅遠坐介）斗胆告坐。（旦）乳娘問這相公聘娶没有？（老旦）小姐請問相公聘娶没有？（生）並未扳親，何勞動問？（旦）乳娘明和他説，奴家因這地方不是久居之所，有意訂婚遠客。今見相公儀表，知爲天下能人，願締絲蘿，要屈俯就。

【醉扶歸】（老旦）潤風風涵養出花枝秀，嫩條條掩映著柳株柔。似這般成雙成對萬人羞，女和男盡醋得眉兒皺。喜的是潘郎未聘，待鸞儔攏，將來恰便似靈絲綉。

（生）小姐英英玉照，朗朗山峨，小生有眼，豈不看見。争奈令兄剛愎，所以無意久留。若並裝資挈走，都統安得不怒。虚負高情，不能奉命。（旦）家兄雖然拒諫，却能篤厚同胞。深知弱妹之才，一切任憑張主。絶無疑阻，但請從心。

【前腔】硬心腸説出個姻難就，窄胸襟迸得個淚難收。真心實意把人丢，能言善辨機鋒口。問兒郎何故遽相仇，莫不是戒成雙曾發下生前呪。

（生）即使義門兄弟式好，都統未説，小姐自言，愚生但有肯心，便覺自己不是。

【皂羅袍】怕設情中機彀，致他年薄倖葬送。温柔初心，誰不矢同坵，幾人得並鴛鴦柩。人生飲啄，皆難自由。婚姻大事，焉能強求。狠天公偏不把私情祐。

（旦）原來先生做人老到過火，又疑心是家兄叫個人來試你，又疑心是國家之計要借結親把你留住。豈知小妹來意，不過要你細看一看，五官俱備，四體完全。省得百樣疑心，千般推托。嫁雞逐雞，情愿跟隨家去。要家兄的庚帖，就叫家兄送來便了。

【前腔】（老旦）淚把羅衫淹透。（拭目介）博疑心一片，搪塞咽喉。多方款曲望他柔，誰知鐵漢仍依舊。冰人簿上，名兒硬勾。紅絲脚上，線兒亂抽。勸你這死心人權堵了塞不斷的相思竇。

實話告訴你罷！小姐從你來，就在屏後覷見。和俺這老乳娘計議了幾十次，拿定主意，今日纔來的呢！（生）既然不容酌量，一眼覷定小生，若復矯情辭却，何異僞道小人。却有幾句血誠，應該禀告小姐。目下逐鹿殊忙，瞻烏未定，並無一處可以安居。小生志在遊方，實怕家眷爲累哩！

【醉扶歸】勸閨英莫把無情咎，私心豈不戀温柔。時遭逐鹿合浮游，違心不敢期婚媾。奇眸見賞，恩難變仇。情中生法，枯腸遍搜。没家窠，却也就難消受。

（旦）小妹自幼學些相法，細看自己，復看先生，都不是遭劫之相。只要你一日允了，十年廿年情願等候。待你有了定處，再來娶親便了。

【前腔】丈夫弱冠年非幼，又不是兒童似女害嬌羞。不須伊委曲訴情由，只休要鐵錚錚撥不轉辭婚口。瞻烏逐鹿，無庸唧啾；萍踪浪迹，何妨逗遛。止今朝要發了終身呪。

（老旦）現有帶往庵中的線香，待老身點他起來呀！（作點香介）（生）要小生發誓極其容易。劉崇俊受知諸氏，倘於面允之後，先娶他人，子女不育，所娶夭亡，並其自身不克永壽。諸氏若背盟，香亦復如是。或嫁醜夫，或配蠢物，終年詬誶，百歲嗟吁。（旦）蒼蒼在上，此誓同之。授受不親，就此告別。（生）昨日多承都統送了百兩黄金，明日小生謁謝，也就起身去也。（老旦叫介）快拉馬來。（雜上，生下）（旦策馬行介）

【好姐姐】（老旦）數佳期，休忘了半籌。准擬度生辰八九。貞心常在，何愁歲月如流。陪伊守，瓜期不見將門叩，拚向觀音學静修。

小姐要去討筊，本問成與不成。如今大事已定，寺裏不必去了。

【前腔】（旦）誓同心，難忘是並頭。拚情死，和伊共守。從今良夜，把春光冷看如秋。祈神祐，爲儂縮得時光皺，把十載更聲，併做了一夜籌。

【尾聲】（合）從來不發神前呪，初次同低日下頭。你只看兩片肝腸和血剖。

詩　一用居間謬誤多，能人恃面口懸河。

當時紅拂將身納，況對乾娘訂約麽。

第七齣　干楊

【北粉蝶兒】（浄戎裝引衆上）（合）人世魔王，休只做人世魔王。笑朱温，把唐家生葬。無用子，倏忽興亡。媳歸仇，身見弑徒呈奸狀。俺也道嚇愚民，略騁强梁。又誰知力加雄，威漸猛，直做到至尊無上。

一統分爲幾十家，只因雄傑並時譁。手誅贓吏成王業，鄙薄孫儒不學他。孤家大吴國主楊行密便是。因圖郡守，遂起廬州。由江北以至江南，無征不服。舍淮黄而屯震澤，即治爲都。姑蘇臺上夢見夫差，淝水灘邊陵崇先骨。今因霸業已成，所以回家祭祖。功名本非易事，莫輕覷了俺這小小英雄也。（衆摇旗北面介）願大王千歲千千歲。（生上揖門吏介）楚州劉崇俊獻策。（吏進禀介）有個秀才特來獻策。（浄）當此之時，禁不得放過了一個人物，快著進見。（雜用長刀遮客）（生見參介）（浄）一向客遊何地，此時纔見孤家。（生）雖然身屬子民，其實家破已久。（浄）如今賜你權坐，且將所策備陳。（生跪告坐介）請問大王，這些兵馬就可以天下無敵了麽？（浄）休説天下無敵！只叫他們刀槍齊舉，吶喊摇旗，你試瞧他一瞧，敢就亡魂喪胆哩！（衆摇動介）

【石榴花】（浄唱衆合）傳旗出令曉戎行，遍體用金裝。一個個頭生竪角，目陷深眶。鼻猶努掛，口似弓張。齊打和咽嗚嗚，齊打和咽嗚嗚，似項王帳下虚喬樣。那怕他各立京都，怎禁俺横行天壤。待盡取了美江山，待盡取了美江山，裂土將分賞。操演熟，打點赴沙場。

（生）大王要去殺人，萬一黄雀乘後，沿淮截斷，無家可歸，豈不又成了黄池争長的故事？叫後來人議論兩個吴王古今一轍。（净）你就坐在家裏，别人也要殺來。到不如人占了我家的窠巢，我又得了别家的窟穴。只憑死戰，終久收功。

【撲燈蛾犯】（净唱衆合）猛貔貅，横馳古戰場。取功名，要畫麒麟像。捨得命的三軍健如虎，斫過刀的頭皮生强。置死地生機纔穩，知命在焉得不愁亡。浪油花最多，義勇無家小，有錢還未想田莊。

（生）若據愚生所見，只消北門鎖鑰能得其人，把長淮一帶守個鐵桶。大王安坐深宫，恣其所欲，倒是目今上策。那混合中原之説，非其時勢，落得不要提他。（净）孤家正恨此人一時不可得耳。

【上小樓犯】（净唱衆合）看你這白團團俊俏龐，粉盈盈艷冶腔。决没有石化的精魂，銅鑄的頭顱，鉄打的肝腸。比不得那房裏出殺呵，個個男軍，家家鉄漢，總向這軟坑兒埋葬。陰兵盛，不愁陽壯。

（生）豈不聞漢代張良貌如女子，魏時崔浩柔似婦人，司馬騰、巨無霸要做他脚底下泥也不能彀。（净）既然説得恁好，現缺一個濠州太守，竟著你去如何？（生）願立功狀。

【疊字兒犯】（净唱衆合）咄咄么麽技癢，熠熠旄頭星亮。防奸的法令疎，偷安的吏治荒，總要你心兒壯。急乘時，先收亂邦。預籌飢，早占敖倉。九鼎遲扛，一任他重千鈞，終歸吾掌。更要你出奇兵，翻戰局，莫使語荒唐。

（净）昨日祭陵已畢，三軍就此回馬。竟往滁、和去也。（雜牽馬，生跨上）（衆繞場介）你只跟俺黑衣兵走呀！

【煞尾】（净、衆合）守城池將路擋，殺將來休惝恍。只要欺他無自罔。

詩
策士全憑奪與迎，揣摩工到賽蘇秦。
人逢戰國機緣巧，不用文章謁後塵。

第八齣　守濠

【縷縷金】（小丑扮篾片上）圖哺啜，看遊燈。更有心頭事，盼財星。不用神前禱，自然僥倖。遺簪墜履滿田塍，豈無一珠賸，豈無一珠賸。

這臨濠地方，本是荒場一片。自從劉太爺到任，商賈四集，土木齊興。不消二三個月，大街小弄，花團錦簇。他又造了一個奠枕樓、繁雄館，下寓遊客，上開酒閤，越發南北馳名，生意熱鬧。今日元宵佳節，勸百姓遍放花燈。你看那開鋪子的，門前都掛著鞋燈。自一尺起至三寸止，共有幾十層大小，這叫做譏笑燈。先不先就有趣起，俺且等那紈袴子弟出來，騙他些酒肉吃吃再講。

【前腔】（副凈扮富户上）圖風月，看花燈。撇著同遊伴，往前行。預把良媒囑，自然將命。特來背後問私情，須防有人聽，須防有人聽。

（小丑招手低聲介）兩處都約定了，你我還是花茶坊裏去，還是庵酒店裏去？（副凈）説是秧歌多得狠哩，共有四五十起。太爺自己騎馬到處巡更，我們圖的瞧婦女，他怕不是借此瞧婦女哩！

【前腔】（末扮館師上）圖窺覰，看遊燈。一般知慕色，不同情。釀情如釀酒，也分賢聖。聖清賢濁要分明，各人適其性，各人適其性。

（副凈）連教書先生也出來了，請呀請呀！（末）聞得劉太爺今夜全學杭州頑法，聽那標致後生假裝宅眷，在人叢裏擠夾。有等無知少年，只當真是堂客。引去調戲的，聽他倒做轉來，不治强行之罪。或是長舌婦女，見他粧餙妖怪，不管一生二熟，和他同坐同行。就有什麼事兒，也不准人告理。（小丑）這們樣的太守，纔是個風流太守呀！

【滴溜子】（凈、丑、老旦扮婦女上）（合）瞧燈去，瞧燈去，金蓮漫騁。防折挫，防折挫，雲鬟欠整。看看行過山磴，許多賣俏郎，把風流預逞。各想挨身，趨蹌候迎。

（小丑）這位鑾高的大娘，是那個宅裏的？鞋子也擠落了，兀自不知。（凈躬身下摸介）啐，慣撒謊的賊狗頭。（次第同下）

【八聲甘州】（雜扮秧歌執女鞋等紙燈上）（合）秧歌絶勝，助佳人才子，酒意詩情。紅燈黑影，街市上曲繞横行。歌聲辟，盡閙雜聲。始信如簧巧似鶯，歡騰肆徜徉，有醉無醒。

（內）這班秧歌，只好三等。前面兩起，打橫街兒上串過去了。那纔扮得齊整哩！俺們快趕那裏去呀！（下）

【前腔】（生冠帶、騎假馬，二人拖板，一人打傘上）華燈良宵美景，怎肯學，寒蟬僵鳥，斂翼無聲？縱橫女，驍男勁，哈烘烘填塞濠城。旗槍任教相對整，不弛難張且縱民。巡行遇紅粧，目也須明。

（雜）繁雄館備有公宴，專等太爺馬過。要請進去吃三杯哩！（生）如此就去。（下）

【解三醒】（旦、小生傅粉，盛飾粧宅眷上）（合）憑造化，可圖僥倖。反雌雄，與決輸贏。裙縚鱉住東西硬，還不住想升騰。真雌假牝衡重輕，真婦披靡假婦精。圖争勝，無顔莫强，有令須承。

姐姐，慢慢的走，俺的脚纏緊了，好不怪樣生疼哩！（旦扭介）都是爺娘疼愛壞了，小時不裹，這會纏纏，自然是恁的了。（大笑介）哄得他好。（下）

【前腔換頭】（小旦、老旦傅粉，青衣粧貧女上）（合）眼波去來頻送影，比實在嬌娘更有情。不須問我真名姓，工剿襲，盜聲稱。他那裏呼劉訊阮不絕聲，要故意在人前示眼青，全不怕招疑釁。卿雖憐我，我却愁卿。

俺和你先到繁雄館去，叫老劉見了見眼，再揀僻巷子裏銃就是哩！（小旦）只這牢脚難裝得像。（下）

【解酲歌】〖解三醒〗（秧歌換樣上）（合）辨美惡，目光如鏡。誰高下，早賜批評。敲鑼弄笛相呼應，歌且舞，賽優伶。丫乂總髻雙童子，赤脚穿鞋畫鼓精。求尊駕，贊連聲，花錢扮演頗勞神。非無趣，也有情。嬉春原要博高名。

（雜拖板吆喝介）本府太爺來了，秧歌靠一邊著。（生）慢慢行走，不必驚他。

【前腔】（生雜）考故事，並無差等。較衣粧，略有輸贏。歪邪體態風流性，喬做作，似生成。豪華子弟爲頭領，要取燈宵好事名。休吆喝，不近情，説無可喜只堪憎。看怪狀與奇形，這班未算眼中釘。

（秧歌隨下）（副浄、小丑忙上）剛剛在茶館裏打了一丁，一起絶好秧歌就跟了太爺的馬過去了，不曾討得看見。

【大迓鼓】（合）教人悔打丁，疾忙跑到地戲零星。趕過張家井，必然轉過惜春亭。有興嬉遊不要停。

（浄、丑、老旦扮婦人復上）這些拉牢洞的，要趁擠夾時候，撾人屁眼，揉人大腿，脱人鞋子，捻人媽媽。俺和你寧可少看兩齣地戲，休要和他去擠。倒是那位穿青布衫的，像個裝宅眷的意思。趕上了他，拉到碓房裏去説説，不差什麽。

【前腔】（合）喬才不志誠，只圖取笑，那有真情，一味相胡混。何如那個女穿青，粉面藍裙似有丁。

（副浄諢介）你們幹的機密，都被我聽見了。俺們也要跟去，看你們做把勢哩！

（丑）臭烏龜、臭光棍，喊了太爺，瞧他打你不打。（小丑）太爺自然爲你，難道爲我不成？（净）拉牢洞的賊狗攮的，做個男人恁他胡説！（老旦）没人所在，就怕你們。這燈街上明明亮亮，不怕你們哩！

【尾聲】（净、丑、老旦）莫橫行，休妄逞。一筒籤子打非輕。（副净、小丑）打了心，還把你疼。

詩　燦爛花燈泰定時，一年一度也該嬉。

金蓮疼癢都休顧，不到天明不肯歸。

第九齣　迎婦

【一江風】（小旦青袍、圓翅帽上）爲多才，甘伴江湖客，共把凄其耐。不癡呆，感的是温存，喜的是綢繆，受痛楚，偏生愛。（拍紗帽介）今朝此帽來，今朝此帽來，擔愁別有胎，放不下這多情塊。

俺畫童跟隨相公逃出在外，同甘共苦，並無貳心。他既干謁吴王，做了知府，順便就乞個恩，授俺一個知事之職，兼管庫官事務。俺今年纔十八歲，就有了這點前程，也不叫狠醜了。自從知府命下，他一邊自己赴任，一邊寫了書子，即刻差人到湖北去，接那諸氏小姐來濠做親。昨日出差人回，纔知道諸都統去年就死了。新奶奶的船已進州界，花轎早去，想必就到也。

【前腔】（老旦花紅上）走莓苔，到老金蓮窄，可惜年難再。對了巫山，覷了行雲，做個無聊客。他忙是本該，他忙是本該，我忙爲甚來。因阿囝相携帶。

小姐鸞輿即刻到了，劉太爺的新衣新帽一概穿上了麽？（小旦）且等卑職去請。（暫下）

【前腔】（生花紅上）永無灾，全把皇天賴，了却前生債。看將來，先用温柔，後使粗豪，要遣説端無賽。柔時也道乖，剛時也道乖，牽連幾十胎。惟怕你難相袋。

燈彩都掛好了，快些擺設香案。（場上設案）（小旦上，燒香介）

【前腔】（旦花紅，宫燈鼓樂，擁車上）會粧獃，既没風流態，且守迂儒戒。豈知哉？月老曾籌，脚線曾聯，久晝定鴛鴦界。星飛一信來，星飛一信來，帨巾阿姆懷。風大順，船兒快。

（儐相照常贊禮畢）（生、旦南面並坐）（老旦代捧杯介）

【東甌令】（生）緣難遇，事當諧，約定多情頃刻來。（旦）無緣枉綉同心帶，絲未結，先愁解。（小旦）南邊似拙北邊乖。（老旦）欲就反推開。

（生）前番到館，費了乳娘舌頭。今日遠來，又勞了乳娘脚步。這樣喜酒，俺也要敬你一杯。（小旦斟送）（老旦飲介）

【前腔】（老旦）清凉局，早安排，慣冷心腸熱不來。（小旦）尊前現有襄王在，除不售，無人買。（生）一甌喜酒上桃腮。（旦）人面總孩咍。

（小旦）自從今日以前，總是畫童伏侍。如今乳娘來到，便該交代分明。倘有飢飽不均，寒熱失誤，俺這前任官員，就要和後任犯對了。（生）既如此説，也斟一杯賞你。（小旦自斟跪飲介）

【劉潑帽】（生）心靈委實教人愛。（小旦）蕭穎士，豈有公才。（老旦）原來此帽該他戴。（旦）阿母舒懷，多少事，煩相代。

（老旦）畫童老爹，請去犒賞人役，老身自送新人花燭洞房去罷！

【前腔】（小旦）去將人役分班待。（老旦）帕交上且莫攤開，幾般須俺教郎代。展行纏，爲换眠鞋。（生、旦合）謝不盡天公愛。

（小旦左下）（生等右下）

詩

時值干戈迹似蓬，婚姻即訂料難終。
身由自主如諸妹，又勝跟隨蔣繼隆。

第十齣　惡歸

【北新水令】（副净瞽目破衣）（净濃施脂粉、籠藕襪、高跟鳳頭朱履上）（副净）升沈何定枉號搋，舊時豪，今爲奴料。聊因紓慘禍，豈但免無聊。（净）勢在兒曹，免不得將身靠。

俺趙立巖，自從妻舅亡國之後，朝藏深箐，夜宿高柯。夫妻僅存，奴婢盡散。被游兵横射一箭，恰好把兩隻眼珠擦穿，越發不能爲生，有路難去。人曉得俺渾家就是朱大公主，個個想來嘲戲，弄得相對痛哭，無計可施。目下淮北地方，只有劉崇俊一個得君據勢，不免將俺公主領去交付了他。非但公主免衆欺凌，連小子也活得長遠了。（咳介）那做過秀才的人，得了這一件寶，自然不計前仇，刮目相待了呢。（拍净肩介）公主，公主，你須拿出乖巧，事事奉承著他。却比不得區區，可以儘你欺負。（净扭介）這個倒不消愁，你瞧他怕我不怕哩！（副净）怪不得泰山當日封你做一個長樂公主哩！宅門上去費力，竟驀進花園去罷。（外長髯上）足下何來？（副净）朱公主同著個瞎丈夫，要見太爺稟話。不是公務，所以進園。（外下）（生上）你是仇人，來此何事？（副净）没得吃穿，要把俺這一個雇在太爺家裏，鋪床掃席做個貼身人哩！（生）王伏都的娘子，倒也賣在此間。你家是個公主，我却不好相屈。（副净）物各有時，太爺不要迂腐了。（生）既是恁説，你去寫紙文契來。（副净笑下）這個纔是。

【南步步嬌】（生）如真似夢啼還笑，教看妖嬈貌。生來本是嬌，特髻修軀，愈增波俏。不愧女英豪，雙鸞立處成蓬島。

（净）剛剛見面，就贊得恁地肉麻，倒叫人怪没意思的。像你這個樣兒，纔好看哩！（生）且坐了説。（各坐介）

【北折桂令】（净）覷芳容，頓使魂消。名下無虚，迥别時髦。（生）略遜前茅，堪稱後勁，恨你年高。（净）眼見得雞群鶴少，難怪伊年少生驕。俺肯把牛驥同牢，涇渭相淆。真國士，原自無雙，忍教稱絳灌同僚。

（生）有一句話要問公主，你家太祖在日，爲何好色至此？（净）再也不要提起。就是我們如今恁地，何嘗不是他的孽呀！

【南江兒水】（净）非止張全義，家家願露嬌。投懷也不必腰肢裊，上肩也不必金蓮小，拿鞭也不必麻姑爪。（生）只這秋波斜照，老賊當年，得不突然昂跳。

就是令堂張后，也是上等能人，爲何任他亂行不能禁止？（净）獨有這一件事，做老婆的十分認真便成仇恨，所以家母後來也不管他。

【北雁兒落帶得勝令】（净）他見了眼頻回，手欲招，露一線傾城笑。恨不得挾西施入五湖，拉南子同池沼。肯學那喬措大腐書包，枉俊美空年少。見擲菓思回避，遇琴心怕反挑。（生）空勞，他就是眉共眼把殷勤效。難叨，反教俺避風情把目逃。

想來令堂一位也抵當他不住，不如從其所好，自保無虞哩！

【南僥僥令】（净）書生工訕誚，醜褻肆譏嘲，把俺親娘都想到。便請進蘭房，把琴瑟調。

你這太守夫人抵當得住，抵當不住？抵當得住，俺們也就去了。抵當不住，俺們再來也不遲。

【北收江南】（生）呀，俺若是恁般流蕩呵，那些個入紛華靡麗不能搖。須知俺真心不共眼兒瞧，漫道是眉宇暗相挑。便東邊手招，更西邊口邀，也還要裝憨做蠢把頭摇。

（净）你這張嘴還在其次，俺專惱的是你這雙眼睛。

【南園林好】（净）熱中心偏生口驕，賊烏珠通身亂瞟。一眼把玉弓睃飽，還謊説不貪饕。

（生）本府的話，都指他人。若是你來，有甚話説。

【北沽美酒帶太平令】（生）非是俺本心卑説眼高，對伊行不怕嘲，也只爲慎始全終耻浪交。薄情郎人間豈少，只爲他輕似漆，易如膠。（净）事違心鴛盟難保，福不齊神靈難靠。據我説眩無鹽譏彈尚小，賽王魁名兒始惡，莫教人風飄絮飄。既和你帶水拖泥，到日後淹纏不了。

（副净持紙上）文契在此，太爺請看。只今日便叫他在這裏了。（生）缺少衣食，只顧來拿。

【北清江引】（副净）佳人走亂難查考，一路同人笑。若還叙友親，大半該稱嫂。（生）只怕那陳平盜不了。（分左右下）

詩　王孫困苦乞爲奴，晋代錢温住太湖。

　　惟有此人應爾爾，乃夫乃父盡凶徒。

第十一齣　政舉

【趙皮鞋】（外、末、小生等扮父老頂香上）（合）太守明且公，那怕村坊狗鼠雄。生祠政頌滿衕衕，田本無愁孤獨踊。

（内問介）你們今日在這衙門前做什麽？（外）只爲劉太爺興利除弊、實政實心，刷了生祠碑記，刊了德政歌詞，要趁早堂徼進，順便領些田本口粮回去哩！（暫下）

【前腔】（净、副净、丑、小丑等鎖頸上）（小丑）訟筆會雕空。（丑）須把差房打個通。（净）拳頭利害做人凶。（副净）現做兵丁無所恐。

俺們幾個，也不過比别人能幹些兒，怎麽這劉太爺就下這個毒手，封了一擔鉄練，每人鎖上幾條。弄得各家婦女日日神號鬼哭呢！（暫下）

【犯湖兵】（小生、旦等扮吏役隨生上）拿奸訪惡都奇中，真誠運用，不教逃出牢籠。（雜）休言運不通，遇官如蚱蜢。濠州有一萬小毛蟲，怎教人不瘋？

（作坐堂介）爲政先威猛，方能濟我仁。敢循迂腐調，留惡害良民。皂隸，把那撒野兵丁先帶進來。（副净上）（跪伏介）（生）朝廷養兵，全爲護衛百姓。你吃了現成糧草，怎麽不想操演，只顧打街罵巷呢？（副净）小的何曾如此？都是他們謊告的。（生擊棋介）重重掌嘴！本府私行，親眼看見，難道也是謊狀麽？（雜提耳打）（副净叩頭介）爺爺訪得的確，小的實該萬死。（生）革了糧米，割了脚筋，抬將出去。（雜割，抬下）

【前腔】（生）恃强梁打得人傷腫，官司略懵，那人便怕經公。（雜）惟須雷似猛，管教他耳聳。輕輕板，只當扇凉風，尤加逞凶。

（生）打降一起，快帶進來。（净上，跪伏介）（生）清平世界，你敢交結黨羽，以力降人。難道處處官府都是土人木偶麽？（净）他們叢毆小的，小的只得攔擋。情急手重，打傷是實。（生擊棋介）好刁奴才，别人提著你的名字，先就嚇得走了，倒先毆你？（再擊棋介）夾棒伺候。（雜夾，净嚎介）實是小的有意尋人。（生）取一面三百斤的枷來，封皮上寫死日開放。（雜枷净上）

【鎖南枝】（生）非時蹇，豈命凶，遭逢訟師家頓窮。捉來枷死莫微鬆，將惻隱他方用。（雜）這起人都識痛，弱民安，遠人頌。

（生）訟師共十七名，先帶頭名聽審。（小丑上跪伏介）（生）除了被人打傷，人家就有該告的事，忍住不告也過去了。爲何風影俱無的事，你還挑唆出來？就是那打降一輩，也要先請教你。（小丑）青天爺爺在上，小的積德之處，實是一個牽瞎過橋、替啞説話哩！（生擊棋介）本府一年之内，審了五張謊狀。密加察訪，皆你主文。你在本府跟前，也還想强辨麽？每一張，責四十板。快取頭號板子，著實重打。（雜打，丑嚎）（漸嚎不響，作氣絶介）（生）拖將出去，丢入糞坑。

【前腔換頭】（生）衙門若無蠹，應教訟棍窮。要把根株搜出，務使社鼠無憑，我在民歡鬨。（雜）比却金尤不同，一人廉，又何用。

（生）叫那拿下吏役，一個一個進來回話。（丑上，跪伏介）（生）不是你們通同作弊，訟師的技倆也不敢使了，本府的耳目也明上明了。從前的官府都容得你，本府却容不得。（擊棋介）該怎麽處，自己説來。（丑）外邊的事，太爺都訪實了，小的在肘腋之下，難道敢賴？只求太爺容小的自盡罷了。（生）擬絞監候，秋後處决。（雜牽丑下）（外等喊介）四鄉百姓送太爺的德政歌哩！（生）取上來看。（外等進跪）（生看念介）戢驕兵、治打降、拿訟棍、懲蠹役、借田本、厚孤獨，這都是本府分内之事，何勞歌頌，快快不消。（外呈紙介）這是生祠碑記。（生擲介）越發可以不必了。

【孝順歌】（生）揮殘管快似風，從來謊詞尤易工。白鏹與青銅，何難買歌頌，休誣阿翁。（雜）不必刊粘，枉然胡哄，但做良民，爺爺便得加封。

（末）通計合屬有幾百個實在孤獨的人，要求太爺設法照應。（生）窮而孤獨，既無人與周旋；富而孤獨，亦有多人窺伺。本府如今撥些民壯士兵，替他們照管田宅。造一泰厲祠壇，照品分龕，逐名立主。每年官祭，只拘彼族孫、外孫各一名跪香。孤獨遺有産業，不許親族搶分，存官營利，厚修祠墓。用不完的，就算那窮孤獨的口糧。（外等叩介）願太爺公侯萬代。

【前腔換頭】（生）人而孤且獨，何分富與窮，四面易相攻。千秋空抱痛，吾須至公。（雜）修墓分龕，心田深種。惡族頑親，休教嚼詐其中。

（外等拍掌下）好太爺呀，萬萬代叫他做官呀。

【尾聲】（生）迂疎守令心愚戇，説條例推移不動。（雜）似這等嫉惡安良，職始供。

詩

勝殘去殺百年期，豈意崇朝便轉移。
酷吏循良休各傳，必須合一始爲奇。

第十二齣　遣掠

【繞鳳臺】〖繞地遊〗（净、丑、外、末、小生旗幟刀槍上）（净）誰憐彼怨，攪的他魂戰。〖鳳凰閣〗（丑等）硬把妖嬈背上肩，不待那人情願。〖高陽臺〗（净）豈由天，縱少前緣，也締今緣。

（净）區區不是别人，濠州團練使徒單兀典的便是。本府劉〔一〕太爺件件都好，只有那好色之性甚於好德。他却想出個法，只往仇敵地方去强取，不在本家繁盛處利漁。自從去年六月，北戍主的夫人出遊河濱，被俺搶來送他當了一件重禮。果然連夜進本，升俺兵馬都監之職。目下整整一年，又就吩咐小將帶了張揚、蘇峻、孫恩、王僧辨四個會剥婦人的千户，往潁、亳、陳、蔡等處，分掠民妻。交俺一支令箭，除了婦女之外，殺人、搶物者，即於彼處立斬。麻醜矮瘦，自然不要。説定美中帶黑一種，都賞俺等五人。須索分頭去也。衆兄弟聽説，俺們著幾個門外巡風，著幾個進屋摟背，看見好的搶了就走。使槍夾護，且戰且行。（丑）大哥説得有理。（衆摇旗舞槍）（繞場分下）（小旦扮婦人）（小生背負，净持槍同上）（小旦）你待背俺那裏去哩？（小生）我是不敢要你，那濠州府的劉太爺聞你的名，缺了一位二夫人，特特差我們來接你。（净）到那地方，比你家裏還受用多。押你回來，你也只怕未必肯回

〔一〕劉，底本作『李』，據後文改。

來哩！

【山坡羊】（净）我只看緑油油委地烏雲鬋，我只看鼓蓬蓬兩奶饅頭軟，我只看弓灣六寸金蓮纏。天哎天。（小生）歡娛莫苦煎，途中敢把鸞鳳擅，背受龍乘已慊然。（小旦）胡言識冤家，醜與妍同眠，怕未必多情草似萱。

（老旦扮婦）（末托臀高抱，丑、外持槍同上）（净）這位娘子雖然比劉太爺長三十歲，相貌却配得過。

（末）想是天天有肉吃的，足足有一百五十斤重哩！

【前腔】（丑）你只看恁苗條七尺身材健，你只看笑吟吟八寸觀音面，你只看肉團團廣博臀尖艷。（捻足介）摸金蓮紅絲在那邊。（末）生生認做伊家眷，被裹縈回似粉綿。（老旦）冤牽，從今病不痊。高年相親怎結聯？

（净）雖然俺每武藝高强，也當不得敵國多人趕來相奪。快些渡過黄河，再作道理。（雜摇船上）（作渡河介）（丑）且著一位老成兄弟，管押前去，唤幾輛車子先行，俺每再幹别的。（净）太爺曾經吩咐要學陶侃做法，叫俺每扮做婦女，等那强盗來劫，捉他一個現現成成。（小生）如今就把他們的衣裳剥下咱穿，反把我們衣裳與他穿上，豈不是一舉兩便。（净）絶妙絶妙。（作放下二旦介）（每旦脱裙二條）（净、丑、小生、末分穿介）（又换衣簪髻介）鞋子膝褲也要换了纔好。（小生、末作剥二旦鞋襪互换介）（老旦）俺每夾裾袋裹，還有换脚的鞋膝褲，索性取出與你。（净、丑又取穿介）（净）旗槍都交你們帶去，俺每只藏短刀。（外、二旦下）

【二犯五更轉】（净）枉教人怨，何曾代庖容我權，公忠美號非真願。（丑）這叫做夙緣如有分，赤繩自會牽。只怕强歡娱，博不得人情願。他身對伊行，心遊別院。（末）鴛幃裏、鳳枕旁須頻勸。（小生）生生自把鸞衾翦，送與他人合成一片。盛德事，人希見。

（作繞場行走下）（副净、小丑扮盗被擒上）（净）摸奶摸髀摸得巧，想抓首飾想得好。今朝被我活擒來，梟首都亭由自討。你們還有得説麽？（副净）止求開一線之恩，私下釋放。情願年年進貢、歲歲來朝。（丑）俺捕了你這狗攮的去，家財婦女盡數充賞倒不好，慢慢地等你納季呀？

【前腔】（净等合）不須埋怨，千朝吃葷今索錢，甘心伏罪將頭獻。老婆都我的，有他賞格懸。除非自把同群殄。作眼爲針，當官穿線。頭顱保，眷口留，重爲善。（副净、小丑）全全遵教供，争變傅粉佳人，胡椒辣麪。好塊肉，涎空嗛。

詩　名姓何須論那朝，因其合轍藉爲膠。
　　伏都希祐俱同例，只有劉公實掠嬌。

第十三齣　子儁

【生查子】（旦上）長子十三齡，吴國推恩大。從此看他娘，只伴伊爹卧。

奴家爲何道此兩句，只因兒子世豪今纔一十三歲，忝中吴國狀元。叨蒙國主大恩，給假來濠拜母。昨晚頭站已到，只在今日進門。喜得不耐煩了，説出恁般俗話。就是看官見笑，這也説不得哩！

【前腔】（生上）惟有狀元香，勝似朱輪坐。俊母産佳兒，非比飄零我。

夫人，恭喜賀喜，不是你恁聰俊，生不出這樣好兒。休要説你快活，連卑人面上又增光了多少呢！（旦）若使新婦得配參軍，生兒不但如此，成了千古笑柄。况且這個兒子，七分像你三分像我，連中三元也還是推你情面，難道真真的是他的本事麼？（生）雖然要如此想，倘然相貌不揚，字迹潦草，要這一席也不能彀哩！

【玉山頹】（合）歡欣無那，做雙親言休太苛。奪頭名要婉清揚，魁元字必須停妥。爺娘攙和，憶那節怎分誰個。想起從前樂尚無多，此後還須養幾窠。（雜旗帳鼓吹引小生上）（小生拜介）兒子僥倖登科，全仗爹娘福庇。就是些少聰明，也出爹娘毛裏。深恩罔極，何日能酬。（旦）我兒回來了麽？你娘喜的幾夜不曾合眼哩！

【前腔】（小生起唱）高堂同座，受孩兒百拜非多。屬於毛分與聰明，離於裏面容差可。歡譁掀簸藍水驛，寶光如火，造得兒曹命似甘羅。今日斑衣彩舞傞。（生）你父如今雖受國家重寄，似乎赫奕威權，終以遭世亂離，未登科第爲恨。吾兒一舉成名，聞於四海，連你泉下祖宗，都要喜得發狂呢！

【玉抱肚】（生、旦合）相看明目，喜的人癢嬉嬉，渾身欲木。在彼時幾曾商略，當此日轉想無訛。

風姿似母不差多，下筆如爹掃陋魔。

（小生）但願爹娘一年一個，再養許多兄弟，都像孩兒一樣髫齔登科，還要趕著爹爹封侯拜相。

【前腔】（小生）公堂爹坐，莫吁嗟未列巍科。乘有興倍工鼓鑄，論華鍾槖籥。功多，合家封拜始嵯峨，個把詞林算什麽。

（生）古人有言：官高反險。將來叫你出仕，俺就要致仕歸林了。和你母親兩個紗窗緑洞怡怡相對，比那呵嘏爲榮，手板即醜，唯諾戰兢，迷心掣肘，甚至在姓徐的屁眼裏張氣，豈不勝萬倍呀！

【前腔】（生、旦合）兒言幾錯，段家郎踰墻遠躲。爹只爲受盡欺凌無可奈，一番掀播。仇家美眷已搓磨，更有何求戀網羅。

（小生）孩兒就出山去，緊記爹娘教訓。

【尾聲】（小生）從來英傑，要收場妥。（旦）合休偏不擬如何？（生）何似雙眠向錦窩。

詩

成親未可便團圓，須待兒曹上了天。

曲意淋漓如此少，莊中帶謔筆幾仙。

人難賽

人難賽目録

第一齣　誇人

【天仙子】（末上）命相須知加識數，安欲極尊由此故。廣收門下也無妨，友一路，親一路，纔與榮僖相比附。　家市只因貪世富，對厩交歡青史註。京尹雄藩總，倖恩個個妒。人人慕世味，只伊甘似露。（問答照常）

【意難忘】趙宋開封，有張耆給事，幼昵東宫。真宗纔即位，寵愛更加濃。劉氏女寄微躬，占數必尊崇。將頭戴真承上眷，果擅簾櫳。　教著出刺甌東，更超陞節度，永享千鍾。宋琪誇五福，孫沔癖桑中。猶祖德，慕孀豐，應遣作親翁。閩章郎産兒，青菓亦合爲僮。

詩

記朝政的劉小娘恩酬優待，
知命數的張耆英尹京節外。
孝繼母的祖敏端白相多嬌，
拜門下的宋章陳青奴比態。

第二齣　學數

【臨江仙】（生上）業障愁根天付與，避情懶上潘車。耻憑才貌作穿窬，才多能敗德，貌美易傷軀。

〔如夢令〕人恨才容不足，我怪身名太馥。無故惹情氛，到處紅顔追逐。眉蹙，眉蹙，不是生人佳福。小生張耆，表字耆英，河南開封人也。生輦轂帝都之處，際削平諸國之時。雖非累代簪纓，却異無知紈袴。讀書而通其大意，訓詁何庸。作字而易似景宗，古今皆創。昔逾十歲，獲入青宮。今已七年，猶依紫禁。幸喜秦國夫人，性極嚴厲，雖同卧起，惟供納履之勞。敢比襄成，請爲携手之事。清晨研墨必滿一池，静夜焚香與熏四體。這也還是雅人一輩哩。争奈汴京饕色，有如陶穀之言。謂我子都，且得大藩之賜。競前擲果，莫肯投梭，弄得我街上都怕走過了。俺想人生在世，不但通文達武，還要曉得些數學，方纔預知自己升沈，便於趨避。好與他人交際，不致愆尤。所以學會六壬，果爾絲毫不爽。汴梁城裏，有一個袁看相、一個李虚中，聞我精於此術，約定同來相訪。他的相法，獨要參合八字。且等二人到此，把命相兩件也弄原，全放在腹中不差甚的。（笑介）咳咳咳咳，不差甚的。（外扮相士）（末扮瞽者，提三弦上）張相公好呀！（生）袁先生、李先生都好呀！（外）好相，好相！單主位至公侯，壽登耄耋，兒孫滿百，一世無驚。（生）賤造也要請教，乙亥年三月廿七日寅時建生。（各坐）

(末彈算介)大相。這個八字非但福禄壽三者俱全,還有賢能妻妾,兼主一生外遇極好。(生)我一來家就關了門,快休説到這上面去。

【二郎神】(外)修垣堵,葺藩籬,把柴關緊錮。潔净苔痕防點污。(生)瓜田履跡,不分蓮瓣飛鳧。一任他笑板憎迂還厭腐,我這蠢男子甘心學步。(末)待騎鸞與跨鳳,肯學他諸畢雄狐。

(外)説便是這等説,其實不須算命。相上也有『你不尋他,天教凑你。只有四知,并無人道』哩!

【囀林鶯】(末)佳人自過才子居,不覺的私訂歡娱。(外)三生石上曾相遇,成瓜葛總在桑榆。私情蜜語,耳邊厢只愁煩絮。(生)火情書,秦皇昔日,怪不得要坑儒。

(末又彈介)三十五歲已前,一點外事没有。三十六歲以後,送也送不出去,推也推不出門哩!

【啄木鸝】〖啄木兒〗(外)來芳訊自婦聑,紙紙鸞箋傾肺腑。(生)只要你賜針砭,鐵可成金,切不要浪褒揚,瑕反稱瑜。(末)老來佳興偏難阻,巫臣遇夓心無主。(生)莫相誣。(外)真真假假,且待後來臚。

(生)命相雖然有驗,又不如我此心拿得定,倒底無礙。(外)世人有所不爲,或因法實制之,或恐傳聞不雅。到那上知不禁、事密無聞的氣候,饒你聖賢也難固執了。足下果能如此,包你後出名臣,請勒吾言,留爲左券。(生)還要著實奉求,將這子平相法一一傳授了纔好。(外、末各出書介)因足下聰明特達,只須筆授,不待口傳。所以今日特來奉送此物耳。(生連揖介)多謝多謝!

【黄鶯兒】(外)雅意莫相孤,古人傳敢浪塗。(末)須將手盥薔薇露,名香一爐,清茶一壺,澄心批閱休訛誤。（生）顧不得筆尖枯，也要微加潤色，略使骨生膚。

詩

女慕由來在命中，非惟骨相似王濛。
功名富壽因談數，豈著麻衣待至公。

第三齣　奉母

【青玉案】（旦籠藕襪、高跟鳳頭朱履上）數年謟事彈蘆母，非但孝，該趨走。要得仙郎爲對偶，必須娘喜，始能成就，况有珍珠斗。

〔長相思〕厭飛蓬，戒飛蓬，時對菱花覷面容，何須課女紅。　晚萱穠，愛萱穠，每日依依向抱中，翻爲整玉弓。奴家祖氏，小字敏端，世籍濰州。海濱望族，始祖則逖，名昭《晋史》之中。支祖曰珽，事在《齊書》之内。父親諱德，官拜吏部侍郎。繼母姓豐，本是富家霜婺。不幸靈椿已萎，或云萱草猶存，兼之金帛充盈，未慮資裝艱窘。（笑介）但不知怎生才貌，纔值得與他消受也呵！

【前腔】（净濃施脂粉、籠藕襪、高跟鳳頭朱履上）晚年多悶眠清晝，纔離枕，聞呼母，幸有多嬌珠落手。身邊環繞，歡容甜口。拚百萬陪伊走。

我兒過來。（抱坐膝介）你今年十幾歲了？（旦）纔十八歲。（净）你娘心裏急急要個女婿，争奈把你細看，若没有五七分相像的，娘也不忍把他。日月如梭，美材難遇，却怎麽樣纔好？

【玉芙蓉】（浄）才華據上流，姿貌當原宥。便西施、道韞，未説兼優。誰似你才肥不遣腰支瘦，筆勁翻令指節柔。難消受，這鸞交鳳儔。問誰行，把温柔美福向前修。

（旦）女兒只要跟著俺娘過日，不管他相像不相像。别人家就十分好，有娘恁會笑麽？有娘恁會説麽？有娘恁疼愛麽？有娘恁親熱麽？

【前腔】（旦）纔逾二八秋，論甚桃夭候。况心高志大，與世爲仇。衡才既説潘安醜，評貌常爲子建羞。家中有活觀音在樓，願容兒畢生眠卧脚跟頭。

（浄起介）我兒聰明絶世，不過黄花閨女不好自己明説罷了。你珪哥江東去轉運了，得了女婿，娘是要一同過去的。你要睡娘脚頭也甚容易，做娘的依舊把你疼愛，依舊和你説笑便了。

【前腔】（浄）娘前不害羞，也碍逡巡口，只好把《關睢》雅什誦到河洲。雖然背地祈佳偶，耻向媒婆説好逑。詞難溜，要爲娘代籌。念從來佳人才子性相投。

（旦）俺娘撫育之恩甚於腹，我固須所托得人，家私長保，永娱色笑，不令親憂纔好。（浄）只要女婿才貌雙全，就是手頭仄狹，家事煩難，你娘身邊這點東西，也還彀照顧你哩！包把俺這女兒粧扮得如花似玉，你道如何？

【前腔】（旦）如天度量優，似地恩情厚。本娘兒名分，勝伉儷綢繆。終身依戀難分手，應撇夫妻與並頭。（浄）機緣湊，把愁腸暫丢。看他年，無明無夜共歌謳。

詩 晚母從來喜奉承，况逢嬌女展娉婷。
富人易事貧難事，不論家庭與外庭。

第四齣 尊劉

【夜行船】（小旦青衣上）復整緗勾初睡起，晝夢裏，紫閣丹墀。鸚鵡傳言，東君請你，强對菱花簪髻。

奴家劉氏，寄寄爲名。生長華陰，陝西首郡。家貧難活，遠送京中。到此張家，年纔十二。東宫給事長我三春，伊奉孀親忽然不臘。自公歸舍，無復他人，不懂什麽緣故，替我算起命來。又誇會揣骨相，説咱今年十五，大運已交。種種慰安，情十倍於姊妹。般般照拂，無一事之煩勞。（嘆介）咳，父母棄予於千里，孑身托命於斯人。乃捐鞭撻之權，降爲吮舐之類。揆斯高義，獨行萬世所難。試問鄙衷，實出仰望之外。蒼蒼下視，脉脉心知。何以相酬，纔爲報稱也呵！

【前腔】（生携具上）有這人兒來手裏，他日事不用攢眉。未敢相兄，何論稱婿，秖爲才容太美。

大娘兒早膳了麽？這是我買來的東京、西京各色細巧菓子，你没事時慢慢地下茶哩！（小旦）寄寄自小見他不慣，留在這裏早晚剥與大郎吃。咱這等人嘆這貴東西做什麽？（生）你將息得好時，比我還有用哩！

【高陽臺】（生）我無父無娘，無兄無弟，當前只你相依。日後爲生，萬般都要求伊。猥卑將來，自有同夢侶，俺只該托水遞綦。只要你惜如金，扶持玉體，出落風姿。

（小旦）這紙包裹又是什麽？（生）這是特髻攔額、珍珠翠領、胭脂鉛粉、蘇合香油、通草花、金如意，也是我往大相國寺買來，與大小娘粧扮的。明日寺前有戲，送你去看戲呀！（小旦）你把我折殺時，再看你怎麽樣？

【前腔換頭】（小旦）休提富比陶朱，家同王謝方宜。錦綉珠璣，流落如奴。何堪遍體華衣，思之歡娛。豈以聲勢是知音，不須崇貴告君知。遴才選貌，莫論高低。

（生）這是照你鞋樣，託那德妙道姑替你做的大紅鞋子。一包精子珍珠，你自己拿來滿幫釘上呀！穿上瞧瞧小也不小。（小旦蹴福介）咱没有甚的謝你，福一百福，謝謝大郎罷！（生連揖介）折殺我了，折殺我了！

【前腔】（生）卑微看你堂堂，將身跕下裙邊，矬到鞋池。驚心駴目，深愁愚命，顛危相期。他年富貴推美意，莫遽忘奉履承蹻。簇蜻蜓，烏雲四起，且去遊嬉。

（小旦）要看戲時，再得兩個女伴纔好！（生）兀那仙姑，他也姓劉，彭狀元的夫人，丁翰林的宅眷，祖侍郎、宋學士各家堂客都在他臺上哩！

【前腔】（小旦）思惟修撰夫人，參知美眷，仙姑結隊連衣。微末如儂，應知形合心離。（生）非欺心機，織盡爲伊計，怕甚麽良緣難遂。只要你炫容光，引他入彀，總是良媒。

詩　早識觀音在我門，人人禮足待祈恩。
自緣渠命應多福，故遣將頭戴世尊。

第五齣　禦遼

（净濃施脂粉扮蕭，引衆上）親自審牢囚，生擒虎豹酋。誰知香煖玉，雕就軟雙勾。老身遼睡王之媳，遼景宗之妻，遼聖宗之母，承天太后蕭觀音是也。家原回紇，因功世與國婚；母必帝姬，締好豈論中表。不幸先王溘逝，腐髀難上妾身。可怜幼主孤危，全賴慈英智勇。叵耐宋家放肆，自矜得了太原，恃有老將楊梟，指望新君安享。去年被俺生擒，他已亡魂喪膽了。如今待過河去，一徑取他汴梁哩！吩咐横帳排開，莫行阡陌。游軍翼進，欄馬巡邏。聒帳小兒歌唱起來。（衆應摇旗介）

【不是路】（合）坐失封疆，一報教他舉國狂。空遥望，烽烟誤舉罪提塘。費商量，病歸臟腑難將養，賊到門庭怎備防？休相抗，百官枉把登聞撞。禍從天降，禍從天降。（下）

【步蟾宫】（生領衆上）新君即位先崇獎，爲那個入宫蒙賞。甚觀音搆釁擾邊疆，待把香詞受享。下官張耆，自從那日送劉小娘看戲，隨即跟了千歲到寺前去隨喜。果然一見醉心，立取入内。不上半年，太宗就賓天了，千歲陞了萬歲。誰知劉小娘的記性，竟是千古所無。一切大小朝政，萬歲記不得了，他能道其本末。竟連秦國夫人那般利害，都不能奪其寵愛了。攛掇萬歲，就授了俺一個殿前都指揮，掌管兵馬。手下虎賁，那一個不是拉得折弓、踢得起土的呢？誰知契丹親娘老騷發哩，説俺太宗妃嬪，尚且吃他老公搶去。欺俺天子年少，只顧殺將過來。寇準相公説道，陛下自己若不過黄河去，他便説你惧怕於他。所以到這開州，劄下御寨。難道堂堂天子，真個自己出馬和這老婆抵敵不成？只差俺迎向前來，和他厮配。曹利用出使過，去和他共一車板吃了東西，説他身上共有十香。俺待拚一死戰，捉了他來哩！

【不是路】（净、衆上戰介）（合）禍起遐荒，忽動干戈自北方。伊難擋，只須一戰令消亡。入疆場，邊關重地皆淪喪，席捲長驅没限量。空愁怏，人人盡把援兵望。天仙自降，天仙自降。

（生）快快寫降書來！你既然叫做觀音，難道只許韓德讓受用？再老上幾百歲，俺也還不嫌你哩！

（净）這小狗才，你叫什麽？孩兒們擒將過來，和那貗猪囚在一圈，去叫猢猻撞他屁窟。（又大戰介）

【大迓鼓】（生、衆合）邀功計太長，愛伊身上，十件奇香。自頭至脚，中間兩全，憑今日把伊降。年老何妨，畫圖細嘗。

（生）原來你這汗血是恁一個氣息，不出殺時敢没這般郁烈。（净架住雙刀介）瞧你這小狗才不出，倒弄得我老娘力乏了。若要真個取勝，你一萬世也不能彀。權且與你和了，等俺高興再來不遲。（生）這話果真？俺便奏明天子去也。

【前腔】（净、衆合）陰謀不用剛，不妨猶豫，故作商量。不過假示逡巡樣，天魔肯讓佛高强。女定嬴男，只爲軟恇。

詩　且把觀音作彼名，十香合在此人身。
戲場出殺須兒戲，笨伯纔方説正經。

第六齣　婚祖

【憶鶯兒】〖憶多嬌〗（丑濃施脂粉、籠藕襪、高跟鳳頭朱履上）抬上肩，一溜烟，離了冤家便謝天。打鼓偏憎棒不堅。中宫使前，朱門附膻。他家不比奴家厭。到墻邊，華堂未入，莫把轎圍掀。奴家宋氏，饒州彭汝礪之繼室。連婚仕宦，晚嫁狀元。前月走進宫時，新萬歲特特囑咐外邊四處探訪，務必替張殿司做個好媒。奴到山東祖家邸第裏去，把祖侍郎小姐庚帖討了送來。該是緣法，一説便成。今日迎娶吉期，俺待收主媒禮哩！

【前腔】（生花紅冠帶上）簫鼓喧，珠翠闐，夙世修持占好緣。盡説新郎似上天。妻娘那邊，媒娘這邊，誤投月窟無嗟怨。論人間，姻親伉儷，莫或予先。

彭夫人，拜揖！（丑蹴福介）恭喜殿司，賀喜殿司，有這樣好新娘子。俺這謝媒喜酒，一年要吃幾十回呢！（生）夫人就日日來，下官也不敢吝。

【前腔】（雜花燈、鼓樂，旦籠藕襪、弓鞋、彩轎上）（衆合）行碧阡，經翠軒。鳥助笙歌花映氈，不是蘭房是洞天。新人太妍，才郎似仙，一雙白璧良工碾。並香肩，評姿比貌，秋水共長天。

【隔尾】天台既入同劉阮，堪附入神仙列傳。好笑那妄想天鵝的眼欲穿。（齊下）

（丑）殿司既説戲臺旁邊，曾經見過，待我揭去紗罩，等你看看前日所説錯與不錯。

【漁燈兒】觀玉面，等伊家，想像從前。換境界，隔時光，萬化移遷。只怕昨日今朝別是妍，轉睛處又生他艷，不尋常是女神仙。

（生）不曾復看，謝媒錢也該一萬貫。復看之後，彭夫人的謝儀不是金帛完得事了。古語道：要問新人，先看媒人。這句話一絲不差。

【錦漁燈】（生）姑莫論邊闌，瑩丁香猶淺。君不見一團嬌，生就嬋娟。反笑那漢代相如緑綺弦。直待做短，行事始能然。

（丑）新娘子好的世上還多，難得殿司這副面孔，恰好厮配。就是長短肥瘦，也都相去不遠。肚裏才情不消説得，八兩半斤你探一探，管就明白。

【錦上花】（丑）受用了有分緣，快活了是神仙，狂生一縷古饞涎。任摸那軟綉簾，任覷那豆寇妍。含羞未肯向人言，不用買花錢。

（生）也虧俺丈母賢慧，把前頭的女兒，嬌養得恁地豐富。（丑）若問你這晚丈母時，雖然不像小姐，那愛女兒疼女婿的心事，比親生還强萬倍哩！

【錦中拍】（生）嗤餘子尊前摘阮，風月厮乾纏。空靠著孜孜杏臉，反教人實難消遣。誰如我孟光眼前，頻頻嬿婉，全無罪譴。那醉魂兒不離裙穿，皆月老賜其便。（丑）似祖小姐這般朗慧，不但你琴瑟之間堅如膠漆。連俺做保親的，逢時遇節過來相聚，也都淡而不厭呀！（生）夫人是這等説，也怕彭狀元要幹，要緊不肯放你出來呢！（丑）啐。

【錦後拍】（丑）只羨你展鮫綃，詫紅鮮。若論世上的因緣，有許多宛轉，有許多展轉。或倩歡或寄恚，總憑竊盼，那憨情軟語畫難傳。看皓齒冰心如見，寧全仗一點春妍。

（雜扮婦女，四人持燭上）閒話慢説！請老爺夫人同入洞房吃交杯酒要緊。

【尾聲】（生）謝媒禮視新人面，論目下黄金尚賤。（丑）鉄打心腸自會軟。

詩　戲裏成親套已呆，略爲變化見新裁。
別無取覓離奇處，聊用風情女主媒。

第七齣　受謁

【山坡羊】（副净濃施脂粉、籠襪弓鞋，扮女僧上）熱烘烘擠不開的媒鋪，鬧穰穰綷不斷的姻故。亂紛紛收不完的錢財，急忙忙起不迭的倉和庫。區區是誰，王繼勳國舅案裏剩下殘生，汴梁城中一個頂輿頭的女僧却親娘是也。混號叫做馬泊六，專管牽頭、聳股，兼之雇奶尋奴。不但前門買賣脱不得我，連那龍陽小官要把後園出典的，不先和我打幾個丁，也遇不著出稍受主。近日添了一宗生意，又是半世衣飯。殿前張爺要買侍妾，不論二婚閨女，何方人氏，只取妖嬈活潑的。已經相中二三十名，須索回話來。此已是，不免徑入。（生上）一個多月不見回話，有了幾千個了呢？（副凈）多半粗，脚疼腸也枯。佳音到耳休相阻，管你風騷入畫圖。非誣，怕郎君，命欲無如驢，自教他口亂呼。

幾千個是没有，二十名十成飽足的，齊全在此。（生）有一名合式的，俺是一百兩頭，還有别的犒賞。（副凈）别的越發要緊。

【前腔】（老旦籠藕襪、高跟鳳頭履，扮道姑上）説空空講不完的經疏，囫圇圇截不斷的情緒。急煎煎要説明的寸心，笑嘻嘻引得上的門生蠹。（見介）前日懇托貧道替他引進，要拜在殿司門下的那個秀才，就是會稽孫沔。外邊頗有文名，殿司收入夾袋，不差甚的。（生）德妙所薦，怎好不依。爲何整幾十天，不見賜教？（老旦）嗟蠢嫗避人甘獨處，聽來惡話難傾吐。妄謂丁家敢慢奴，稀疎論丹，誠却兩乎。徐徐倩張郎畫老嫫。他約定今日晋謁，俺所以先來通報哩。

【孝順歌】（小生曲躬上）懷經濟莫展舒，嗟卑怨命便糊塗。時局要知趨，遭逢看天數。平生要補，且學彎躬，兼習媚語。少不得衆力扶持，叫我這孫楚客，憑空直步雲衢。（見介）老師在上，門生百拜。（生）下官雖然識字，不會做甚文章。你是東南名士，王曾、張知白、任中正都可干謁，爲何肯到寒舍呢？（小生）雖然兩府大僚多，與門生相識，不過逢人説項、臨場送字而已。老師常近龍顔，親攀鳳翼，片言相爲，雞犬升天哩！（生）這也未必。

【前腔换頭】署名或類屋，難將弟子呼，枉自拜階除。争遂爾雄圖，欽若在府，更有歐陽髫秀翹楚。若與交歡，畢竟有些妙處，如何却到蛙居？

（小生）門生至心頂禮，矢志歸依，萬望老師不加叱逐。（生）别人要拜門生，須備許多重禮。如今一個名帖，便叫收留，不是下官破格，全爲仙姑鼎言。你須就我面前作揖多謝。（小生向小旦連揖介）仙姑恩同師母，日後决不敢忘呀！

【玉抱肚】（生）應該堅拒，念仙姑蓬萊淑女。再三言晋王道子，却提防覆手爲雨。不堪相與是諸儒，反面無情弄簡書。

（副净）這位相公，看見倒像個風月的。等我幾時閒空，走來相與相與呀！請問貴寓現在何處？（生）這個牙婆委實能幹，怪不得曹利用寵他。舍下走動的師巫姏母，比司馬道子家裏還多，第一算他肯出力氣。（小生）老師驅使之人，自然不錯。小生寓在胭脂館後房下也。最喜説笑，倘然得暇，千萬過來。

【前腔】（小生）娘行知趣，既有這續殘生紅絲一縷。怕什麼害相思，屈殤彭祖，對瓊漿渴死相如。未聞酸子買姬嫋，且試情腸待後圖。

（生）今日未曾備茶，賢契且請回寓。仙姑竟請住下，你去抬人來看便了。

詩　利用已聞多寵媪，何尤似道狎尼師。
　　想來徐國能無爾，况值黄冠最重時。

第八齣　垂簾

【雙勸酒】（小監二人先上）龍髯可哀，娘娘作梖。恩威九垓，天壤喝采。衮冕極該著戴，惟須換了鸞鞋。

自家中政院掌院太監，俺真宗萬歲終日求仙奉道，連二公主都出了家，還是病不離身，終年卧榻。大中祥符的政事，全靠劉娘娘決斷。楊淑妃等兩位端麗機警，不是他的親眷，就是他的寵愛。所以女人行出的事，比男人還如法。賓天遺詔，竟就立爲太后。軍國大事悉取處分，越發恩威任意了。今日又要垂簾聽政，兄弟須幫糾察。

【西地錦】（宫女執扇，小旦冠帔黄龍袍上）感念雖然稍懈，悲悽尚未離懷。臨朝畫軸撕千塊，還愁命有餘灾。

（坐入黄屋介）叵耐丁謂這厮，自恃判斷之才，擅將遺詔添上一字。前日出班奏對，輒敢手提金帶，具見心無先帝，藐視老身。著把全家押赴烟瘴地方安置，只許僧衣僧帽，不得復襲朝衣，該部屬知道。

（太監應介）

【催拍】怪吴兒心腸忒乖，藐先君覷人似孩，瘴癘應該，瘴癘應該。并子僉妻，押發邊臺。以警無將，用戒方來。（二監）把往事一一臚開，教削髮，避轟雷。

（小旦）張耆謹畏恭愼，獨有可嘉。著賜注輦國所貢珍珠衫帽各一，計珠一萬一千兩。高麗所貢人參五百斤，第宅七百楹，田九千頃。老身辛苦一場，外家姻戚、門人廝養，賜官共六十劄。（末冠帶執笏上）臣曹利用奏：天下者，祖宗之天下；百官者，萬民之百官。濫及廝養，則輕名器；用爲私賞，則負受遺。（小旦）你僻愛老媪，廣通賄賂，竟敢借我，掉譽沽名。著部嚴審，定擬流徙五千里外。給與麻繩，令其自盡。（雜押下）

【前腔】惡心肝如狼似豺，要沽名將人葬埋。纔識眞歪，纔識眞歪。（二監）既抱奸心，又具奸才，老媪雖騷，從此離懷。

（小旦）兒媳一日享有國家，祖宗一日不廢血食。先君既棄天下，就該是我做媳婦的自主大祭。必須將先帝衮冕穿在他妻身上，照東漢鄧皇后故事，著部詳議上奏。（外執笏上）臣吕夷簡謹奏：如今若説先帝衣裳，椒房穿上，不稱陛下，决不肯服。老臣却有一句無知之談請教陛下，即衮冕陛下，將爲男子拜乎？（小旦）看你壽州人不出，倒有些乖巧想頭。竟聽相公，權且停止。（外）容臣另議，寫表進呈。

【一撮棹】（小旦）聽高論頓釋幗巾懷，蹉幾矬豈是冕旒坯。凌波襪脱去笑裙釵，行纏狹怎好褪弓鞋？（二監）片語疑心解，名言萬古在。桃奴韋只把丈夫陪。

詩

帕首惟貽先帝妹，趙家老婦聞言退。
太阿却要自操持，也出天心由命内。

第九齣　出刺

【鎖南枝】（旦扮門子上）離漳海，至汴中，家鄉菓青爲賣傭。幸逢賢守蒞吾邦，被録承殊寵。售男身鄉俗懜，豈惟儂直如桶。

詭俗相沿久，男兒不有肛。胎産應惟我，非人所得雙。如今號門子，侍史古傳揚。賣菓難成富，跟官且返鄉。願爲生公子，明明竟做娘。俺李紅，生於福建，長於汴京。一向挑賣青菓糊口爲生，待要還鄉却無盤費。誰知運氣到了，張耆指揮聲勢了得，忽然放了福州刺史。俺央一個牙婆薦將上去，竟蒙收做門子，取名叫做青奴。俺那邊的傳頭，只是倒去摸弄，所以專值書房，稱爲書妾。更無同伴分我所貪。有事必知，説一聽二。且趁這個便益，回家看看親眷，再上京去，有何不可？目下肚皮又大了，敢還要生育哩。

【前腔】（生冠帶上）今朝得親，試方知事有踪。只是肛腸疼縮，男兒原有胞宫，致令成胎𣊽。精力强，能上衝，後和前莫非孔。

青奴過來。你前日引進的那個門生，聞得生了兒子了，你該去看一看。（旦）章露秀才前日生個兒子，取名章惇。小的一個親眷進來告訴，好不頭角非凡哩！

【憶秦娥】（旦）麒麟種，啼聲震屋，珠堪捧。珠堪捧，老温若看，定將身聳。（生）説是他丈母吕氏生的，算在他老婆名下。有恁奇事，是真是假？（旦）暗昧之事，未可深信。多承老爺推愛，他那丈母不多時還在夫人裏面。有喜無喜，難道老爺不曉得麼？

【集賢賓】（生）蛾眉皓齒朱顔紅，年方四十終。殊自嬌嬈無老態，那其間或有通融。知他頂踵，却未見膨脝如甕將人哄，因不十分高拱。（旦）他的意思，要隨了女婿往都替他照料家務。等他謀幹功名，待求老爺幾封書子哩！（生）幾時准去，等我好寫。

【前腔】（旦）儀容細觀今更豐，喜風韵蕭疎，越看教人津越湧。俺漳泉水色原濃，惟笑彼莽東床，不分輕重。（雜扮承差上）禀上太老爺，這福州山裏原有一種福人。但出來時，官民俱獲吉利。有幾十年，人不看見了。自從老爺到任，日日坐在峰巔。耆民特來報知，求老爺做一篇文，差人祭他一祭哩！（生）這也容易，且候擇期。

【琥珀猫兒墜】（生）非渠能福，致我福無窮。將問人生塞與通，避凶趨吉必須工。看儂，别有蒼天，替我彌縫。（雜下）

（旦）像太爺這樣門生迭進，疎遠挨親，也都是命裏帶來，叫别人趕不上的福哩！（生）你若果然生下，俺也叫個婢妾承認了去。世上的人少見多怪，叫他知道，動不動就是新聞哩！（旦）只可惜俺受苦一場，娘也没人叫唤一聲。比那開坼老婆，還不能彀呀？

【前腔】（旦）不疼不苦，他受現成封，這樣便宜天怎容？辭爺稱母我爲宗，親供不信，將來無復斯風。

【尾聲】（生）朱輪五馬名何用，喜的是交遊熱閧。（旦）奴只望每到書房不脱空。

詩

宣和妖異合伊身，爲是開窗直廐人。

嫉惡未嫌宣醜穢，但言章吕髪衝巾。

第十齣　陞藩

【普賢歌】（老旦籠襪、弓鞋，執拂策馬上）幾年不見俺仙郎，來賀陞遷到教場。佳人半老蒼，詩如李冶狂。水而非石花兒漲。

俺劉德妙自張耆英出爲刺史，不曾復與相見。如今陞了平陽節度，奉旨徑自赴任，不必來京。所以趕了三日路程，要和他會一會面。聞在教場操兵，且等俺看一看，與我們的殺法同也不同，有何不可？

【前腔】（生戎裝引衆上）吏兵簇擁赴平陽，持節威權制一方。携家不必忙，權時禁戲煬，由他有似呵嗤癢。

（雜）怎麼一位道姑先坐在教場裏？（老旦）京師女道劉德妙，特地趕來見張爺的。（雜）京師女道劉德妙，特特來此見元帥的。（生）快請相見。（雜請介）元帥已下馬了，就好見面。（老旦福介）恭喜高陞。（生揖介）怎恁高興？（老旦）三載別離，自然渴想。不惜盤川，特來一會。聞得你在這路上操什麼兵，順便就看一看去哩！（生携手介）德妙來得極好，且和下官並坐一處，待把各樣陣勢演來請你一觀。（坐介）吩咐中軍升砲起鼓。（雜摇旗介）一一如令。（兩陣對殺介）

【孝南歌】〖孝順歌〗（生）穿盔甲改武粧，風流已非才子腔。（老旦）前誼斷人腸，奔來一張望。（生）鳴金打仗，交戟揮槍，到了那伸脚時呵，也只和耍頑同樣。（老旦）一刻春宵，昔拜千金貺。〖鎖南枝〗（生）人到家，食近嗓，這歡娱自天降。

（老旦）楊無敵還送在蕭皇后手裏，倒被你敗了一陣。你那時節使個什麼法兒呢？（生做手勢介）那時候麼？用的是長蛇穿心陣。我自己拿著紫大蟲挺槍直進，好不威風也。左右就演這陣者。（衆摇旗應演介）

【前腔】（老旦）風流態俊秀龐，如何會拿粗柄槍？（生）慕彼軟勾香，身軀欲相傍。（老旦）伊空妄想，別有襄王，占住高唐。（生）自是前生没有風流帳。（老旦）如爾我堪惆悵，乍丢開又心上。

（生）戰馬跑風你從未見，我再叫人跑馬你看。（雜應）（繞場不已介）

【醉羅歌】〖醉扶歸〗（生）笑他八駿周王樣，嘶風萬騎一時狂。（老旦）馬上人兒鐵金剛，挺然不倒頭生强。（生）蛇身龜頸，但工刺槍。斜攻仰搗，壞人肺腸。沈舟破釜從來尚。（老旦）真知竅，實在行，上流放水豈能降。

（生麾旗介）著褪回馬頭，打後跑轉。（雜下復上）（繞場連連介）

【前腔】（老旦）想伊想得心兒蕩，看操看得口兒張。（生）知否昂藏更昂藏，方之昔日添情况。（老旦）鳳衾鴛被，曾無洞房。鶯聲燕語，惟呼玉郎。可憐人在長途上。（生）操兵急赴任，忙索偷閒，空效鸞凰。

（老旦）張爺且自保重，貧道回京去也。（生）累你往返六日，定該相伴一宵。

【尾聲】揆情參理何須講，過今夕再裝車輛。（老旦）一夜争償幾載長。

詩

將次收場又要烘，刀槍鑼鼓鬧憑蓬。

無非要脱陳窠臼，故遺雙成看即戎。

第十一齣　家市

【字字雙】（副净濃施脂粉、籠藕襪、高跟鳳頭朱履上）漢喜私情婦也妖，承教。師門屢到代夫勞，得竅。列市家中買賣高，熱鬧。買些領袖去裝嬌，先笑。

奴家邊氏，孫沔太守的夫人。只因張耆節度原是俺丈夫的老師，如今入爲侍中，就這宅裏開張了許多鋪面，托於丈母祖夫人掌櫃。各院姬妾但用東西，都到自己店中貿易。俺每門生媳婦，也來買他些去助一助興。道猶未了，那邊又有一位親眷來哩！

【前腔】（老旦籠襪弓鞋上）絶妙東床女婿嬌，奇孝。外孫玉雪女兒驕，教抱。此是恩門怎肯抛，有造。爲看買賣走三遭，相叫。

奴家非別，就是章露秀才的丈母。孫夫人好呀！（副净蹴介）買油粉去。

【前腔】（丑濃施脂粉、籠藕襪、高跟鳳頭朱履上）再醮幽州姓本高，福報。大名馬氏故夫豪，未耄。甫結親家似舊交，屢到。就家列市意深遥，埋窖。

各位親家都是來看買賣的麽？（副净、老旦）太夫人在上，媳婦們蹴福。（右下）

【大迓鼓】（净濃施脂粉、籠藕襪、高跟鳳頭朱履上）輸他壟斷超，招牌不掛，主顧偏招。當官免納抽分鈔，不掣私鹽價轉高。掌管銀盤，便宜自叨。

（坐入櫃介）（衆上相見）（净）列位親家賜顧，待買什麽東西哩？（老旦）我要十卷紬緞、兩床氈毯。（副净）我要十箱糕餅、一担菓子。（丑）我要一件貂桶、十雙銀鼠袖頭。

【前腔】（丑）東北好香貂。（副净）方糕裝匣，蜜餞分條。（老旦）南京貢緞絲休燥。（净）且把天平和你敲，也像行房不讓一毫。

寫了票子與你，著人來拿便了。（副净指畫介）你這馬房對面，開這許多窗子做什麽？（净）這也是我

女婿心苗上想出來的。只待牲口高興，他也高興。那一個窗洞裏，不曾養幾個外孫呢！（丑掩面怪笑介）

【前腔】（老旦）心思也忒妖。（丑）借他模樣，助我狂驍。（副净）合傳衣鉢教尤效。（净）瞧著令君頓發騷，此一時乎，萬不可熬。

詩

厩市皆從史册來，演成新戲頗堪咍。
只差買主非原物，要令衣裳稱體裁。

第十二齣　娶媳

【破陣子】（生、旦同盛服上）（合）記得年時嫁到，秖今又望生孫。富室陪奩幫辦事，結的門生女妹親。華堂喜氣新。

（旦）你我到五十歲，就娶齊三十房媳婦了。從古至今，敢也不多幾家哩！今日大媳婦、二媳婦一同進門。又蒙天恩照顧，著那富民陳化代備粧奩，他娘子特特進來幫俺鋪設，越發覺得有興。只要這兩位新婦十分賢德，做得後來的領袖纔好。（生）孫沔如今已陞了大學士，我娶他的女兒做大媳婦，門户也相對了。宋琪的兒子也拜在我門下，爺是昭文殿大學士，娶那馬州守夫人做繼室時，太宗皇帝厚賜助采。他自己曾説五福人所難全，他俱全了，實天幸也。如今二媳婦就是他的脚女，福氣自然不差。

【傾杯玉芙蓉】〔傾杯序〕（小丑濃施脂粉上）白貼家財看做親，又要來幫襯。不見他呼奴做親家，枉自腰酸弄得神昏。（旦）陳大娘子費了東西，又出氣力，雖由上意，我却不安。〔玉芙蓉〕勞伊手脚由君命，還要花消幾定紋。（生）兒僥倖，有香醪合卺。請諸親，好將雅量伴新人。

（丑）小户人家也有幾個女兒，倘蒙夫人不棄，不拘那位公子，也要揀個年庚相對的，扳上一門親哩！

（旦）前日章家岳母苦苦要把個幼女許俺兒子，只差没有父親。雖然是别房養的，也和我肚子裏的一樣相待。

【前腔】（生）喜鵲連年噪語頻，似助婚姻興。你若貪圖，我也歡欣。唤姆呼親，共席同裀。（丑）無官要與高官近，只有將兒嫁與君。（旦）還須慎看東床隋勤，切不可論當前硬拉門第，訂新婚。

（衆花燈鼓樂車，老旦、小旦花紅上）（小生、末花紅同上）（拜生、旦介）

【不是路】（雜合）甲第超群，恩廕衣冠稱體新。門雙峻，兩枝都是上林春。試旁論媒金，合與三千兩，贈嫁曾陪六萬斤。榮華閏，調羹手，只教翁診。他人没分，他人没分。

（旦）雙雙作揖，多謝了這陳親家。（丑）親未對成，就蒙呼唤公子唱喏，越發折壞這小家子了。

【朱奴兒犯】（旦）怎能得親家首肯，實虧得大内殊恩。（生）拔取多財邁等。倫常格外，别下絲綸。（旦）晝錦耀鄉鄰，笙簫奏也，華燈滿院熏。媳婦雙雙嫩，阿婆羞伴老封君。

【餘文】（丑）從今飽食教肥腯。（生、旦合）妻妾外，莫將鞋褪，做部道學傳奇勸化人。

詩

嘗論登場到結親，新娘有曲不相應。
如今生個旁枝葉，權作於喁隨唱人。

第十三齣　拜師

【點絳唇】（小旦傅粉、籠襪、弓履上）媳婦如何，翁姑兩可。雖嬌懊，子女原多。八九載三三個。奴家富户嬌兒，豪門寵媳。能得諸小姑之意，故獲阿家翁之心。今日黄道上吉，公公迎接誥命，幾位伯姆都督辦筵席去了。不免自到廳上，叫人準備則個。

【混江龍】（生白鬚、金襆、紫蟒，旦冠帔同上）（生）古希雖過，各房接伴不譏訶。自天授我，豈藥能馱。（旦）鳳掛龍簪經屢换，只今極頂髻嵯峨。（生）要歡娱，尚趁未焦枯。（旦）養精神，不遣成傴跛。（合）論福分前緣前世，受恩榮無已無蹉。（旦）助喜的女親眷已來過幾起了，媳婦且去招撥招撥。（小旦應下）（生）夫人的頭髮一根也不曾白，下官這髯鬚倒似銀絲裝上的了，足見男人敵女人不過。（旦）這是色欲太多的緣故，以後須要減省。

【油葫蘆】（旦）未可長貪軟煖窩，竭骨髓，漏陽和，致令鬚髮浩然皤。（生）養男育女爺般大，羡君還挽烏絲鬌。（合）有天庥，無國禍，須教百歲齊眉坐，休更學風魔。

（外捧軸上）聖旨下，跪聽宣讀。皇帝詔曰：自古福人，必有先知之懿。受兹恩眷，殆非凉德能堪。爾平章兼侍中張耆，早識天高，獨甘頂戴。敭歷中外，總酬國士深心。富壽多男，況值華封善禱。先王養老，賜之行役以婦人。太姒追思，遂裂河山於鐵券。是用拜爾爲太師，封徐國公，予世襲。妻祖氏、徐國太夫人、女婿、外孫、姑姨、内姪，悉照本朝例廣蔭。欽哉謝恩。（生、旦舞蹈俯伏介）萬歲萬歲萬萬歲！（外先下）（場上鼓吹介）

【天上樂】（生、旦合）結果全憑這一拖，呵呵，婆也麼娑。看將來各鳳雛盡出窠。老鸞凰不想飛，只鶼鶼向被窩，問人間得幾夥。

（雜扮諸子上）爹爹、娘娘叩頭，兒子們又有幾十天酒吃哩！（又鼓吹介）（旦）乖乖兒子，有得你吃呀！（生）吃酒自吃酒，也要習文的工文，習武的能武，心心念念想報國恩纔是。

【那吒令】（諸子合）戒爲人太苛，必家門氣和。羡吾家福多，實爹娘鮮訛。論公侯少麽，得千年健波。夢邯鄲枕上仙，煮黄粱纔片刻，大槐安本號南柯。（齊下）

（雜扮諸婦上）公公、婆婆蹴福！媳婦們又有幾十本戲看哩！（又鼓吹介）（旦）親親媳婦，有得你看呀！（生）看戲是看戲，也要勸夫教子，留心人間事業，休要弄得百不識一纔好。

【鵲踏枝】（諸婦合）頭不白背不駝，好健公好嫩婆，厚禄榮名，似海恩波。一生受盡長秋報答，庇兒孫帶礪山河。（齊下）

（净、丑等扮諸妾上）老爺、夫人蹴福！ 侍妾們個個命好，得替夫人鋪床叠被哩！（旦）你們的兒子媳婦也都有了冠帶了，以後排行下去，都該叫太太了呢！（又鼓吹介）

【寄生草】（净、丑等合）命相情，才德能兼是阿哥。好花枝，根沃纔舒朵。美醍醐，有麯還須糯。聚硝硫，只待投星火。做親家也得入巢窠，侍姬們合共衾綢卧。（齊下）

（旦）從前分房各卧，每夜只輪一兩個陪伴奴家。將來光陰漸短，竟該團聚一處，大家好照應。你也不必行實事了。（又鼓吹介）

【煞尾】（旦）幾個到蓬萊，且喜能全夥。人到老，題該虚做。（生）先把賢光安頓妥，有餘工再去搓摩。没閒暇，就莫穿梭。（旦）只要夫妻壽並多，其他爲甚麽。倒惹得在旁飢餓。（合）願國太萬千秋，稱護法似韋馱。

詩

榮僖八十骨猶春，人自庸庸福自臻。
喜有來孫張叔夜，靖康時代作忠臣。

三多全

三多全目録

第一齣 全本

【西江月】（末上）帝胄還爲帝婿，長年始得長嬉。耄齡監國五朝遺，尚有餘生在世。遇寇誰知得趣，觀優未見稱奇。僞民寡母孔壬妻，給賜纔成新戲。（問答照常）

【漢宫春】天水遺孫去廣陵，謀館真甫豪民。亂後江西歸里，幸遇楊娩，及明靖難選名門，得締天姻，是太祖僅存弱婿，紀綱堂上嘉賓。貴主翻經未解，召道姑宣講，綱妾曰陳。自得西僧妙藥，鎮日歡欣。五朝俄頃，代英宗監國，辛勤懋卿。妻桑翀娘也稱君，爲雨爲雲。

詩

教王甥的趙駙馬晚憑僧藥，

佞陳姑的吉優童主爲羊臛。

愛少陽的老韓娘掠得皇孫，

伴桑婆的鄢夫人免於官朴。

第二齣　焚牒

〔雙調引子〕【新水令】（生上）竹西築室祥符裔，到西江鮒含生意。何必真詩禮，庚申在決，難容俊傑江南起。

〔浣溪紗〕邗水浮家未欲歸，青年旅食負芳菲。東道大蒙賢，駿馬富無黴。安得天孫爲正匹？月娥西母遺相陪。代謝興亡渾戲劇，涕休揮。小生趙輝，字繼光，父諱曰和，廣陵人也。原大宋後，居小汴州，南唐以此爲東京。北客號吾爲西子。瓊花精氣，不惟鍾婦女之身；天水遺孤，又復擅子昂之學。争奈十歲採芹，椿萱隨逝，致令三年乞米，貧病交侵。幸遇一友作薦，説這南昌地方，有個財主伍真甫。置産遍於六州，占奴何止萬户。娶諸王女爲妻，充本位下郡管。若論元朝，無出其右。相延教子於宅之中，束脩歲有千兩。多儀乎哉！經傳彼不求通，識字而已。咳，就便由此成家，倒也儘好度日。要曉得天人一理，家國無殊。即使偶有閏餘，再没有個氣運不盡的。何況當今車駕既出，令尊豈容散處，寒宗更萌他念。昨日整理書箱，檢得玉牒一本。俺想平白人家，留著此等物件，非但無庸，徒足賈禍，不免付之丙丁呵！

〔南吕過曲〕【懶畫眉】推窗試把艷粧窺，不但揚州花擅奇。人人素質與香肌，天教粧點承平世。還想甚古帝魂鵑春欲啼。

（內）有親眷到花園裏，去叫趙相公權且閃一閃哩！（生擊火焚書介）待我燒完這字紙著。

【前腔】（生）霞籠雙鳳絳裙低，堪愛堪驚一餉迷。看他嬌俊俏身兒，偏偏性格投人意。（雜扮婦女繞場下）（生面壁介）嗟我婚姻未有期。

（外扮長鬣上）宅裏老爹，有幾封京裏的書子節略在此，要相公代寫一寫呢。（生看介）明日來拿。（外）今夜還要。（下）

【香羅帶】（生）光陰寸寸珪，千金價總宜。一方錦紋千恨披，纔將萬縷斷腸絲。也落幾篇風月好詩詞，高才只遣縫嫁衣。若還學那女兒癡也，初束雲髻尚未笄。

（內）公子今日停食冒風了，不來上學，趙相公要尋師訪友時，竟出去頑頑罷。

【前腔】（生）無朋可宴私，誰人是師？試憑冰上語，東施青樓，去赴月中期也。權取你玉椮香挨地這窩兒，況且十百之中，也有幾個趕得上良家的，風標養出端似誰。世英何必淑蘭知也，況演温奴玉鏡戲。

這幾件寅緣書信，且等飯後打發。俺趁這花香鳥語之時，把揚州一覺的意思，做首詩兒解嘲有何不可？（取紙寫介）

【學士解酲】〖三學士〗（生）初次相逢一面嘻，愈親愈令狂癡。只一團老實真誠意，没半句虛脾謊話兒。〖解三酲〗夙緣夙世方能遇，萬劫千年不易仳。人間世，愛河業債，地與天知。

想小生這肚子裏，雖然有些錦綉珠璣，總不如俺東君，開出個青銅海子濟得實用。

【前腔】良賈深藏不露奇，驕奢反讓徽黟。石崇步障開成錦，王愷珊瑚碎作泥。莫言藝祖曾相笑，點點家私似乞兒。堪依倚，伊能憐我，我更憐伊。

一個人做詩作文，也没十分興致。須把天下的男朋友請來，又把天下的女朋友接到，聯吟和韵起來，纔方有趣呀！

【節節高】(生)相如渴甚飢，誤吞醯。玉酥半塊醫回你。身充博，貌皎頎。粧靡麗，嬌羞始覺人甜膩。逢場多暇聊爲戲，刮來風月信，無多繁華，趲過能餘幾。

只這目下會恁享用的，除了崑山的顧阿瑛、温州的楊鉄崖、杭州的貫酸齋，再也没有第二起。莫单怪俺東君村氣哩！

【前腔】(生)楊生信可兒，笛高吹。酸齋試藥崑山醉。鞋爲爵，妓作衣。吟聯席，交歡婉怯姿芳懿，中情訴出前憔悴。

却有一件好處，小生今年纔十六歲，日子長得狠哩！把這每年束脩，託東家囤起客貨來。萬一發了大財，便做第二個顧崑山，有何難事？

【大勝樂】(生)蒼天或賜佳期，幸多情，日未西。無庸驟下琴邊淚，恨隔遠，怪逢遲。羡他宋玉登徒輩，夜夜巫山冒雨歸，莫便説知音有幾。從此後，碎琴不鼓，把筆焚棄。

朋友聲妓，又不如美妻妖妾任意唱酬，枕上填詞，裙邊寫字的風流瀟灑。有了孔方哥哥，愁那一件不如吾意？明日就要去和東君商量纔好。

【前腔】（生）孔方便是佳期，與綢繆，莫暫離。黄金會縮相思地，救苦難，肯慈悲。豈憂不暢平生意？姑待其時再命題，休慮那良緣不繼。倒只怕，妖嬈苦嬲，藥不能治。

（内）趙相公的心事，都吃人聽見了。生意且慢些做，如今三小姐要張字影，夫人叫你就寫去哩！

【餘文】（生）朱提遠勝陵中帝，從今連趙字休題，且奉夫人内指揮。

詩

宗女雙雙奉伯顔，彦舟挾趙亦辛酸。
不焚此牒將何用，説到陳橋只抱慚。

第三齣　學書

〔雙調引子〕【金瓏璁】（旦髮覆額，扮未笄女上）爹爹名乍振，戰馬車塵雲。覆額未冠巾，半途丢未肯。隨營且讀詩云，休懶惰負乾坤。

〔長相思〕入芳叢，傲芳叢，母氏安南一朵瓊，仙姿若個同。　未成功，盼成功，主號將來定與儂，姑將八法通。兒家朱氏，父欲王吴。適逢逐鹿之秋，姑當元帥之任。從前抱寇姓沐名英，近歲連生廿兄十姊。母親來自交阯，番王藉此締交。非尹邢所得比貌，壓中華其血脉所充，周形傳弱息。那方國珍，弄得温台等處全乖人道。陳友諒專靠苗子替他出力，苗主習淫其民。張士誠全仗著李氏金姬。金姬曉得他父母都是劉豫愛女的後人，不願住世。這三個人如何成得王業？我父萬有一分皇帝陛下，兒家也就十拿九穩公主娘娘哩！目下隨營住劄。女子何必知兵，不免臨些字帖，將來好做貴人也！

【海棠春】（老旦抱帖上）舟居不似深閨悶，水近處，琴書淹潤。愁去片帆輕，心定浮家穩。

這是衛夫人《美女帖》，這是王大令《十三行》，這是管仲姬《寄兒書》。（旦研墨、濡筆、攤紙介）雖然做婦人的，不必做什麽文章。學寫幾行字兒，也狠使得。（老旦）小婦人姓劉，有女秀才之號。前日纔掠進營，所以熟諳這裏的事。只這纍纍之家，就是隋朝的玉勾斜哩！

〔正宫過曲〕【刷子序】（旦）紅顔女根，香嬌玉嫩，都變灰塵。斷趾殘蓮，昔時固勝奇珍。還云不是前生有分，便君王怎敢温存。俺待寫幾句話，吊他一吊呵。織回文巧擅蘇娘，終不如安機杼本分天孫。

（老旦）那遠遠地一帶紅板橋，都是妓館。自唐至今，不曾改變。從此以後，杳無人迹，也就是一樁好事呀！

【雁過聲換頭】（老旦）殷勤話投意順，嬌纔逞，蘇州已昏。但言忍負千金悃，把金鐘執銀燈。濕青衿盡是啼痕，私心還自忖。風流人比當年進，眉語心挑暗締姻。

（旦）爲何整幾百年有得錢財修造呢？（老旦）只因四海之内盡爲酒色所迷，以致殺劫難逃，干戈四起。

【傾杯序換頭】（老旦）高論。一滿杯一等親，須盡歡娛藴。虎踞龍盤巧弄嬌，搏恩愛無休，受用千般纔方見著。曾無三刻，先請横陳。騙癡兒，無親搊出許多親。

（旦）他也不過是個婦人罷了，爲何王孫公子都恁顛倒起來？（老旦）所以太平世界，再容不得這種妖氣那！

【玉芙蓉】（老旦）嬌姿膩膩春，素質娟娟脜。況皚皚耨耨，畫不能真。燈前越看越清分，燕燕鶯鶯亦有因。重思省，待鞋跟倒褪，奈回身，青娥粉面笑相迎。

（内扮婦人，半身斜窺介）（旦）咦，這邊屋裏一個婦人走出來哩！不是俺們軍令嚴肅，秋毫無犯，你這女身也休想保全了。

【小桃紅】（旦）萬種態，千般俊，却落塵囂境。光陰荏苒韶華迅，百年俄頃纔如瞬。雪梅花似瓊腮粉，得不慮惹起情氛。

（老旦）就是你們貴人生這亂離之世，也只往高處想，可免各種愁煩。回頭一看，好不嚇怕呢！

【朱奴兒】（旦）草廬婦雖居人境，干戈裏難免離群。別有深山老閉門，門外事一任紛紜。可憐是浮萍寄身，既來此，權安頓。

【尾聲】（老旦）櫛霜沐露多勞頓，到那日六宫讙混。（旦）且保住這平陽沁水身。

詩

如何齣齣入靡詞，只爲君輝癖在兹。

紅粉佳人荼賜喫，比於解縉妄吟詩。

第四齣　寇場

【北仙吕點絳唇】（老旦濃施脂粉、籠藕襪、高跟鳳頭朱履領衆上）（合）漢苑秦宫，往事春一夢。争皇統到底成空，趁熱鬧姑豪縱。

（坐介）先夫本姓韓，兒子想江山。詭稱南宋後，天下不能瞞。奴家有淫癖，那管花事殘。堆上胭脂粉，擎高玉笋灣。别將梟婦隊，專爲掠潘安。抱住休輕放，除非髓已乾。老身非别，欒城韓林兒之母楊氏娘娘是也。自我兒宣言姓趙，攻據汴梁，老身便是太后。近日脱脱丞相親自督兵，勢局似乎難敵。劉先生和羅山人商議，勸我兒徑由淮北，直搗安豐。且霸占了鹽場，然後建都江左。咳，老身的年紀雖然六十以外，頭髮拖還到地，剛白數莖。弓灣軟尚如綿，並無枯皺不趁。這其權在我之時，多要幾個少俊男子。萬一事業不成，此身奄忽，豈不抱恨泉途，悔之無及了呢。所喜吾兒孝順，知道女人的情欲原與男子一般。撥了一千女兵，與俺領著行走，一路打家劫舍。咦，還有什麽潘安、宋玉，不叫俺搜尋了來哩！

【混江龍】（合）年高情重，髻華香末糝雙弓。（掠頭介）最怕是蓬鬆雪亂，却叫俺倭髻雲濃。佛説生前修善果，天教老去擅華容。鄰家此際，齒豁頭童，安能復把腰肢縱？（自指面介）豈徒自愛，端令人恭。

手下的快把這樹林圍住，休教人躲在內。（雜應，摇旗繞場數次）（净擒生上）一條銀魚，送與娘娘消夜。（老旦）兀那小斷，姓甚名誰？（生）小生趙輝，皇宋濮王之後。（老旦）自家人哩！好兒子呀，一口揚州説話，敢就住在城裏麽？（生）一向江西坐館，只因四方兵起，急趕回鄉，冒犯虎威。（跪介）要求饒恕。（老旦）幾何年紀？（生）一十六歲。（老旦咂嘴介）嫩得有趣，寶貝寶貝，真正寶貝！放你進城，也要被人殺了。你只走將過來抱我一抱，俺便好安頓你。（生）大老的人，怎麽倒要孩子摟抱呀？（老旦）你只看那八十老翁偏喜黄花幼女，就知道我們的心事哩！（雜摇旗吶喊，拔刀相向介）你不聽娘娘吩咐，咱們就要殺你了。

【油葫蘆】（老旦、衆合）只待乘鸞還跨鳳，可知言談出衆，相偎不辱你門風。哇哇且當娘分潼，輕高如麫，教撥美玉也無儂。通透玲瓏，平生壓盡閒情種，單逞笑時容。

（生）小生並未娶妻，又從不曾嫖院，其實臉皮極薄，必須另覓一人纔好。（老旦）你不恁地標致，俺就饒得你過了。你不抱俺，俺抱你呀！（置生於膝介）（衆吶喊云）便宜了這小斷，若被男兵撈著，怕你屁股没眼哩！

【天下樂】（老旦、衆合）只好金蓮入竅中，（運足介）寬也麽鬆。這雙弓，豈如燒鉄仰頭攻。只要你發一點志，誠心射子宫。（自繚唇介）吐一段秘密情在舌鋒，問法狐狸應漸懂。

（生）老娘娘只見小生外貌，不知是中看不中吃的。（老旦）你就是不中吃，俺也不肯赦你。再過兩年，少不得中吃呀！

【那吒令】（老旦、衆合）趙宗帝宗，豈比那村傭市傭。錦胸綉胸，豈不會情功色功。冰容玉容，怎許伊粧瘋詐瘋。惡因緣定在前，野朱陳姑戲哄，我不怕你遁跡逃踪。

（生）小生情願住在營中，且過一二年，再講這話便了。（衆摇旗吶喊介）好個刁鑽孩子，不殺不怕。咱們就要收殘盤，誰等你再講呢？（老旦）你不過嫌我老了，其實只差得一點兒哩！

【鵲踏枝】漬酥胸粉汗融融，口脂香蘭氣冲冲，稀爛蟠桃，耨耨春穠。（自拿一足蹴伸介）玉穿梭相煩高捧，打鞦韆畫幅春容。

（生起，做手勢介）你這雙眼睛，倒比我還乖巧哩！別處且慢誇口，耳聞不如目見。（衆摇旗吶喊介）好哩好哩，這孩子入港哩！

【寄生草】（老旦、衆合）前後同諸竅，妖嬈在兩瞳。（起蹺足，自觀介）管教伊金蓮一嗅春心動。（分腿介）香囊一擘狂情湧，（自擷兩乳介）饅頭一捻癡魂懵。豈知俺半開將謝舊風姿，倒是個堪誇可愛真妻寵？

（生）別的事情，小生是不在行。等我逐件看過，做幾句寄生草兒，給路岐人唱唱罷了。（老旦）婦人不比男子，年紀一過，就百不自由了。再添上幾歲，那狂情逸態，還是一樣呀！

【么篇】（老旦、衆合）裊娜勝年少，顛狂異老翁，大都一見千般中。霜毫待寫風流夢，春情盈紙詞雲滃。嬌酥温玉一朝逢，相偎便欲成蠶蛹。

（生）你這嘴兒噴香，話兒又乖，龐兒也叫人愛。只説定了，幾百兩一夜，竟伏事伏事你老人家便是哩！（老旦）别人家要出嫖錢，你倒做轉。也罷，也罷！老娘少的不是銀子！那裏等你到夜，手下的飛奔前去，揀好處安營者。（雜應繞場）

【賺煞】（老旦、衆合）淹殺欲鐔中，金帛甘抛送。管他麽雪似白，家資萬桶。也只爲白髮生時容貌尰，物和人誰在誰空。（自指口介）唇口甘松，話兒又工，俊龐兒值得人承奉。儘你欣烘，終世受用，也該勝青銅錢買得個肉臼兒春。

詩

老工親附亦人妖，較勝烏傷昵月嬌。
待取滄浪澆足水，遍淋祅廟不令燒。

第五齣　選尚

〔越調引子〕【霜天曉月】（小丑籠襪、弓履上）燕王坐上，且把南京享。孤妹新加爵賞，應招皇胄爲郎。

在下是個穩婆，人人叫我陳姥。只因靖難兵來，皇孫逃走。永樂皇帝自己登基，就把個庶出妹子册封寶慶長公主之位，體高皇篤厚姊妹侄女之意。又令揚州地方，選送駙馬一人。緣係宋朝子孫，所以特蒙欽取。本朝定例，但選駙馬都尉，必令錦衣千户監押，媒婆穩婆驗其幽隱，方許議婚。日後倘有訛誤，即將看驗諸人一併正法。真是了不得的干係。區區又媒又穩，所以獨當這差，特來寓前伺候，只待指揮到時，一同進去則個。

【南呂過曲】【一江風】（丑扮千户上）奉差忙，來看雞雞樣，不要微而宕。論堅長，一眼觀來，便可知其狀。如須久更剛，如須久更剛，除非手亂攖。庶幾乎完甘結，包無恙。

（小丑叩介）穩婆伺候老爹。（丑）咱們没著力處，包得包不得，全在你手裹眼裹呢！（小丑）媳婦是老行家，决不致於誤事。（暫下）

【前腔】（生上）這新郎，固屬尊無上，未免羞慚相。被媒行，重扐頻晙，做盡了稀奇狀。寧熬嘴一張，寧朝裹一裝，教人再出漿。煞强如眼碌碌，空添脹。

（丑、小丑上見介）（丑）只要一會争氣，便就平地升天哩！（生）怪不好意思的，我倒不要升天了。（小丑）你做一場秀才，没有看見漢朝雜事麽？連我們這蚌殼，還要叫人細看。你做男子，倒怕起我來呀！（生）既恁説時，快叫這位官府遠開些坐。（丑）這個却也使得。（小丑與生對立，以手入衣裾介）不是原糊頭也。

【金絡索】（小丑）筋如柴束將，頭似毬光盪。竪貼臍邊，連捺翻翹上。拿來左右梆，亂拉箱。不見離宫一點漿，幾同火烙燒人掌。如俺金蓮一樣長。稱觔兩，七寸應該八兩，重非常。氣禀純陽，星異心房，育子女知無量。

（丑）陳穩婆恁般狠贊，不如放倒身子，索性試他一試罷了！（小丑）不怕公主娘娘怪俺嘗了鮮頭，朝廷知道要治違例之罪。我倒也不得干休哩！

【前腔】（丑）雌雄匪渺茫，心口閒評量。具此形骸，堪把朱陳講。梁鴻與孟光，便爺娘不似夫妻合肚腸。書生有恁風流棒，你便失却便宜也不妨。知豪放，那怕那龕中彌勒笑人狂。也省得一縷情腸，提起難忘，把隔世相思釀。

（小丑）據俺手裏工夫，十全是十全的了。也要看看氣色，方纔定得終身之事。（生）這個越發不好。（丑）你自己仰對著天，倒不要看，就没有什麽大惶恐哩！（小丑拉生，背人作分衣裾看介）

【三換頭】（小丑）相看拊掌，頭皮生强。異常稀臭，直衝入鼻梁。叨長堪做娘，自瞟瞟，莫怪我眼睜睜，恁風流老腔。愛殺人兒也，寸心空自癢。誰信俺流水多情，一霎淋漓紗褲襠。

【前腔】（生）當年張敞，畫眉多樣。潘安衛玠，豈論者椿。誰想這老娘，竟將儂瞧一個不識羞，甘同夜床。笑殺人兒也，伊行非説謊。可怜你夢裏陽臺，空有虚名陪楚王。

（丑）癩蝦蟆子妄想天鵝，枉自垂涎，有何益處？咱每竟去回旨便了。（小丑）將來不知誰家女子有這大福，和俺公主娘娘做伴哩！

【東甌令】（小丑）宵同夢，曉同粧，鏡裏花容並蒂芳。深閨步步相隨唱，也是夫妻樣。那娘娘呵，未妨推位讓賢良，何必定專房。

身子不濟的丈夫，便叫他守著一個也不中用。似駙馬時，便添兩個也吃他不了，用他不了。（丑）千古名言，開人茅塞。

【前腔】（丑）誰氏子伴娘娘，媵嫁皇孫趙大郎。衾裯抱處雙眸亮，覷見昂藏樣。兩星一定不參商，便小有何妨。

（共叩頭介）先叩頭了，駙馬。（生）此一刻還不敢當。

【劉潑帽】（生）浮誇謬贊休相誑，搶頭禮兀自難當。（小丑）媳婦兒下半世，就要靠駙馬爺吃飯哩！（丑）從今世世思相傍。（小丑）看人作鳳凰，容我司鴛帳。

【前腔】（丑）收生手段媒婆樣，解紅裩也似梅香。（生）春卿夢作梅花想。（小丑）丫又光打光，權聽媒窩癢。

詩

　　黷選幾令國體傷，不時又恐誤金堂。
　　事存簡策寧容謊，想固當然未是狂。

第六齣　弄優

【畫堂春】（小旦男粧上）秦宮生就體嬌柔，洞門深敞難收。魯東侉子怎綢繆，一味蠻抽。幸賴仙姑相勸，從容度日舒眸。虧渠分去半肩愁，痛有時休。

俺真吉祥，自小學戲，搭入名班。不想時運恁高，遇著紀綱錦衣愛如至寶。雖然自古有言爲知己死，争奈其人太猛，若不能支。自從陳道姑進門，方纔減等用刑。日只兩度，夜間不常喚我了。日内生個頑法，要學宋朝的張鎡，做什麽牡丹花會。四個婦女一班，捧出酒肴來。長短黑白，五官四支，都要相像的方纔配做兩對。賽是没有別家賽得過哩！今日請的只趙輝駙馬一位，客到之時，叫俺且陪著呢！（生侯服上）你的主人出朝了麽？（小旦）敢不遠哩！（副净錦衣上）駙馬到得恰好，快叫牡丹出來。（内）來了。（旦、老旦、末、小生濃施脂粉，弓鞋籠襪，執盆巾上）老爺們請洗手。

【仙吕過曲】【醉扶歸】（旦等合）你只看玉肌膚個個同光皎，你只看軟鸞靴個個後跟高。你只看挽烏雲紅線束長髾，你只看挺酥胸綿絮堆雙泡。（旦等齊下）（生等坐介）（丑、小丑、净、副末濃施脂粉、弓鞋籠襪，捧甌碟上）老爺們請菓茶。（副净）那家有我恁多嬌？（小旦）憐儂獨欠金蓮小。（丑等齊下）（旦、老旦、净、小生執碗箸上）老爺們請菜蔬。（副净）這比淳于髡的閭里聚會男女雜坐何如？

【前腔】（旦等合）可憐伊睁雙眸向俺渾身繚，可憐伊嚥酸津將你認真瞧。可憐伊忽低頭端欲握弓靿，可憐伊意徘徊思把通班抱。（丑、小丑、末、副末各執壺鐘上）老爺們請吃酒。（生）阿嬌怎識我風騷，不須握手齊相告。

（副净）你們放下器物再來伺候。（旦等應介）婢妾曉得。（齊下復上）（副净）小弟涉獵書史，見唐宋金元教坊戲目都有《吕太后》一齣，又比扮合生有趣，可惜也失傳了，是我叫吉祥以意演之，裝出那愁見單于行步失度的樣子來，倒也著實看得。（生）只在今日就要請教纔好。（副净）替他搽起粉來。（旦應搽介）（副净）把你們的衣裙分與吉祥穿上，等他好上氈條，你們八個頓足相助。（老旦等各脱代換介）鞋子、膝褲越發要緊。（净）只有我的他穿得上。（生坐椅搭脚）（净坐地脱鞋，作梟舞行纏彼此互換介）

【皂羅袍】（生）看把行纏飛繚，這金蓮雖假全靠跟牢。緊籠藕覆束絲條，錦裙上繫休如掃。（副净）猜他男子肌膚實嬌，罵他淫婦腰身没槽。須知後洞桃花好。

（小旦上場，百般梟娜，作攲斜欲跌勢介）

【前腔】（小旦、旦等九人合唱）端的單于可惱，把郵筒胡遞，妄肆譏嘲。二三十歲小熬糟，心中故故欺人老。（連連頓足介）萬一真個殺來，叫俺這十銃九跌的老人家怎麽樣好？端方項羽，當嫽不嫽。赤眉妖賊，其騷忒騷。左丞右相空風貌。

（又百般梟娜、攲斜欲跌介）（副净）這臺上酒器是景德鎮定燒，却像婦人赤脚，長短大小各各不同。趾尖出酒，可通可塞，要請駙馬逐枚飲到。（生）記得東坡佛印詒徐都尉，遍賞家姬，説道，真勝集也。都尉和詩，笑他飢心飽眼。（各取飲介）

【前腔】（生、副净合）嗅取奇香縹緲，似篆烟一縷，梟住心苗。古人不正逞嬌妖，猶爲來世俳優料。（小旦等又頓足介）（副净）怎怪俺這酒杯近於褻狎？（生、副净合）筋香彎曲，皮香膩嬌。汗香尖嫩，泥香漆膠。窑瓷怎作流傳寶。

（小旦出氈立侍）（生伏其肩介）醉也，醉也。（副净）你們八個快去傾水洗脚，有賴酒的罰他一碗。（旦等應下）（生）《雞肋編》上也只説南京之俗，賓客相過，以婦侍宿，民化成俗，不曾叫你罰人吃水哩！

【前腔】罰客瓊漿固好，但風流太過，也費推敲。（小旦）並淘坐脚雜銀濤，只愁狐輩施奸狡。（老旦持碗灌生介）嗔翻嬌臉，席真可逃。灌君玉液，杯應訖宵，一天癡興纔完了。

詩　趙老當年嗜穢津，故將此器奉嘉賓。
教坊戲目存前史，欲揖長陵妖異魂。

第七齣　談仙

〔商調引子〕【風馬兒】（小旦扮道姑上）天霽風和日影凉，看三徑菊齊芳。似如今開遍纔堪賞，佩萸眺遠，只當閏重陽。

貧道叫做陳妙常，却不是潘必正的陳妙常。同名共姓多得狠，只愁矮子少觀場。前世不知什麽業障，被紀錦衣苦嬲一場，面目可憎，痛苦難受，幾年之内元氣大傷。自他伏法之後，方纔灑落自在，如今越發看破了。又蒙福壽公主請俺講經，住在這裏倒還清净。道猶未了，娘娘早出房也。

〔過曲〕【二郎神】（旦蟒衫、籠襪、弓履上）冬初况，最難逢是天清氣爽。喜不吝黄金花盡放，含情瘦倚竹邊籬上。幽香似處士，山中神氣盎，霜欺後依然無恙。戀秋光全仗伊，收成一歲芬芳。

陳師父熱鬧慣了，在我這裏不冷淡麽？（小旦）娘娘這院子裏，恰像蓬萊山島，不染纖塵。連那別院笙歌，也只當鄰家笑語，真乃人間佛國也。貧道得住一日，恰像生天一日哩！

【前腔】（小旦）天光收風禁雨，將花護養。我暫借霜枝聊自誑。雖然冬令，心還認做秋陽。像俺娘娘呵，左手持螯，右舉觴，把塵慮盡皆滌盪。換新粧比西王，只多個綵袖飄颺。

（旦）休道你是周顛仙弟子，我看史書上面，唐朝的公主十個九個自請爲女道士。宋真宗二女一爲道士，趙普妻女爲尼。妃后但出宮住，就號仙師。便知出家的人比俗家的人高見得多哩！

【集賢賓】（旦）評量道俗低與昂，豈容俺謙光。知見誠如霄視壤，競風流，待占誰强。田衣畫水，更顯出傾城模樣。窮艷想，始信道無人居上。

（小旦）娘娘的世味，正在十分醲釅之時，就有這等。若非根器不凡，怎得能彀？

【前腔】（小旦）千年萬載離故鄉，已忘在何方。誰憶閬川將舊訪，想平陽身帶仙香。閒談偶唱，便説出多般奇宕。堪嘆賞，謝不盡相知情況。

（旦）俺到幾時弄了兩個替身與你駙馬，就可以專心談道了。隋煬帝祀衡山，有多少女官道士；唐肅宗遺祠岳，也有多少師巫女冠。約定了你同到武當山朝香去，不是恁地，他一刻不肯放我呀！

【黄鶯兒】（旦）倘願嫁王昌，俺和他姊妹行，後來一任居吾上。比如那婕妤德凉，梅精謝芳，無能却把中宮讓。去朝香，金資鉅億，新建好壇場。

（小旦）娘娘這句話兒，止好説笑，貧道就不敢奉勸了。朝香不消恁地，竟叫駙馬爺跟去換鞋遞紙就是哩！

【前腔】（小旦）文字太荒唐，做將來夢一場，多應是謎還疑謊。饒他大郎貪圖二娘，説來舌本愁先强。不思量，一之已甚，誰望又成雙。

（旦）他只一件可惡，好意思賞他個把下人，反逼住俺叫喚吩咐，恰像是我要做弄這婦人一樣。吃我把江斆讓婚表翻給他看，纔把舌頭伸多長哩！

【猫兒墜】（旦）輕將神器擲與莽兒郎，反要山河券一張。不由人性子不顛狂，王莽虚謙，原非真讓。

（小旦）還是秦家弄玉與蕭史一起升仙的好，連我輩前世不修的人，也情願做你那劉安雞犬呀。只怕娘娘性發，又要把我趕下來哩！

【前腔】（小旦）醫書翻盡，療妬少奇方。娘娘，你醋味原來尚未嘗，一嘗滋味，便思量非謊。你如今願割鴻溝，到那時又怕做烏江劉項。

【尾聲】（旦）將來和你從容講，便是秦弄玉呵，也就該有個替身貼傍。（小旦）真個有這盛意呵，辦一炷噴鼻奇香答上蒼。

詩　必須正旦復登氍，聊作波瀾借此姑。
照後關前成杼軸，並非東抹又西塗。

第八齣　瑺勢

（净貂瑺上）割去咱雞巴，專令教女哇。誰知頭甫白，便可做官家。咱家王振是也。第在山西蔚州，當初原做教官。只因考居劣等，被永樂爺閹割，配進宫來教學發市。永樂癸卯，命選孀婦，給事内庭，誰料煞煞眼兒，見了他家幾代。當今正統皇帝，已是他的重孫，一管筆兒竟交與咱。真乃威權震世，勢焰熏天，大小朝臣盡吾黨與。咱想篡位之後，只可惜少了這點東西。又想創業之君，大概年紀已邁，就不太監，也是痿陽了，却與咱家何異？這倒不以爲奇。向來太監拜宰相，止用侍生单帖。自己家裏請他，也是咱每上坐。今日閒暇無事，請趙駙馬來喝一杯，叫咱兒子鄢懋卿進來陪侍。哈哈哈哈，正是時人不識予心樂，將謂偷閒學少年哩！

【雙調過曲】【山坡羊】（净）夢沈沈夜來無兆，鵲紛紛朝來空噪。赤緊緊把持太阿，目懸懸盼不的龍床到夜寂寥。聊將結髮搔，淋漓滿手天難告。白做夫人，虚生此竅。難熬石姑，姑且用尻。醫咬，匪椒房不足消。

（生侯服上）老公公作揖。（净略垂手介）老皇親免禮。（丑冠帶上，跪伏介）兒子見爹爹。（净大笑介）坐了再説話。（丑扭身介）兒子没有叩娘的頭，還不敢坐哩！（净）這等快快進去。（丑應下）曉得。

【前腔】（生）熱烘烘不停足的奔跳，笑嘻嘻做義兒的容貌。氣昂昂有興頭的阿翁，哈答答會説笑的親娘料。（丑復上）親娘好呼兒熱絮叨，應該捧住金蓮叫。雖未懷胎絆得牢，推敲那恩情委實高，何消向兒門走一遭。

（净）恕不手奉了，我兒替咱行個小禮兒罷！（丑安席介）（净）孩子們快把雞、猪、牛、鹿燒將上來，火燒内甜葱多放。琥珀光開出幾罈，鮮菓子將冰湃上。（净正面，生左，丑右坐介）

【不是路】（净）駙馬真豪，樂事能多壽又高。（生）承呼召，這番大嚼長肥臕。（丑）恣貪饕，山珍海錯姑徐進，搗蒜先教喫火燒。

（净）乖乖我兒！你爺想要爲你，一連幾次没曾有個好法。倒是你娘説道，除非特開一缺，著他總理天下鹽政，這銀子纔賺不了。你娘明日就是叫你吮癰舐痔，你也該替他吮哩！（丑）别説爹爹吩咐，就是不吩咐時，兒子也要如此。

【前腔】（净）一任我男兒見超，倒不出裙釵心料。只今番銅山極高，幾萬世還揮不了。則圖你叫親娘，呼老子，會呵脬，工舐痔，白首相交。牽媽帶婦前來撒嬌，忘身拚命教娘脚蹺。

（生）鄢老爺得了美缺，本府每年也要薦幾個門客，打幾個抽豐哩！（丑）當得當得！

【前腔】（生）豈同伊閒嬉浪嘲，吐衷腸認真相告。薦長隨包伊不逃，打抽豐每年三造。倒休要曳長裾，投短刺，致卑詞，施曲禮，費盡謙勞。公公訓教，婆婆答報，俺窮朋友也要瞧瞧。

（丑）駙馬府裏，就是女人衣飾需用浩繁。晚生每到一處，把那所在出的物件，盡數辦來便了。（生）多謝多謝！

【前腔】（丑）拂初心難禁鬱陶，背前言怎辭譏誚。天長地遥，分疎緣巧。終不然目無人，言失信，哄皇親，欺大老，自取咆哮。爹爹作保，君侯莫焦，煮山官海不乏脂膏。

（净）咱家在世一日，叫我兒做這美官一日，駙馬爺著他採辦一日便了。（生）這們説來，足足有五十年便益哩！

【尾聲】（净）析家分箸如斯少。（生）海底銀霜看你淘。（丑）欲報親恩命可拋。

詩

懋卿張綵一流人，是否當時莫認真。
貪佞雖然由本性，半因妻要炫珠裙。

第九齣　飴妻

〔雙調過曲〕【普賢歌】（丑冠帶策馬上）巡監四海遍遊行，每日量金得幾升。房下貌豐盈，前頭鼓樂行，花花轎子花娘脛。

下官鄢懋卿，豐城人也。奉勅巡監，百方漁利。有勢有力的商人使他便益，畏法守分的店口不許伸冤。你看如今河下，有那一樣貨船不打著皇親旗號欺負别客的？遇著下官經過，都要送些禮物纔得横行。所喜夫人酈氏産於襄陜之間，身長九尺，一貌堂堂。生性最愛嬉遊，自幼專工打扮。下官只得造了一乘綵轎，扛抬著他，洞開四窗，高施踏脚。每到一處，要選八個又長又胖、又美又健的女夫承損。自己反不乘輿，騎著馬兒隨後。一來等俺夫人看看各省各州、各鄉各里的景致，二來使男女百姓知道鄒老爺内眷身材體段恁般冠冕，衣裙鞋脚如此鮮華，也不枉了夫人嫁我一場，我在世上一次。長蘆、解州、湖北、江西、淮揚、浙紹都吃俺巡遍了，只今纔到福建，且待過了殘年，再由廣東、廣西進川去也。（暫下）

【前腔】（净濃施脂粉、籠藕襪、高跟鳳頭朱履，女轎上）艷粧不令出遊行，鬱得臍邊似閉經。珍珠釘幾升，金蓮往外伸，教人看了害癆病。你們抬咱的轎，得了這些華衣，不强如打花鼓麽？（雜）實禀夫人，俺福建人，不打花鼓的。好衣裳穿回家去，丈夫就要當了，土屋裏也穿不得。還求夫人賞些散碎銀子，瞞了公婆好買嘴吃。（净）就是咱們恁地祖父也不讀書。

【海棠春】（净）花衣不與農家稱，要討取零星小錠。同樣是髀湫，獨我僥天幸。（丑策馬上）夫人一路説話，敢費神了。（遞物介）且把人參嚼嚼，好看景致。（净扭頸嚼參介）夜裏倒要吃些，此刻用他不著。

【前腔】（丑）人參夜裏添高興，我八兩你多餘剩。女將勝男兵，軟袋裝長柄。（净）爲何福建地方，隔不上兩十里，就有一座小城呢？（丑）只因這裏近海，所以巡檢有城。也和河南、山陜樓子、堡子一樣。（雜抬轎繞場不已介）

〔正宮過曲〕【玉芙蓉】（净）巡司就有城，近海多戎政。似甓樓土堡，防備兵興。（丑）那時没處能逃命，須向城中且遁形。西湖景，縱花摇柳蔭。殺將來，却徒然錦綉列圍屏。

（净）這一片牽連的，想來都是民房。怎麽也用黄色筒瓦蓋造起來，石砌的橋怎恁長闊？（丑）北寺南橋，只因南多溪水，不得不恁堅固。海風大了，不用筒瓦，要飄去哩！就是陝西，也將屋瓦泥住，所以上邊走得馬呀！

【前腔】（净）長橋闊可驚，柱石良堅勁。笑紛紛筒瓦，無論民軍。（丑）狂風自海難常静，是處山谿溜不渟。揚州境，縱青樓緑徑。却輸他，橋如碧玉屋如城。

（净）怎麽竹轎〔一〕子裏坐的婦人，都垂下尺把紗來遮著面孔？像咱這們怕誰看呀？後面跟個丫頭，怎麽赤著大脚穿上木屐？（丑）北邊帶眼紗，是怕風沙。他這裏經過朱文公講究，所以更加迂腐。西北風硬，赤脚便要吹裂了，纏脚也易得瘡。閩粤濕熱，落得踉踉。前五代的冼氏夫人就如此哩！

【前腔】（净）冰紗罩眼睛，雙脚精光迸。怎朱紅木屐承載媌娙？（丑）漳泉濕熱無風症，不畏灰塵非弓撒。任看誰起興，只休教描摹，面目想娉婷。

（净）那門上扁額是個尼庵，怎麽又貼個帖兒『專寓官客』呢？（丑）這邊過往的士夫，都在尼庵作寓。拿帖拜他，他來回拜。擺茶叙語，好不大道哩！（雜抬轎繞場不已介）

〔一〕轎，底本作『橋』，據意改。

【前腔】（净）尼師是女僧，怎與鄉紳並？况陪茶領帖，自命居停。（丑）雖無李下瓜田證，未必眉捎不締盟。寧相訂，把房兒租賃。若尋他，貪財僧道更堪憎。

（净）你看這些女夫，穿著層把衣裳，也都汗流浹背了。難道咱就恁重，八個人還扛不來？快買猪腸、鴨蛋賞他們吃。（雜）夫人恁肯修福，但願你生生世世都嫁這樣好老公哩！

【雁來紅】〖雁過沙〗（净）前緣詎可輕，紅絲若綰成。呵臀捧屁都由命，黑心符裏言言應。莫疑此公文過情。〖紅娘子〗惟我命，伊敢嘖聲。飲吾便，趨而進。

（丑散菓子介）（净）是哩，不差哩！他説你是好老公，你就猜他想你哩！

〔商調〕【簇御林】（丑）我原非無家，客影伴形，見黄牛也動情。你吞酸也看誰齊整。（净）喜望蜀，男兒性，好看承。今宵落驛，權請嗅芳馨。

（雜）夫人咬嚼老爺倒不打緊，弄得我等下人面上發火，害起單相思來，明日就抬不得轎哩！

【尾聲】（净）我言從金口纔俄頃，該趁咱千分高興。（丑）且待夫人昏復醒。

詩

花花轎子婦人抬，有一無雙鄽奶奶。
虐謔不須防脱母，鄒生佞口敢輕開。

第十齣　監國

【夜行船】（老旦籠襪、弓履上）苦不能挨甜口咋，欣代替有個褸㝗。胖欲千斤，長過八尺，何物不能招架？

老身劉氏，家本儒門。自從揚州被掠，伏侍公主至今。今日爲何道此幾句，只因也先造反，正統爺御駕親征。把同宗異姓屈指一算，只得駙馬是高皇愛婿，公主乃陛下祖姑。夫婦老成，足饜衆望，特特叫他監國。不多幾日，今上登基。就把王振、鄢懋卿等充軍正法，老婆媳女分賜勳戚之家。一個鄢夫人，恰恰分在駙馬名下。府尹私問他道：晋相韓壽夫人賈氏、唐相元載夫人王氏，都用毛竹大板敲爛窟臀，你如今還是情願擊腿，還是情願嫁人呢？他説不願打板，只願替老公主鋪床叠被。駙馬正惱懋卿忒煞勢利，許了送物，竟不將來。説道，就是俺宋朝太祖武德皇帝那等英雄，也與金陵周娘子有一手兒。俺便受用了他，有何罪過？聞得此人極長極胖，豈不是衆人有了替身了麽？

【孝順歌】（生上）聞元祖，疼女哇，出征叫伊監殿衙。况我這渾家，高皇的嬌奼。曾孫靠他，且喜奸邪，當今不赦。玉似妻房，教儂摸了丫叉。

（小旦下）（净濃施脂粉、籠藕襪、高跟鳳頭朱履上）駙馬爺萬福。

【前腔】（净）冰山倒，梢結瓜，内庭撥來公主衙。聽説那寃家，偏愛這深洼。何顔倒爬，死節難呀，除非且耍。後福來時，怎知不養哇哇。

（生）夫人此行，雖然出自上意，若不是前緣註定，怎偏偏落在寒家？且喜你這品貌，不叫娘娘憎厭，年紀雖大，還比本府小十來歲哩！

【前腔】（生）三春末，賞艷葩，行來愈看逾可誇。小小錦生涯，妒殺一園花。春光正佳，對月烹茶，玉容堪畫。鐵石人呵，也教感嘆嗟呀。

（净）蒙駙馬爺再生之德，怎敢不知抬舉。情願拿鞋掃席，只求免了一件罷！（生）這樣盛德的事，如今人也不能彀，休説你這個人精烈轉輾，與俺家裏的人埒材角妙起來，真所謂展季桑門，誰能不謍也。

（净）駙馬一時心邪了，所以十分誇贊。據咱自己批評，也没有什麽標致呢！

【前腔】（净）年過午，面捽瓜，肉皮只似羊未羓。褪了脚纏紗，金蓮六寸奢。金剛女媧，你想推車，馬難騎跨。兩掛葫蘆，三斤一隻猶賒。

（生）佛經上説，婦人歹處只八個字：雜惡多態，輕慢不順。却又説不香謂香，名稱意香。古詩：天下無正聲，悦耳即爲娱；人間無正色，悦目即爲姝。又云：妍媸優劣寧相遠，大都只在人抬舉。就是這種道理呀！你查鄭舉舉故事，就知鍾情我輩，自古同然哩！

【五供養犯】（生）蓬萊是假，拚染風情，夙世冤家。愛河當永涉，沈溺不傷嗟。鸞歡鳳狎，安排羅帕。有價黄金，這春無價。

（净）奴家祖輩原是宜都縣人，國初遷住均州。那個地方界連秦、楚、豫三省，各省風俗都聞得些。三五歲上跟了父親到豐城做團練，因此聘與鄢家。他雖一宴千金，其實酸氣未脱。駙馬恁地説時，休道錦衣玉食，齊眉到老，就是燒鍋汲水，奴也情願；朝聞夕死，奴也甘心哩！

【前腔】（净）深情盡寫，莫説教奴，和你歪邪。金蓮蹺蹴鼻，玉笋代挑牙。親爺就把奴整日剥光衝射呵，罵還兼打，也勝寡居家。萬劫千生，願將身嫁。

（生）到我這樣人家來，只要生下兒女，非王妃母即公主姑。或者你的八字該到，晚年收成比在鄢家還勝幾倍也未見得。你只鼓起興致，專望生育便了。

【江兒水】（生）馥馥香堪愛，津津露可誇，牡丹活似胭脂畫。秋波玉溜春無那，春情透出知心話，那數人間甘蔗。况你心腸俏的千般豁達。

（净）這些説話，且莫教娘娘得知纔好。（小旦扮道姑探頭介）（生）不大有趣，倒吃這個人聽見哩！

【前腔】（净）聽俺親夫話，原知忒肉麻，叫他聽了和身化。待疑蓋客藏乾鮓，死拉進店將身研。使俺無言似啞，你自昂然人流一汊。

【尾聲】（生）今朝有酒今朝醉，儂偏覺渾身似麝。（净）奴身拚付與伊家。

詩

每談成祖籍忠孥，髮欲衝冠氣欲噓。
元代賞功專用此，聊翻舊案把奸鋤。

第十一齣　土木

【北中吕粉蝶兒】（副净番王引衆上）（合）廣漠天寥，只俺這廣漠天寥，莽乾坤别開聲號。元朝過部落迢遥，被三犂纔一敗，日增丁竈。控弦人億萬生獠，只須咱一聲長嘯。

洪永英雄今在無，又該讓我振雄圖。漠北際邊三萬里，中華只是一方隅。孤家元臣遺種，名唤也先。祖宗時候，曾受那朱家父子的氣。其實俺這蒙古地方廣闊得狠，那一個部落不是元人的子孫？那一位國王不是孤家的親眷？如今我强他弱，又待翻覆轉來，也只是天也，人也，情也，理也。大小三軍，先擺個一字者。（雜應擺介）

【南中吕泣顔回】（合）貂鼠襯猩袍，風起誰知天曉。東青飛轉江南，所食猶飽。黄沙地面牡丹芽，一樣開花早。遠看時似座高山，走將來本是平皋。

咱這馬匹都是野地上練熟的，不消繩繫並無聲息。日間换坐，夜裏纔喂。每一披甲，許帶餘馬三匹。不許乘坐鞍鐙，吩咐飛奔前去，毋得片刻停留者。（雜應繞場介）

【北石榴花】（合）一匹匹生獰桀驁没浮臕，只許你夜裏上飢槽。可喜的並無聲息，不用繩條。辭鞍却鐙，要甚鞭摇。俺只怕轡轟轟，俺只怕轡轟轟，砲聲兒驚動了朱無道。密層層黑旗回抱。亮晶晶的好刀槍，亮晶晶的好刀槍，幾日看飛到。你瞧俺立馬向燕郊。

一切隨營兵弁，不許埋鍋造飯，只吃馬潼度日。直待破了京城，酒菜任你揀吃。

【南泣顔回】（合）人餓怎能熬，現有醍醐可飽。南軍乾飯，包他嗓子枯燥。惟圖快哨，不停留且不教知道。過居庸半夜工夫，不由關别徑嶕嶢。

俺棉甲厚百層，矢砲不得入。長槍三萬梗，擊刺疾如飛。不論千騎萬騎，十騎百騎，總要分爲五隊。一隊前衝，兩隊爲翼，一隊斷後，一隊救應。又要渾渾淪淪，叫他不知我法。（雜應，分介）

【北撲燈蛾犯】（合）混淪淪塵頭三丈高，黑漫漫似霧彌天罩。明晃晃須臾便分隊，硬幫幫將人衝倒。緊箍箍看來没縫，血淋淋試看俺雙刀。亂紛紛中心把定，花簇簇惟教揣度不教摇。

一邊兩隊，互相衝擋，且自操演純熟，方能遇敵不驚。（雜應戰介）

【南上小樓犯】（合）氣昂昂人馬驕，鐵錚錚器甲牢。掠了金錢，擄了絲縑，奪了妖嬈。勇冠華戎，威行近遠，三軍全靠虎符一道。

似此弄丸長技，足見諸將之功。快從這條小路，星夜進關去者。（雜）坐了大雄寶殿，不是金太祖滅遼時光景也。（復繞場介）

【北疊字兒犯】（合）凛凛天朝封號，處處鄰封拜表。更有那煌煌的金縷冠，離離的龍衮袍。楚楚風標，助的君王俏。白森森藍田繫腰，整齊齊珠履臨朝，紫蓋飄飄，六宫人添些歡笑。倒要把蠢苗蠻烽火暗中消。

【南尾】（合）日東升，今尚早，到土木敢黄昏了。會須把正統擒來夫阿巧。

詩

戲場相殺取鬨堂，何必依書把話裝。
只要心靈如作者，少抄舊曲也無妨。

第十二齣　得藥

〔南呂引子〕【步蟾宫】（外冠帶上）舒州刺史名依舊，隔幾世出來非謬。性相同應便共遨遊，原是戲場知否。

下官舒州刺史張懷肅是也。只因大明駙馬趙大人與俺嗜好相同，所以學那商山四老在他門下往來。俺想趙公生於元季，身歷七朝：至正、洪武、永樂、宣德、天順、景泰、成化，已經數十年了。如今面貌猶如桃花，豈非服食之力？我輩遁迹深山，就做了《楞嚴經》上的地行仙，原不是什麽奇事哩！

【一枝花】（小生冠帶上）舟車迎木偶，騾馬馱生柩。全無精氣也，怎生久？病入膏肓，再服猶難救。好笑這世上的人呀，真元不入口，擎碗參湯，碌碌風塵馳驟。

下官司勳郎中任正名是也。張老先生來得早呀！（外）前日西番和尚獻了幾千丸奇藥，傳了五七樣秘術，成化萬歲就封他做個法王。任兒也聞得麽？（小生）西番諸王僧之能，以淫欲法供養，治疾延年者爲之。故貴許幸賤，官聽獸行。元朝戀吐蕃之禍，因其俗使相化導，以尊中國。八思巴的親娘和元世祖秘密坐静，世祖果然活到八十幾歲。只因他這教門事事無礙，所以封這女人爲如意。帝師説就是他的始祖哩！這邊趙駙馬，也求了他許多藥來，争奈只得一人肯受。恰好太原桑翀犯出事了，家口籍没。萬貴妃雖比主上長二十歲，寵至專房。因他攛掇，就把翀娘李氏分給趙公。年已五旬，該受得住。約定今日進門，駙馬就要拿他試藥呢！（丑濃施脂粉、籠藕襪、高跟鳳頭朱履上）（生上，執手托腮細視介）委實妖冶得妙呀！

〔過曲〕【紅衲襖】（生）肚腸拉樣範兜，眼睛兒忒煞溜。俺扳花拉柳平生手，直要你柳敗花殘，這意始休。到關情用兩眸，弄精神千事有。得與你殢雨尤雲，勝似封侯也，俺還要味餘芳，飽溢流。

（小生）老人家高興起來，自然利口巧言，狂逸特甚，徊縈倚戀，糾纏無解哩！

【前腔】（丑）恨兒曹欲念稠，壞男身將脚扭。穿房空刺三年綉，罷法全由五寸勾。致親娘事粉侯，恁高年教臉厚。（外、小生合）也是你命不孤鸞，該有兒夫也，晚齊眉，反到頭。

（外）你看他姿容偉麗，修而娉秀，行起什麽事來，必然工奇百換，形變萬端，真乃娱神怡老永年之術也！

【綉太平】〖綉帶兒〗（生）金和璧他人癡守，争如飽玩嬌羞。殢人情，便是這五寸雙勾。〖太平歌〗飛花片片水悠悠，只合叫一聲生受。皮囊雖臭，九段瓊酥，胖能醫瘦。

（小生）瞧你這老娘的眼睛，是情願得狠的，你那心裏到底怎麽樣呀？

【宜春樂】〖宜春令〗（丑）寃無主，債没頭，這身軀渾同贅瘤。若追情竇，聰明願付聰明手。嗟鄭女未必還魂，恐老申枉來尋柩。〖大勝樂〗（外、小生合）相從不久，今生良願，來世堪酬。

（外）也有多少少年夫婦，倒拚老嫁的人不過的。壽數是各人的命，像俺這兩個時，也不知看見過多少哩！

【太師引】（生）到他生還携手，只今生須先並頭。似夫妻一般恩愛，比青年更要風流。正因百歲難得，又須和你刻刻綢繆。衣前後神留影留，只待向綉裙襠終日插手。

（小生）駙馬爺家裏不少了人，一個六十婆婆跨進門來，就受這般知遇，也不過是前世的緣法呢！

【東甌令】（丑）多年矣，獨登樓。花自翻紅水自流，誰知盛意邱山厚。弓灣雖老尚嬌柔，准擬上肩頭。

（外）似這樣的恩情，就是送了老命，你也惜不得了。休要到那時候，又百般躲避起來。

【劉潑帽】（生）陳媽媽待你歸冥後，還把來燒向墳頭。一生爛熟胭脂囿，决不教伊真個的長回首。

【尾聲】（外、小生合）千般獎誘開甜口，不過愁伊與藥仇。（生、丑合）楚客多思只愛抽。

詩　妖癖應由母性殊，子桑千載有餘辜。
　　戲場重試誅心筆，丑配狂生亦勿拘。

第十三齣　慶壽

【越調過曲】【梨花兒】（外扮老漁，小丑扮船婆上）整日摇船打雙桨，兩口交歡在此港。這夜益發醉欲狂，嗏，娘娘唤我論千賞。

【黄鐘引子】【女冠子前】（生白鬚上）庚寅吾降，桐江新造祠堂。（旦）齊眉八十，藏形息影，舞斑不看，扁舟小盪。（作上船介）

（通班冠帶趕上）兒子們隨侍爹娘。（旦）回家辦事，禮待賓客。（雜應齊下）（旦）趙郎今日八旬，不在家裏看戲，倒與你尊夫人同去拜嚴子陵，也是千古以來雅人深致哩！（生）姬妾們替你我慶壽，雖然覺得高興，只是殿下與卑人都幾幾百歲了，再戀繁華便成癡子。就是兒女孫曾叩頭遞酒，也殊覺不耐煩。況且許多官府都要前來，只好聽子孫們出去支應。各官夫人來問殿下討福的，也聽女兒媳婦接待。我當在京之時，不在揚州起宅，反把個公主府造在這桐廬江上。原爲衝繁之地難長，子孫不上百年，屋必易主，所以到這裏來。如今又將府第做了祠堂，供養著父母神像，越發一步一步打點歸根哩！（内鼓吹介）（旦）只這鼓吹人從，也只許他遠遠跟隨，纔方脱套呀！

【女冠子後】（合）姻緣同謔浪，新郎抱起新娘，已成前帳。雙雙垂白髮，還戀紅塵，不知何望。（旦）子孫的酒，回去再吃也罷了。姬妾的酒，回去再吃也罷了。你同年同歲、嫡嫡親親的原配夫人敬你一杯兒，難道不好？（生）若論國家大禮，今日該叩殿下的頭。如今老哩，再免了罷。（旦斟，生與串飲介）（内復鼓吹介）

【畫眉序】（生）當日叩頭忙，叩罷搴帷入深幌。致而今，筋骨日漸頹唐。（旦）坐漁船重喫交杯，只鬨呼別無音響。（合）白頭不禁爲兒戲，原來舊日糟糠。（生）待我也回一杯兒。（旦）不醉不止。（生斟，旦與串飲）（内復鼓吹介）

【前腔】（旦）合肚共心腸，串飲三杯欲搔癢。祝天從人願，再一顛狂。（旦）自今朝莫蓄癡情，從茲後但傾佳釀。（合）白頭不禁爲兒戲，原來舊日糟糠。（旦）我想子陵先生不愁没得那故人，可惜少個好娘子。（生）故人肚子許他擱脚，若是娘子倒未必肯哩！（内鼓吹介）

【前腔】（生）秦后説先王，舉胜加身重難當。只金蓮玉笋，該擱胸膛。（旦）笑披裘潦倒漁翁，不曉得熊消肉掌。（合）白頭不禁爲兒戲，原來舊日糟糠。（生）看這漁翁夫婦，比我們年紀更多了，也賞他一罈酒吃。（旦）一百串錢賞他將去娱老。（外、小丑伏地介）樂殺小人。（内鼓吹介）

【前腔】（生）整百賞伊行，夫婦從今棄羅網。想貪財痼疾，尤勝似好色膏肓。（旦）在閻浮貴賤懸殊，論浄土高低一樣。（合）白頭不禁爲兒戲，原來舊日糟糠。

（旦）俺和你到了此刻，反覺得當初光景有些醉生夢死哩！（生）必使極其邪妄，纔能發真歸元。只殿下今日一言，又超出子陵之上也。（内復大鼓吹介）

【鮑老催】（合）洞房幽敞，鴛鴦錦褥芙蓉帳，水波紋簟冰紗幌。左玉軟右香温，中情蕩，人人早辦熊羆襁。何如直到蓬萊上，更要把西方向。

【尾聲】（生）人生終合歸安養，要曉得六道三途實可傷。（旦）索把那慧水悲田醫幻想。

詩

船中慶壽做團圓，俗戲從無直欲仙。
若説嚴光無慧解，便成死坐釣臺邊。

余澹心宴内祖所，有《聞歌記》云：吴門徐生君，見以度曲名。聞四方與余善，著《南曲譜》索予序。余爲之序，有曰：南曲蓋始於崑山魏良輔云。良輔初習北音，絀於北人王友山。退而縷心南曲，足迹不下樓十年。當是时，南曲率平直無意致。良輔轉喉押調，度爲新聲。疾徐、高下、清濁之數，一依本宫。取字齒唇間，跌换巧掇，恒以深邈助其悽唳。吴中老曲師如袁髯尤駝者皆瞠乎，自以爲不及也。良輔之言曰：學曲者移宫换吕，此熟後事也。初戒雜，無務多，迎頭拍字，徹板隨腔。無或先後之，長宜圓勁，短宜遒然。無剽五音，依於四聲，無或矯也無艷。又曰開口難、出字難、過腔難。高不難低難，有腔不難無腔難。又曰歇難、閣難。此不傳之秘也，良輔盡泄之。而同時婁東人張小泉、海虞人周夢山競相附和，惟梁溪人潘荆南獨精其技，至今云仍不絶於梁溪矣。合曲必用簫管，而吴人則有張梅谷善吹洞簫，以簫從曲；毗陵人則有謝林泉工擫管，以管從曲，皆與良輔遊。而梁溪人陳夢萱、顧渭濱、吕起渭輩，并以簫管擅名。蓋度曲之工，始於玉峯，盛於梁溪者，殆將百年矣，此道不絶如綫。而徐生蹶起吴門，奪魏赤幟易漢幟。恨良輔不見徐生，不恨徐生不見良輔也。徐生年六十餘，而喉若雛鶯、静女。松間石上，按拍一歌，縹緲遲回，吐納瀏亮。飛鳥遏音，游魚出聽，文人騷客爲之惝怳，爲之神傷。妙哉，技至此乎！一日，徐生語予曰：吾老矣，恐不能復作少年狡獪事。得吾之傳者，乃在梁溪。以新秦公有子五，而孫廿五人，人分一宅，夾河列第，曾玄幾及三百。爲今太史留仙尊人，所蓄歌姬歌兒各五六人是也。吾倘遊九龍二泉間，不可不見此人，聞此曲，余心識之久矣。庚戌九日，道經梁溪，適潁州劉考功公勇擁大航西門外，留余方舟，同遊惠山。吴明府伯成觴之，留仙則挾歌者乘畫舫，抱樂器凌波而至，會於寄暢之園。於時天際秋冬，木葉微脱，循長廊而觀止水，倚峭壁以聽響泉。六七人者，衣青紵衣，躡五絲履。或綽約若處子，或恂恂如書生，列坐文石，或彈或吹，須臾歌喉乍轉，纍纍如貫珠，行雲不留，萬籟俱寂。余乃狂叫曰：徐生，徐生，豈欺我哉！以其歛袖低眉，傾一坐客也。分韵賦詩，三更乃罷。次日復宴集太史家，又各奏技，余作歌貽之。俾知徐生之言不謬，良輔之道終盛於梁溪。而留仙父子風流跌宕，照映九龍二泉間者，與山俱高，與水俱清也。今録《太平樂府》，恨不得知音識曲，風流跌宕如諸先輩者一序之。東城旅客書於西園之西樓。

後曇花

（又名《地行仙》）

博士關注避方臘於梁溪，夢仙官謂曰：『邇來歌曲新聲先奏天曹，他日有樂府，曰《太平樂》，汝試先聽之。』此《西青散記》中《玉勾詞客十三種》之所以名也。吾聞不開今古之心胸者，不足以度百年之身世。而靈頑懸絶，各有所依。葛故蒙薪，蘞只蔓野。即如目前之四六，實表判爛段耳。以此名六季，宜不復振歟。使駢情麗句，新裁別構，敏心慧悟，具極高勝，則六季可踰。豈時手所可絜輕重，較庸奇哉！自六籍爲迷山霧海，末學率目釘口塞，於是天下有通方之識，不拘於墟。謂隨事從宜，靡有常制。即儀典且當因時，初無一成可畫。正猶篆之变楷，楷變草，雖姬公不得預也。執所始見，抑何固乎？歸太僕亦云，古文不泥腐説，有以破俗人之論乃佳。自頑者第知泛設之詞，遂舉生人耳目，楮墨間悉欺以僞，無可以移人情者。靈者至以殊鄉別趣，逞嗜擅欲爲奇。偶然一唱，效尤無已。漢志雖空有雜説千家見於書目，軼事異聞，積至今固已瀰漫極矣！諧説義解之不倫者，未妨別爲一區，以待傳奇之采入。蓋作文家例不足深校，實如此歸。所以又有宇宙亦何盡，環海皆生人。陰陽内外，靡不有異。物非異亦非神，何必盡合古圖記，任情造意皆成形。人心之靈，匪如諸地之不相至。列子所稱華胥，心靈所幻便有之。若但以不見爲詞，則誰見雀化爲蛤云云。況人生天地運轉、古今代謝之中，患不能在事外耳。在外則觀世如史，觀史如花。不難補真以假，即夜爲年，鑿天開石，罔襲前裘，止煞遂生，豈無殊願？非于正不足，故变以意開手敏。下筆愈實，取境愈虚。至常之極，至变生焉。如第十三種所引之[艹拂]林盧府，何異金樓？自謂余之術業，豈賓從之能窺？而李昱嘆其數十篇，僅存一篇，正如見虎一毛乎。近浙紹張陸舟遊秣陵、廣陵、閩、楚，所至坊曲争迎。言，樂失其天，壯者凌而勇者傲，久矣。爲院本，至數十，放浪嘲謔。或以情摯，或以想深，皆能即拈即撇。鄧州禹峰方伯，每啖一肩。仝甫之流作樂府，不倣前人而自暢其旨趣。人所應無不必無，固妙得天縱。匪由仰鑽，亦惡夫畸行。堅法之不傳於世，第以庸劣冒中行也。韵祇宫商角徵羽五部，北人無入。自周德清北曲韵出，遂發此覆。漢唐歌器，譜俱不傳。南曲祇五音，北曲全尚二變出調之聲。今雖金元曲明明可按，惜其分宫分調，雖本隋後所立，多有似是而非處。沈吴江《九宫譜》，僅協陰陽，其分別注解，仍然模糊。致何聲入何調，千古夢夢，竪儒竟以首一字當之，不知世無一詩字字皆宫聲，一曲句句皆宫調，爲可恨耳。然字韵器色，律吕之實，既得鴻儒毛氏駁辨，全書爲玉勾事事私淑之師。又有陳氏，後出易勝，按牌填曲，豈復来眇陋之譏。矧禹錫造竹枝，及入樂方知當作黄鐘之羽。製詞是製詞，協律是合樂，兩不相謀。作詞者不必顧宫調，可俟後人之考訂，無庸越俎耶。鴻儒固曰：唐宋即猥瑣事，尚可見寬澤娱樂之象，令讀者徘徊感念，至於流涕。温李稱才子，韓柳杜反不預，以獨艷也。或以喁喁少之，烏知閨房粉黛，賢豪寄感，故黄皆令有『未呈空裏色，先結想中身』。《萬首絶句》有『蚊厨嬌泪墮，嗔拍後庭花』。稼軒《寄内》竟有『空却許多鴛被，没興趣，如何睡』語。《冰心寄姊》『聞説緑窗無暑到，日對乘鸞跨鳳人』。牧翁《題玉映象》『而今才子是西施，休抵劉楨敢平視』；《憶昔》云『虞山老人太癡絶，有唇屡窃鸚哥舌』。才人伎倆，何所不成。留連興會，於情之所至，非心思質木者能捨。而談正則，豈謝陸所難也。使漢魏已尚演劇，則《梁甫》長吟，分桃念少，而偏情舞柘，寄旨尋橦，争先創體，爰作俑聲。庾信摛詞，李白捉筆之事，亦所必有宜乎？元初取士，承金章宗十二科詞曲舊法，曲白本一代文章，致足嬗世。要非算行比句，範聲印字，仰不識天，俯不識地之技，奈何作《元史》者，執持道學，芟不一存。祇載仁宗改八比，以爲斥詞而崇義夫。豈悟記事失實，已非信史哉？其睥睨古今，横潰矩矱，璽飾民物，韵流鋒發，下筆高卓，摛文浩蕩，情逐勢起，語隨興溢者，猶愛山不畏高，愛桃不畏虫。其於未腐之尸，無可當情之輩，入山則儘言山。遲道韞於錦帳，尚不足以副其婉孌之談。務使耳目攸窮，心神欲絶，如滲血入髓。不仁者皆逡巡癢接，而不能自禁，亦風會之攸趨，淫靡之漸逮云爾。無他，以想造境者，真境可視爲幻色，裹言可等諸鼾囈。等爲臭氣熏天，却有玄機格外。此非可向世之冒昧强僻，尸歌偶舞，牛硬豕倔，入門死漢，説夢中事矣！獨惜夫崇竑者自晦，寡淺者日升。世近則多忌嫉，稍遠又易忽略。求悦於纖微猥渫之目，則殫詞塞空，或猖狂叫嚎，售其欺冒於標的。畦稜志言，異向者如蠻人，非不食酪，終不能定其味。則存毁之数，未可卜耳。天用一筆，士輕於螻。世不乏傖，鈴騾鞍馬。術難澤物，學不章身，而海若、青門一壺自適。情文爛然，以衍空山之歲，日覺蛾兒自負青凉國也。元黓攝提格雲開淑節，轉華氏書於柳于莊院松間茅屋之選夢閣。

後曇花目録

[一] 原目録未標齣序，此乃校點者加。下同。劇本封面題《後曇花》，目録題《地行仙》。

第十九齣　逐叉
第二十齣　除羊
第二十一齣　遊江
第二十二齣　鬥雷
第二十三齣　相胎
第二十四齣　曉郭
第二十五齣　聳尉
第二十六齣　助墓
第二十七齣　喻令
第二十八齣　謁尼
第二十九齣　絮影
第三十齣　諍卿
第三十一齣　戲湜
第三十二齣　談屍

第三十三齣　誡尹
第三十四齣　説牟
第三十五齣　誨鄭
第三十六齣　證祇
第三十七齣　醒源
第三十八齣　得蘇
第三十九齣　獵狗
第四十齣　勷隱
第四十一齣　負冉
第四十二齣　訊穢
第四十三齣　禮佛
第四十四齣　話鴛
第四十五齣　望浦
第四十六齣　會曇

第一齣　仙案

【水調歌頭】（末上）全翻經與史，更覽衆稗編。平常事夥，其間趣事也多般。揀盡奇人奇遇，莫笑談狐誇鬼，妙異亦堪觀。正是大千俱戲論，那件算誠然。

【換頭】説傳奇，笑人易，哭人難。化工哭笑，更該另著眼兒看。搊著古人就改，却是翻空命意，不向此處論愚賢。又道饒他清泰在，不是地行仙。

今日梨園子弟演的是誰家故事？（内）今日不比往日酒筵，只扮家常故事，要請臺下萬人觀看。演的是《地行仙》，胭粉傳奇，又叫做《後曇花記》。（末）俺試把傳奇大意略述一番者。

〔中宫慢詞〕【沁園春】魯國儒孫，蜀中常在，共一仙師。得延齡千載，更名混俗，遍遊諸夏，娶婦生兒。更有弦超，婚兼天女，益壽添精到處嬉。師安道，貞元諮議，后土作嬌妻。

【換頭】都稀隔世，劉妻轉世，楊侯遇故夫，把甄奴重活，李源憐鬼還胎，鄭采轉看平夷。墓鬼夜叉，猿羊狐狗，與彼淫雷又不奇。扶南體，延州鎖骨，孔李總該知。

前十二本，待唱與筵前消受，

此四六折，要演得臺邊馳驟。

地上有仙，遇著時何必升天，
妖端是實，合將來乃成奇構。
曲有别腸，删一字便類焚琴，
戲有别膽，若嫌煩寧教拆奏。

唐人體物，略觀大意，皮、陸始句句著題。宋人則徵材使事不遺餘力，勢有所必至也。詩變爲詞，詞變爲曲者，其言益長，其旨益暢。傳奇小説要於縱發欲言而止。蓋善爲文者，即盗賊、奸雄、倡優、吏役、驕奴、寵婢之情狀，靡不熟悉於胸中，故達詞喻事閎暢詳明。至於一事之傳字輒數萬，而筆墨之巧，乃不可勝窮矣！若方隅之見，科條往昔是精靈無與，啓卷帙無與益也。終身顛倒，謂真實假；當場演劇，謂假實真。真假之間，禪家三昧。自談詩者不復重『永言和聲』之旨，遂專以抑揚抗墜、清濁長短責之優伶。金元之樂，嘈雜凄緊，詞不能接。一時才子如關、鄭輩遂創爲新聲以媚之。氣陽聲緩、氣陰聲急，故北曲南詞如舟車各有所習。北曲調長而節促，組織易工，終乖紅豆；南詞調短而節緩，柔靡傾聽，難協絲弦。顧全部宏編，意在搬演，不重修詞，求其齲呈白雪，令人目眩眉飛者蓋罕。況根藏据史，悉有參會於目，曾經見之書，皆虎視而狼餐之。豈中虚外博者所能窺其萬一。抑絶世慧心，聽題得聲，抹却前人一切强作解事語。吾但覺其搜擇融洽，精氣入而粗穢化耳。

第二齣　別師

（丑傅粉扮漁婆上）擬煎白石平明喫，不擬教人哭此身。學取大羅些子法，免教松下作孤墳。自家乃馬鳴生仙長海船上老漁婆是也。若説起我那主人的奇異，真是今世無多，古來罕有。怎見得？他從自幼孤貧，拜了上真夫人爲弟子。親運履舃之勞，盡得房中之術。遍歷九州，五百餘年，服從車馬，件件與俗同樣。那漢光武的陰皇后有個親屬，表字長生，就把他當祖宗看待，接在家中供養伏事，夫妻兩個率領兒女媳婦，擎盤托箸，叠被鋪床，洗脚脱靴，燒香打扇，百般樣的奉承。他遇著閒空之時，不知教了他些什麽巧法，竟就一門高壽，個個遐齡。相别之後，却來這閩海沙邊，駕個漁舟出没。他的祖母娘親都曾依他修養，至今還在。篤信此道的姻眷，總在這船兒上安歇。只見高帆一葉，瞬息千山。刻刻改雲霞，日日凌風浪。艙底横開數丈，舵樓直下三層。光潔中憑白紙糊，纖長形似天嬰履。扳龍附鳳，争如他葆命全神；拜相封王，未必恁無拘少束。露篷上坐地，四時不斷月憐花；深窨裏眠時，臘月不知風刮雪。沛人劉政，學無不覽。能變化隱形，乍大乍小，或男或女，忽老忽美。分一人做萬人，會得隱三軍之衆。成一叢林，禁一市人，叫不能起。把這手去指著山林、屋宅，就叫頹崩。千里外物，縮地取來。一跳離地，倒就有數百丈高了。只是他的兒女親家，河東孫博，能叫千百個人跟咱，蹈水火不濕不燒，出入壁裏猶如洞穴，也是他的小妻昆弟。且休説俺這神通的主公，只説他兩個得寵的徒弟。一個蜀國李常在，乃老君的聞孫，遇著個樹精問所欲得，欲得度世處，師便指引他來此。儀容嬌媚，兩塊没包彈的俊臉，如一片美玉無瑕。一個臨淮孔太守，曾祖乃陳涉博士。志欲受地仙之方，適可以不死耳。體態閒都，一團會參悟的靈心，似幾層清冰徹底。常説珠圍翠繞，轉不如雅淡梳妝。只須布褥綿袍，何必要繁華氣象。厭聽笙歌聲韵，惟貪秘密工夫。眷戀師翁，大舫前頭如綉閣；綢繆義友，寒宵卧處近香閨。後院代前廳，一樣是燒丹肉竈；朱門宜玉柱，任他投海角天涯。目下授受已全，都待辭師行脚。要看他幾千年翻雲世界，留些無萬處稱意妻兒。見盡了怪怪奇奇，教遍了男男女女，纔能彀完其本願，誇示凡夫。主人今日却要打發他登岸，所以搭上跳板伺候。道猶未了，只見他們兩個笑嘻嘻的走出船頭也。（下）

〔仙吕入雙調〕【雁兒舞】（小生公子巾扮李上）傳授完全，更没怨苦。要些個渾家，又何難處。有論千個，叫俺丈夫，竟百歲相摟笑還舞。

今日師父大人打發俺和李家兄弟兩個出去行遊四海。説是房中八家，房中之術有百餘事。惟他這一家道術，娶妻愈多，陽氣愈滿，育女生兒又不妨事。把房中之書八十六卷錦囊盛貯，都付與俺兩個，這纔算是恩踰天地、愛比君親的師誼哩！且等孔兄坐下，商議還是分頭而往，還是一路仝行。

【窣地錦襠】（老生儒巾扮孔上）東家庭訓義理，先師教同耳。却會仙，不碍子孝與妻賢，只少的庬苦禁磨損少年。

李世兄的琴書鏡劍，可曾裝束了麽？據小弟想來，我們所難不在錢鈔。到了長途竟就雇些車馬，覓些僮僕，雖不必十分華美，惹人疑忌，却不宜過於寒儉，致那俗流鄙薄，不肯與俺婚姻。忽而單身匹馬，忽而從者數人，總照俺師父先年一般行事便了。（小生）小弟正要請教兄長，從此以後還是各走各路，還是一答兒行？（老生）俺每雖有私情，却是道眼。你南我北，不必同途。若相憶時，但一起念，自然知道中途何處可以相會。師父起床，自然還有一番教訓也。

〔越調引子〕【祝英臺近】（外幅巾扮馬上）氣留身，心主氣，不愁無有。生子酬妻，都賴這機彀。喜逢著警慧門生、聰明徒弟，可差去遊行婚媾。

（小生、老生揖介）師父唱喏。（外）數年著肉粘皮，一旦離懷分手，在人間是惡況，在吾道爲快腸。老夫爲何揀擇今日打發兩位賢弟雲遊？只因劉敝親家捎一信來，有位白石先生是我祖師，多年未會，特來臨降。孫舍舅又叫人來説，老師伯黄山君今日在此經過，要上小舟一談。特地留你兩人見他一見，証明此事信乎不誣，使爾等輩輩相傳作爲佳話。（老生）兀那白石先生有什麽樣本事？（外）聽俺道來。〔西江月〕比及錢鏗閲世，其人壽已三千。問他何故怕升天，肉是人間鮮艷。天體雖然純氣，汗流烟出形遷。争如玉版與金蓮，實實香嬌軟健。（小生）白石祖師是這般個來歷，有如此的見識。再敢稟問師父，把黄山君的學術索性見教一番。（外）黄山君呵。〔西江月〕惱的是潛形茹草，愛的是柳體花容。他言交接可飛空，服藥千般何用。男女猶如水火，誤施方害神躬。失吾本分號仙翁，死鬼一般堪痛。所以《地仙傳》上説，是彭祖有云，男女之事如水火，然誤用則害。潛形茹草，失其本分，雖彼不死，愚心未願。縱復服藥，不知交接之道可以乘空飛行，亦無益也。後有黄山君修彭祖道，亦數百歲。（老生）敢問這兩位聖賢，還是自心獨悟，還是多有師承？（外）他的師承是太玄女。若説起來，越發奢遮得狠的哩！〔西江月〕劉政當渠孫子，休將孫博矜誇。換人形體齪人丫，神自爐中人者。將厩冒莖亦可，牝門對牝俱佳。他神從竅據君家，汝性從喉出也。所以《地仙傳》上説道，太玄女愈老愈少，鬢髮如鴉。能徙宮殿、城市於他處，叩石入其中。即器物悉備，能令小物極大，大物極小。張口吐氣，赫然火出。能吞燒鐵，焰不燃身。小遺則坐成江河，水積至天。與人俱行，能令去地三四丈。車浮空中，履虛而上。長陵徐氏等號神君儀君。貴人、公主慕其術，纔傳得他半分道理。我特叫你見見二公，無非使你們擴充見識。知道入我門來，雖有千妖百怪，皆出大手記述，非流俗小人好傳浮僞之事可比的意思。

〔越調過曲〕**【祝英臺序】**把萬年春千歲景，分付與兒儔。聽麼人有太玄，白石黃山，千古幾多名流。（老生）優游。孔光兄省去呵脬，北海何須嘲吼。（小生）我先祖曾説，雄將雌守。

（旦簪冠男服扮白石，小旦紅褐男裝扮黃山上）（旦）鳴生別來無恙。自從你飄洋爲業，音信不通。只聽得倭國人説，你又收了兩個聰俊徒弟。且喜吾道不孤，德必有鄰。今日之來，一則和你叙叙契闊，二來看看你那玉笋門生。到了温州地界，就遇這黃山君。説起情由，也是要來望你的。一路同行，越發有興哩！（外）聞知師祖、師伯到來，祇候已久。兩個頑徒今日盼得著也，可隨我拜見者。（拜介）（旦）免了免了！（小旦）不敢不敢！（外）不瞞師祖、師伯，兩個小徒都在今日出學，正要師尊先輩代俺再加申勅，方可付拂傳衣。恭候宣揚，休得吝教者。（小旦）看這兩位根器，都非凡俗可比。將來遍遊四部，一定於師有光。俺這道中本也無多囑付，只是一個不得妄取人財。其有得之非義，積貯不散者，用法取之，亦不爲過也。要隨緣濟物，方纔我也得消，他也減業。遇不著時，寧可燒些鉛汞，但殼一時之用，便宜歇手。又要堅戒殺生。筍蕈山蔬，味多鮮美，素油烹煉得法，便佳。雖然不必全禁，却禁過食鮮肥，溷亂清氣。有心特殺，成就業因。聽我道來。

【前腔換頭二】銅臭。只那盜家藏贓，吏物堪遺入吾手。有的筍蕈爲羹，油水烹調，因甚愛腥膻溲。（外）如此這般的，足見我這法門雖然近俗，却原與俗迥别。（合）馳走。遇貧時投汞燒鉛，那怕他量不成斗。（老生、小生）恁地行時，做不得個一佛，也做得個半佛。（合）俺和你休學彼，專將生命煎油。

（旦）還有第一要著：寧可多贈金帛，住宿土妓，不得隱形仗法，調戲良家；寧可隨分隨緣，聘娶妻妾，不得貪圖艷色，起意求通。十分爲色起見，不妨變作女身，權諧嫚寢。所娶家小生有兒女的，都要與他些家緣過活，纔不是浪子行徑。聽我道者。

【前腔換頭三】知否？我爲何不許私通？顯處聽風流。誠恐千歲壽長，百種春愁，來上你的眉頭。（外）那們樣的便是傷天地之和，這們樣的便是盡陰陽之理。（合）休憂。任他春色年年，我的春心依舊。（老生、小生）還他個生兒育女，有田有宅，在世法上，也就免得個妻愁子怨了。（合）那文君可不乾對了相如琴奏。

（外）我兒此番出去，匹配的佳人固多，聞見的奇事却也不少。只因我這地仙一種專用本身元氣作主，顯出靈光宿命，他心無不通達，潛形匿影，火刃無傷，原是天心正法。所以一切符籙，不如我幾句閒談；百種妖神，見著俺，心悅誠服。直到見了古佛，那時發真歸元了，究竟趣老夫約會祖師，少不得同來照証。趁此美景良辰，可即登程啓路者。（老生、小生拜介）

【前腔換頭四】（外）今後應看徹百樣妖邪怪事，亂搊搊。乃信恁般行地仙人，殊顛都教低首。（旦、小旦）你們到見佛時，方知佛也隨順衆生，非取潛形茹草，吾輩越發應當哩！（合）聽剖。豈但那蕊宮瓊苑神仙，要把那塵凡相誘。除的做娘行，都又爲郎誇秀。

下場詩　許多親愛在人間，夢上霞梯醒却還。
須是蓬萊長買得，一家同占作家山。

從來文人作文，但計其文之工拙，而事之前後所不暇計。不特填詞爲然也，如《史記》多牽合附會。《報任安書》乃云：不韋遷蜀，世傳《呂覽》；韓非囚秦，《說難》孤憤。夫《呂氏春秋》是未遷蜀時所集，韓非《說難》亦未囚秦時所著，而史公借用之。大蘇贊二疏云：『殺蓋韓楊，誅三大臣，豈寬饒延壽。』楊惲之死，皆在二疏未去之前，而坡公固用之，皆計其文而不計其事者也。大約文之妙者，賞其文，非賞其事，不惟不必問事之前後，且不必深問事之有無。奈何今人惟事是問，則水淹七軍，在單刀赴會後。而關漢卿《雲長赴會》劇於子敬白中借用之。沛公稱帝在滅項後，而《千金記・月下追賢》曲便以天子呼之。征方臘在招安後，而《寶劍記》乃於《夜奔梁山》曲借作往事追憶之。弑伏后在殺禰後，而徐文長乃於《四聲・罵操》折借作罪名責問之。冰清玉潤，坦腹東床皆晋事，而《琵琶》作漢人傳悉取用之。至如王羲之拜我爲師，歐陽詢見我謔殺，鍾馗手裏寶劍，洞賓瓢裏仙丹，小秦王三跳澗等，皆明犯後事，彼皆非歟。即如下場一詩，句句集古，有何難處。作《地行仙》者正以不拘平仄，不論人已著題不著題，得游戲三昧之法。

第三齣　憐孟

【一枝花】（净濃施脂粉、紅布破裙上）阿奴肉上重八百斤，誰料蓋老十分狠。臉上生那歹鬪毛，日日爲那賭輸沽窮的來向俺使村。下死手，無分寸。眼又翻，手又緊。他拳起處，又早著昏。嘆奴家，若不著傷，必遭内損。

奴家孟氏，名唤玉榴。父親孟業，體重千斤，就像李伯翁一樣肥大，肚臍裏邊放得九枚李子。又像魏昭成一樣，馬不能勝，卧則乳垂至席。奴家是他八十九歲上生的，算個落脚女兒。所以十一二歲，就有七尺來長。看那皮膚，猶如月下聚雪。不幸嫁與王七爲妻，比奴多十五歲。讀曲爬琴猜古董，眼嫖耳食脚遊湖的朋友不知若干，竟是一個酒鬼，又是一個賭精。也好喫，也好穿，也好頑。戲場社會，少不得他擺擺摇摇，搭背捱肩，都叫唤著兄兄弟弟。初然出外嚷嗓，也還買些酒肉放在家中。奴家食量頗大，倒也越喫越胖。十九歲上稱稱，竟比俺那死鬼老子少不得三五六斤。誰知嚼作還消不多，賭坑那填得滿。手裏日窮一日，當頭年多一年。到得如今衣也不能遮身，被也不得蓋體。撮得幾個頭來，買些肉喫。弄不得米到手，論日挨飢。誰知他有一個下場頭的計策，苦苦逼咱爲娼。說是半開門住滿城根，私窠子也做媒脚。奴家知道此公斷没翻身日子，却只願另從一主了結終身，不願做這千人騎跨、羞人答答的勾當。心裏如此尋思，口中那好直道。只得由他炒鬧，拚著硬口攔當。他又逼咱去做雇工，覓錢與他買醉。說是鄉鄰不見，更加藴藉風流。哎唷，天那！空與俺這九尺四寸以長，却把來千般萬樣折挫。豈不是佳人薄命，可知他無福難消。

【梁州】他要叫俺做個敲人腦的風流太歲，學個剥人皮的娘子喪門。做出那油頭粉面神光棍，笑裏刀剮皮剥肉，綿裏針剔髓挑筋。教使盡虚心冷氣，聽著些帶耍連真。說道便是通天徹地的郎君，急抽身不得囫圇。（丑醉上）癡婆子，癡婆子，則被你板殺了！不肯活動，叫咱今日要些按酒也没，咱只搥你這花娘。（净）别人家萬苦千辛圖名圖利，也只博個蹬妻抱子，雙起雙眠。老娘眼錯一錯，就要疑心著急。你這忘八，只圖適你的意。放著頂天立地、九烈三貞的老娘，倒要逼他和别人睡。天爲什麽不拘你，雷爲什麽不劈你？（丑）啐，咱和你睡了論千回，難道竟不厭煩的？趁這毛髝還未乾癟，不把來哄那傻角，换些大酒大肉，合家兒女受用，白養你這花娘做什麽？（净）你叫俺愛錢娘扮出個凶神，賣笑婦去伴些死人。那顧他有情郎便是冤魂，錢親鈔緊我心裏憎。惡渠親近，渠愛的那怕咱不順。你認得的郎君個個村，莫不俺只圖銀。

俺與其交結那些狐群狗黨，無才無德，和你這忘八一般樣見識，没下梢的野漢，倒不如守定你這忘八，完了這一世的業報，省得來世再又相逢。寧可績麻縫襪，織布絡絲，做出來買柴米。（丑打嘴介）啐，靠你一個花娘，能做出多少生活？有了鹽，又没了油。有了裙，又没了褲。要叫咱隨你噇著青菜豆腐過日，咱却不慣。（净）忘八既過不慣，爲什麽不去江湖覓利？爲什麽不去輦轂求官？却苦苦要把這忘八前程掙在身上？（丑〔一〕）啐，瞎你這臭花娘騷眼。咱肯覓利，倒不賣墻了；咱願求官，倒不賣地了。覓利有喝酒快活麽？求官有賭博豪燥麽？（净頓足恨介）

【隔尾】聽不下蠻聲那獠氣，倒敢恁倒地煩天震。你兀自倚醉里，扶不得垂涎滿席裀。（丑摟净欲跌介）你聽不得咱蠻聲，咱也看不上你這樣婆娘哩！（净）婆娘不須你問，未及到五旬。咱是甚夫妻呀？撇得我孤孤另另難存濟，我凄凄楚楚靠他誰？你朝朝日日醺醺地鼻息如雷。道爲甚無六親，總則爲那竟日醺醺，越窮越攋。

（丑）咱好老娘，别人家都會扭扭摇摇，妝妖作乖，哄得人涎滴。獨有你撒踏踏，兩條腿就像兩段松樹。呆頭呆腦，好生不叫人憐。你若怕四親六眷、兩鄰八舍聞得的笑話、看見的打落，鄰州别縣也有多少富貴之家。我領你去，雇在誰家，做個搭脚，連床一扯，騙他些銀錢衣服，捎〔二〕來與我買酒。你身上也飽暖了，我身上又無累了，豈不比做私門頭又妙。若把主人騙得火熱，怕不家事交你掌管，珍珠由你搗换。咱就一日輸他幾貫，也不愁没有來處了。（净）癡忘八，癡烏龜！世間只有丈夫養家不活，

〔一〕丑，底本作『净』，據劇意改。
〔二〕捎，底本作『梢』，據劇意改。

老娘們苦逼他，打發出門。明爲添錢，不如減口。其實要撞個華華麗麗、香香噴噴、胖胖壯壯的孤老，替那髀湫發迹發迹。等他下半世長些肉的，如何你倒做轉來。（節唱介）他每喬殷勤佯動問，全用些野狐涎撲主子打郎君。散春情柳眉星眼，取和氣皓齒朱唇。和他笑一笑，敢忽的軟了四肢。將他靠一靠，敢烘烘走了靈魂。都是敗人家油鬏髻太歲，送人命粉臉腦凶神。我不想摟少年扳富貴，白白地妝那妖嬈做什麼。

【牧羊關】常言道，妻樂我不樂。（丑）你只那東西樂罷了。我有得賭，手也樂，有得喝，嘴也樂哩！（净）道古人身貧志不貧。富貴貧賤只是勤惰上來的，全怪不得天公。那倚官挾勢的郎君，他杭杭子當世當權，苦志來始叫他一遭一運。（丑跪介）我到如今便要苦志也苦志不來了。除了這著，再無别著。你不肯活動，我求你一求罷。（净）世間稱好漢，他則待腆了胸立高門。管當典，他須是寫算勤勞子；做顯官，他須是看百篇文字人。況且婦人這件物事，怎麼好叫第二個看？（丑）呸，這件東西小異大同，原是獃子纔要看别人家的。看了，原好好的在，又認不出是被人看過的。多少大户，高門深宅内院，暗貼東西叫别人看。只不過一個做得機密，没人曉得，仍舊堂皇冠冕，正大威風。那個人就向人説，人還疑心他是挾仇誣賴，白不肯信哩！在乎你這個賤物？豈不聞，家有千金，髀也值千金；家無半文，髀也不值半文。一件閒耍貨，變做了個取寶盤，倒不好？跪了你，還做作；求了你，死撇清。咱則是打便了。（净）打的渾身鮮血糊塗，盡傷了容貌，損了精神。恃著這泥醉的眼腦沙村，不念我白玉般撲將來脚亂蹬，臭糟釀哼哼噀。

奴家決意吊死，斷不做這没結果的勾當。你也住手便了，明日不是你的老婆也。（丑）罷休罷休！打死不如放生！你也不肯替我掙錢，我也不能養你，賣他娘走路罷休。（净）要賣就賣，吊死了，你又走了財氣也。（下）（小生上）已共身心要約定，窮通生死不驚忙。譬如身後有何事，應向人間無所商。俺李常在別了師尊雲遊南北，恰纔到這幽州，下了坊子。只聽見隔壁人家終宵炒鬧，問其所以，丈夫苦逼妻子，妻子決意懸樑。如今夫要賣妻，妻倒也肯，只是地方上人怕他無賴，不敢聘娶。又嫌這位堂客肉重千斤，欠些波俏。既係賭精，自然勸他不轉。三日没人交易，必然逼出人命。俺却曉得婦人前生即其匏母，將家貲三佰兩貼與私交，以致僅存皮骨，還要日日打罵，所以受報如此。用禮娶去，倒是一樁大大陰隲，拘不得生人妻小的板話。况且俺師所傳柔入剛出、弱入强出、戰不厭緩、採不厭頻、就爐鑄劍、從心求味的方法，須先擇一寬醜之爐，日演二次，夜演三次，則這一位倒是咱一家的寶貨。必要賣時，竟就與他成其交易便了。（净、丑作打出街介）賣不去的臭花娘，去叫媒婆也不肯來，貼了招子也無人問。（小生）聞得街鄰傳說，正要再三奉勸。若是決意如此，人命關天。小生各處貿易，倒少一位看店孃子，不如竟把小生聘去罷了。（丑）交銀百兩，即刻就行。（小生）什麼説話？宅上不爲錢不彀使，怎肯説到這樣傷心的話。盡俺行囊可三百兩，作爲聘禮。另有衣飾等物，辦與大娘理粧。

（净上下細覷介）

【感皇恩】你怎麽又早著昏，諕的我不敢挪身。誰著你愛鶯花輕性命，走開波，你更待戀風塵。

（小生）大娘若不情愿，小生也不免强。實因救命，非爲貪花。（净）饒待到呀然醒也，那便是子弟還魂。（丑）小子，夫作了主，管他願不願做什麽？（净）那裏怕旁人笑，隔壁驚，你娘恨。

【採茶歌】我則怕你死在逡巡，我豈怕他這樣一個俊郎君？（小生）大娘既無不願，就非小生作業了。（净）我也則是一度愁來一度忍。既是你們兩相授受時，再休著我和從前一樣了。唱一年春盡一年春。

（小生）有幾段舊曲兒做的甚好，我試唱與大娘解解悶兒。（唱介）你便有王侯將相孫，穿著虛囂謊詐衣。這厮每黄昏鸞鳳團欒寢，清曉鴛鴦各自飛。覷的你如兒戲，把你千金體，似糞堆般看待，泥土般拋擲。歡得你一年半載，他又早兩婦三妻。今日咱守定伊，休道近前使唤鴉鬟輩，便有瑶池王母無心覷，月殿常娥不欲窺。爲甚千般懼怕，道是鄉裏夫妻。（丑）則咱賣了把你，比你去嫖院好多哩！咱也有段舊曲兒，唱與老客聽者。（唱介）俺這煖烘烘錦被窩，是翻滾滾油鼎鑊。俺這粉面油頭，便是非灾横禍。没見識的頹人知甚死活，風癡著的皮臉惹場折挫。没來由受惱耽煩取快活。若守著遠害全身安樂窩，除賣與你，做個長女生男親令閣。（小生）小生薄有技藝，足可成家。從不負心，並非饞眼。王兄逐去舊偶，日久回思，另覓新人安分過日却好。自大娘今日拚一性命，結累世冤。便知衆人吃是殺生，老僧吃是放生。贊嘆小生此舉，可以解仇釋結。（净）便倩檀郎語端的，可君心處爲何來？則俺也不是那潑賤娼根，隨你去時，你自知道。豈比那門頭人呵，一對金蓮，不是金蓮則是對。

【黄鐘煞】悶翻子弟粗桑棍，繫著條舞旋旋的裙兒不是裙兒，則是條纏殺郎君濕布裩。無郎君又是恨，有郎君分外村。若不看這受主志誠，我怕不把苦性命拚了你這狗忘八哩！爺慈悲，子孝順，你不仁我生忿，在家裏決撒噴。你看我尋個自盡，覓個自刎，官司知，決然問。問一番，拷一頓，官人行怎親近，令史每無投進。我著你哭啼啼帶著鎖披著枷，恁時分，走到牙門前，古堆邦坐的有人問你做什麽，來送了這孤寒潑濺身。這都爲俺那生忿的賤人，我著你孟撒撩丁到折了本。

下場詩　茜裙紅入那人家，一鎰黄金一朵花。
　　　　春思不禁花聳湧，誰人睡殺酒家嫣。

第四齣　賀張

【搗練子】（老生上）秋氣肅，物凋傷，殺盡芙蕖一夜霜。我道攙禪偏有色，如花紅葉戀張郎。

樹有百度花，人無一定顔。花送人老盡，人悲花自閒。俺孔豈然，與師父、師弟分别以來，走過多少軍州，變換子許多寒暑。自從去歲來到蔡州，遇著這張合員外，再三邀請家去。原來所生三子，都先父母而死。空有數萬家私，待學那開元寺散家財的劉員外哩！媳婦們早啼晚哭，老兩口無限傷心。蒙他老夫老妻留在一炕住宿，小生感他相待之意，則把法門道理從容引逗。院君李氏聽見不須納婢還可生兒，忙叫員外習學。只得用那承笋陷牡兩大法，使我元氣充滿其身。叫他兩位老者袒裼裸裎，聽俺現身説法，耳提面命起來。弄得他兩個齊齊雙頰如花，處處復生新肉。老太婆八十四歲了，老太公也七十九，復生一子。今朝滿月，兩位老人十分高興，遍接四親六眷，把女兒、媳婦、侄孫、外孫一概叫來，要做個湯餅會請我。這也是俺每雲遊四海，積德累仁的去處哩！

【沈醉東風】（外扮員外、老旦扮院君抱兒上）（外）老房中唏嘘黯傷。（老旦）諸兒婦涕洟鰥曠。（外）暗庫陳倉，則好把别人争搶。（老旦）脚伸時枉持這杖。（合）今日裏變將盛昌，復生個叫爺倚娘。則虧這按法行房的小國郎。

（外）孔先生拜揖。（老旦）孔先生萬福。俺這孩兒雖是親生，全杖先生教導之功。如今就把他寄在你孔家名下，取名孔賜，不卜先生允否？（老生喏介）朱顏皓髮擁羅敷，九十猶能育鳳雛。恭喜恭喜！員外、安人從今以後，没有愁煩，不須啼哭了也。小生這個法兒，老年生子，不足爲奇妙。在直長直大，再不怕麻痘驚風、七殤八殀。（外）粧殘後不道更驚郎目，則老夫近日看見山妻，倒變得比做新娘子的時候還加光彩。自己照照鏡子，宛然一位少年。纔曉得世間確有此道，愚夫白不肯信。（老生）我教的人個個萬年不死，就是至少的也有幾百歲活。員外、院君將來還要眼見許多朝代哩！轉傳令媳、令愛，那怕他滄海桑田，你們還是一窩一塊呢！

【園林好】士居仙天年未央，飛行不争通上蒼，堪羨殺褊褼模様。（合）須會採妙花香，須會採妙花香。

（老旦）看遊女金摇玉照，只消受落花無數。仙師惠然降凡，真乃寒門之福。亦是多生以來，有些緣分纔能彀瞻仰尊顔。何不多住幾年？等俺全家供養禮拜，少表孝順之心。却説出個吃過喜酒就要起程，叫俺全家如何捨得。（老生）諸佛善權方便，受戒不禁自妻。名爲純一圓滿，清浄梵行。況於我這法門無世間心，照世行事，於行事交，了然超越。雖則一時不能成佛，其實已與佛理相近。比那天中大繫縛，無過於女色，女人惑諸天，將入諸惡道，倒還要勝他幾分兒哩！所以但遇有緣，必使安妥。既然安頓妥貼，從無繫戀之心。若在一處久居，却與愚人法何異？

【江兒水】（外、老旦）出語超塵境，聞聲醒夢鄉。把人心待指出真如相。（老生）不羨那廣樂琳瑯瑶天響，祥雲靉靆仙娥降。（合）驀忽的緑髮朱顔添上，論千歲寶色生光。則這老夫妻呵，便是第二起通天花樣。

（外）老拙幼讀尊府之書，只聽的説天者理而已矣。如何又有天仙、地仙的話？（老生）儒門所説之天，乃無形無識之天；仙佛所説之天，乃有氣有象之天。既有易得死的，就有難得死的；既有地就有天。即有形亦有象，但有氣必有識。天身天自見之，人不得見；天聲天自聞之，人不得聞。譬如耳朵不能知味。俗做注疏付司馬遷時候，不曾遇仙，只好恁般説。你們如今既得吾道之力，也就不必固執先入之言了。

【五供養】成雙細賞，眩目嬌奇，觸鼻芬芳。空想那穠華天上影，争如移種到吾邦。（外）俺從前看那藏經呵，只猜是妖僧幻想，有和無將人欺誑。（老旦）似先生這妙法，又是佛也不曾明説的。若信枯葩内産兒郎，幾時拉若宿花房。

（丑扮婢上）大老娘、二老娘、三老娘、大親娘、二親娘、三親娘端正了酒筵在花廳上，就請阿爹阿奶同神仙去坐席哩！（老生）那行事超越，與佛相近的道理，連他們聽著也好。既然不癡貪嗔，自然漸息了。

【玉交枝】（老旦）維摩方丈坐蒲團，鑪焚妙香。（外）你明刑戒勅憑禪杖，遣慈雲覆却家堂。（老生）瞿曇大乘作諫章。（合）待使臣民萬姓皆同向，笑人家言輕語狂，願吾家貪嗔頓忘。

（老生）宅中既原是善門，以後但把『人己』二字索性看徹了他，自然不但增壽還要增福。

【玉抱肚】全無人相，管君家凝禧萃祥。（外）没來由妒人私己。（老旦）忒便宜串入愁腸。（合）莫笑這三冬巖下倚枯椿，也支個茅庵嬲外方。

（外）聽仙師這些説話，就是先師文宣王來説，也不過是如此。足見地仙異於邪教，真使俺不得不拜服也。媳婦女兒都聽見了麽？（内）都聽見了。

【川撥棹】（合）徐誇獎，女娘家没主張。倘臨期雙陸無梁，倘臨期雙陸無梁，怎圓成風流道場？（老生）待分携，囑莫忘。（外、老旦）感仙師授藥方。

（老旦）則先生所説，飛身隱形，移神别殼之道，何時方得請教？（老生）自有時節因緣，此刻無庸擬議。（外）如此便請到席者。

【尾聲】（合）時來不必先籌量。（老生）不是我線結著猴猻收放。（外、老旦）且把悶殺葫蘆這著將。

下場詩　青銅不自照，只擬老他娘。
無窮此心興，乞夢願更長。

第五齣　婚介

〔黃鐘引子〕【傳言玉女】（丑上）燭影微紅，花燦緑烟浮動。別人家珠圍翠擁。區區伎倆，要翔鶴、神仙儀從。介家莊裏，觸新鸞鳳。

小子介象，本姓李氏，世居洞庭山中。出繼於姑，爲大吴孫氏之民，居似鏡大湖之外。外祖盧江左慈，傳授一家道術。叵耐奸臣孫峻，因家姊能履水行，逼取爲妾。被我把他生魂攝來，責其私通魯班之罪，此後不敢來纏擾哩！恰有道友李常在來拜，其術比我更高。既不離真，亦不捨妄，縱横游戲，具大神通。家姊素志又以窈窕之英，託婉妗之想。就把來許配了他，聽他隨著丈夫遊行自在。小子也就放心出門，做個亂邦不居了。叫管家婆，那慶喜的小酌，可曾端正了麽？（净）告官人，都備下了。（丑）李爺來未？（净）此時想就到也。

【女冠子】（小生上）馬蹄篤速，何須人擁雕轂。（丑）梅花帽簇，天香裙展，妙人得配佳婿坦腹。管家婆，快進後院説，道李爺到了，請大姑娘出來行禮。（净）曉得。（下，扶貼上）粧成人聽促，待將嬌面重遮，羞蛾輕蹙。（丑）這因緣不俗，天上標名，洞房花燭。（小生、小旦交拜介）（净）交拜已畢，請爺與姑娘飲合巹杯。（小生、小旦把酒介）

【黄鐘過曲】【畫眉序】（小生）輕易造華堂，豈料絲蘿念喬木。羡湖波行踏，有女如玉。他人道綉幕牽紅，俺自幼荷衣穿緑。（合）這般別致風流配，偏稱洞房花燭。

【前腔】（丑）君才冠仙籙，處姊高情亦賢淑。（小生）看相輝相映，明珠清玉。（丑）王家婦秀掩閨房，顧氏婦蕭然林麓。（合）這般別致風流配，偏稱洞房花燭。

【前腔】（小旦）頻催少膏沐，金鳳斜飛鬢雲矗。喜逢他蕭史，愧非弄玉。清風引境似瑶臺，明月照粧非金屋。（合）這般別致風流配，偏稱洞房花燭。

【前腔】（净）湘裙展六幅，似天上嫦娥降塵俗。風月賽閬苑，三千雲雨，笑巫山一二六。（合）這般別致風流配，偏稱洞房花燭。

【滴溜子】（小生）但説道姻緣事世間味促，細思之，此事豈徒恣欲。笑多夥塵凡孤獨，儘著新人笑語諠，不教你後來哭。兀的東床須教我坦腹。

【鮑老催】（丑、净）旁人莫誚，各宗一姓媾鴝鵒，何妨顯注婚姻牘。不似那難到頭愁結果的夫妻呵，多嗟嘆，枉太息，逢摧挫，畫堂富貴如金谷。難遇白頭相聚老，幾人老伴親骨肉。

【滴滴金】（丑、净）《關雎》以禮堪濟，欲安樂閒窩，仙洞福團欒。土炕寬，心散走，山林尋眷屬，仝衾褥。王宮相府須易覆，盡形供養豈慚恧。

【鮑老催】（小生、小旦）意深愛篤，梅花爲甚魁衆馥。千年瘦骨春倒足，看蝶戀花鳳栖梧。鸞倚竹庭前，有花都結粟。相看厮守頻頻觸，打這鼓，休嫌數。

【雙聲子】（合）誰親屬，誰親屬，花下月，衾中玉。寒變燠，寒變燠，交歡體，咖聲慉。你勿速，你勿速，我緩督，我緩督。願郎君萬歲，妾體長穀。

【餘文】（丑、浄）郎才女貌真不俗。（小旦）占盡人間天上福。（小生）百歲休誇萬歲足。

（丑）小子有心避世。姐夫燕婉月餘，便可帶同家姊渡江去也。（小生）姑娘與俺遍遊五嶽，九轉還丹，却比翰林學士清高萬倍。勝似趙五娘、牛氏女書館相逢也。

下場詩

碧紗籠底墨纔乾，白玉樓中骨已寒。

若教早貴兼才子，不得多時在世間。

倒生逆補，反跌隨抹，皆文章一定之法。而神於文、鬼於文者，讀其前，更不料有其後；讀其後，更不忍捨其前。欲寫其深而深者，先寫其淺而淺者。必有著落而後寫之，則文無虚致矣。以無著落而遂不寫之，則事有漏義矣！若筆尖在此，而目光在彼，則落空處正是不落空處。脱處、閒處，正是到處、密處。第如微雲過岫，細雨點窗可也。然可與語此者，尤其鮮矣。即如《琵琶古記》，蔡母蔡公姓名，且不必於首篇敘出。張太公何妨突如其來。途逢陪試，與寺中聽琵琶之人，何妨一見不復再見。與黄門里正輩等，皆非所著意之人，則略之之法。

第六齣　慶弦

【繞池遊】（生上）語甘聲艷，體澤人思嗾。銷去舊歡新怨。老物偏妍，仙娥極艷，更何須雲車拜洞天。

〔烏夜啼〕隔墻人笑横鑽耳，中間則道是雲中笑語不容觀。誰計算瑶天半有冰顔。甫窺見芳脂艷粉，映金鈿。小生弦超，表字清異。幼無怙恃，空懷九我之悲；長且飢寒，未蒙三黨之助。曾向人家借貸些微，也有説我債負必多，後日不能如約的。也有説他就不肯失信，我却圖他什麽，去多一番事的。也有等不到期約之時，心心掛念，忙忙取討的。那買賣裹發財的夥計，都還有一般人去親熱，我弦超便少相知。那朝廷上黜退的官員，也還有一等人去趨蹌，我弦超只憑獨自。每到逢時遇節，抑鬱無聊之際，只把先尊先堂畫像掛起來痛哭一場。却不敢像别的秀才日思榮顯之後，何以博名規利？何以報怨行勢？只想個修爲到處，天心自轉。家無官事，床無病人，便屬清福。近來感蒙繁欽大人保薦，授爲從事文學掾。例支飯米錢每年三十擔，纔能把渾家韋氏聘定爲妻。無奈小生本是文人，不安吏習。來尋我的倒多，得人力處甚少。正是人求我，他苦即我苦；我求人，我親他不親。人求我，勢急如星火；我求人，熱面冷如冰。人求我，大事當小做；我求人，小事大人情。古語説得一絲不錯也，只付之一笑罷了。則想生民志趣，真乃别而又别也。有千奸百狡，不過多騙兩個錢。或都將去養家，或反將來作樂的。若説到蠅頭之物，不甚貪圖。便有豪民富户，也不放在眼裏。專心舉業，必竟致身科甲方滿其願。這是最高的了。更有發達之後，非但居官襲職，還要做些形似的詩文、半通的古作，便算做高而又高，直當俯視一切者也。甚至錢多錢少不論，非科非甲齊觀。矢志名山，力圖傳世。務求字字典雅，果然個個稱揚，這就高到不可解矣田地。真乃蔑以加矣。之人誰知？小生總都不爾，無師無友，不文不句，非阡非陌，變而愈奇。獅子獨行，不求伴侣。不管他雅與不雅，傳與不傳，必用古人從未到之意，纔同染翰濡毫。休説到科與不科，富與不富，思得世人所未遇之人，方與要盟結義。可怪天從人願，原來志不虚鳴。懸想之餘，竟有一位女仙入夢，名曰智瓊。過了些時，却就從空降下，聲音骨肉竟是生人。贈小生一首詩道：納我榮五族，逆我致三灾。自云七十過頭，細看猶如二八。小生素知封陟故事，當日上元夫人苦嬲於陟，説道苟可依托，壽比青松。陟固不從，致後病死。幸遇夫人遊至泰山，忙勅追者速解其縛。説道陟雖迷執，實由朴顓，難責風情，竟就惟命是聽了。到那極肉麻的時候，却説，小生已定有親，不知娘娘肯與凡人共宿否？他便呵呵一笑道，上元夫人統領十萬玉女，皆長一丈，我乃其一。因君修偉殊常，故爾相投燕婉。雖不生育，亦無妒忌，决不礙你婚姻之事。你有了我，任取三妻四妾，都不消等俸禄養膳了。果然娶了韋氏過門，又覓了幾個横床貼身的侍姆嫗監。他與同床共宿，從無小妒微嗔。小生的浩然之氣，纔能至大至剛，可以不厭不倦。且待他出房來，把那爲何不交同類，反要凡人的道理，請教一個明白，也解了千古疑團，開開我一生茅塞。這纔是眼濁心昏信生死，藺軒竹户讓儂跧。莫愁紅艷風前散，自有青娥鏡裏人。

【步步嬌】（旦上）老天仙飛來閒庭院，長現春風面。偕俗嫗，闊床眠，淡月濃香，多嬌逞艷。憑合蛤氣衝填，要他們，悉願把全身現。

被老相催雖白首，與君無分未甘心。取笑資歡無所愧，與爾猶勝與別人。俺的兒郎任我使喚便了。婦人家自己恨不得丈夫怎麽樣重別人，恨不得眼睛前半塊也無連。你家這些婦女，一刻不看見我，猶如鼻子上糖，豈不是趣事麽？（生）俺親老娘，日月既同一光，男女自同一性。只你那同類之中，難道没有可人？爲何却與我等恁地綢繆繾綣？（旦）只因天身純陽，有膚無膜，有梗無筋，有液無渣，有營無髒。變化所至，似成體質。發火自焚，頃刻空無。若不稍邇陰濁，漸漸有像無形。又如久處宮殿，忽憶牛房馬圈土氣可親，故不嫌世中之弊穢淫欲之下迹耳。

【醉扶歸】你道肉團團一樣的肌膚兒艷，那曉得焰烘烘俄成一股烟。肚腸骨頭兒没點在中邊，則須伊濁氣將清串。（生）俺纔知因形見味氣爲仙，莫認做憑空現象虚誇眩。

既是因身發智，必須以氣成身。比那『離相無實性，離身無法身』的尸骸之論，自不可同年而語。但不知大娘天人，何故也學人間弓鞋綉襪？（旦）這不過是隨順衆生，滿足其心的意思。難得天人無骨，所以形好轉勝。至於衣服等事，譬如諸天宫殿都是氣隨想結。我等吹氣成物，如蜃吐樓。凡人撼之，却不能動。所以凡間石壁，仙人一吹即成雲霧，使手扇風便徙他處。今日好叫兒夫知道世出世間，實非老生常談所能一了百了也。

【皂羅袍】成身是氣，無須胎變。似這般吹綫子玉殿巍然。吹開石臉塊如烟，徙宮但用拳輕搧。（生）人摇不損，紅欄翠軒，你吹旋現，弓刀管弦。（合）兩金蓮怎不照凡人纏？

（生）則老娘前日向空接下的珠玉錦綉、海錯山珍，難道也是吹氣所幻？却没見你張開那嘴哩！（旦）這却是你凡間俗子執爲實有之物，被俺縮地取來。（生）如何得他地縮呢？（旦）則俺自將脚底下氣往上一提，不怕那地不縮。許過你常得充用不乏及諸遠物異膳，怎麼好失信呀？

【好姐姐】遍天涯飛來食和錢，從蓮冋提將地卷。（生）人間華美，他天宫怎占的先。（合）堪流盼，珍餚麗綺紛投眼，艷玉明珠盡在前。

（旦）則那孔豈然、李常在二位方士，聞得你與神人縱情兼欲，而身甚强，妻妾連生男女。特特訪來賀你，雖然留在書館，還該請到住房，各傾底藴纔是。（生）昨日他已訂過粥後過來深叙，想必就到了也。

【隔尾】（生）兼情縱欲神人纔。（旦）便賞遍了十六宫春不萎然。（合）尚待他戰勝人來談燕婉。

（老生、小生坡巾、麈尾同上）元君納福，弦郎安否？（生）衰門不祐，淺福難存。（老生）昨夜館中無事，翻著足下幾種著作。意古詞新，聲到界破，飛文如灑，落筆九霄。横口横筆，輒解人頤。興會屬辭，氣調俊偉。乃知文章種性，實難致詰。學之染人，甚於丹青。自非天才，勿强握管。（小生）怪不得上界仙真情鍾足下。（生）心閒手自適，寄此無窮音。不意仙長知音，惶恐惶恐！（旦）麟膠妾猶有，請爲急弦彈。俺每天仙，你們法派，都只是這點不同，勝於凡俗哩！

【山坡羊】（老生）您硬也春情難遣，您夾子懷人幽怨。（小生）論什麼天上人間，但開看，一例裏難撓勸。介良緣，使賢荆羞又變。（小生）羡的睡情同見，那復嬌羞靦腆。（老生）想人欲無厭，要麟膠莫教慳。（合）煩冤，這私衷那處言。仙緣，這方兒除問天。

（生）則兩位兄長如此道高望重，爲何大羅天女竟不知音？（小生）只爲神道屬陽，仙道最清。小弟等輩積玉成圃，已近清陽，與彼同途，非復所取。（旦）况且神女所降，要人發希有心，生難遭想。如先生等參悟已透，造詣已深。人天等視，空色齊觀。常笑諸天執迷，即復墮入地獄。所以敝相知輩，不敢過來取厭。在天上時，就聞得李先生有一位千斤老娘，可是賽得過一丈玉女哩！（小生）因有個八百斤的在家，輕薄小兒就替貧道起個綽號叫做李八百。連神人也照見了，笑話笑話！

【山桃紅】（生）怎没那神仙美眷，玉體高年，是咎兒閒尋遍，向先生恣憐。（旦）可見郎君遇合，非同小可。只因俺偶然心纔，便結奇緣連。兩先生修行已久，還不及你哩！只抱著市俊村妍，怎及得瑶池侍娟？（合）和你把小婦呼、中婦拉，大婆兒擁著横床牽也，則和你抱子摟孫一炕眠。

（生）被兩位先生見。（旦）須知彼天有情，不碍溺惑，纔教重入淵。

（小生）貧道輩緣分雖薄，説將來却甚是可羡也。（生）神女不來奉訪，或者就爲這些。兩君上天去尋，想也未必相拒。採他些太乙之精，豈不勝凡間鉛汞麽？（老生）弟輩雖已能飛身隱形，還未有劉政、孫博兩先輩的伎倆，所以只好魂遊，不能身接。

【鮑老催】（小生）單則向凡間胡纏，跣他那金蓮兒遠。鴆把嬌豚搧，幾曾思神仙嫪變纔如願。（老生）這是理外緣、意外形，希逢見。論那嫚姑之處，究竟形模仿佛呀！相同怎輕了人家院？

（合）他被仙消受了也徒然，無非觀看那紅如片。

（旦）兩位先生雖然足下生雲，俺與弦郎出遊可也半日千里。況且連他令閣都可以帶著同行，與二公結爲道友，也不差什麽哩。

【山桃紅】則一霎飛行多路，帶伴同眠。喋得裙釵裹，紅鬆翠偏。（生）論幾世手相拉，膀厮連。酷熱夕，肉如山烊成塊，也傲的個世上凡人那及仙。

（老生）只是到那太康之時，元君居士就要把俗家事務交與兒孫。雲水他方，勿復相見，纔使心無掛碍，得以藏識持身。貧道二人和兩位相逢的所在，還不止一處呢！

【綿搭絮】（四人合）雨香雲艷，休論地和天。都勝高唐，喚醒襄王憶不諼。撮新鮮，彼固堪憐。且莫説添精助氣，變死成仙。只徐娘嬌語，娛腸道傖。雛年説甚管弦。

（旦）若使五濁世間盡如我輩，便没有往不及見、來不及聞之嘆了。

【尾聲】（生）願蒼蒼知此怨。（旦）悉著俺房櫳舊處眠。（老生、小生）遺芳春，著昔人相去不遠。

詩

九天王母掃蛾眉，惆悵無言倚桂枝。

悔不長留穆天子，任將妻妾住瑶池。

《玉勾十三種》中多見『金蓮』等句，非粗俚也。本關漢卿《玉鏡臺》『見表妹下階基，不曾見脚兒大小。婦人家鞋襪裏多藏著病，似這般一對不歪拉的金蓮，引逗的人憎。他便是獨强性，我只是陪笑臉，幾時得使性。氣由他跐，惡心煩一任蹬。意若萬年希。』第七齣所云『都寄在孤家名下，這戲本是個甚心腸』等句，亦本《琵琶記》。土地令猿虎助墳，丑上却云：『你每真個見鬼，這松柏孤墳在何處。恰纔猿虎是我粧扮的。』古法總見，無非戲筆之意。

第七齣　讞家

【醉扶歸】（末上）死佳人更欠孤辰債，老婆禪須著佛爺猜。他道是按院青天告將來，說是紙鳶脱去絲還在。豈知他粉花體緊，封不動土中埋，有個灣兒碍。

〔詞云〕世事一番蕉鹿，人情半枕黄粱。温柔被底口脂香，現出骷髏本相。休怪長眠思起，畫眉重倩他郎。屍能重活勝人亡，合任子規悽愴。小人姓居，名河間。向與鄰村人晋武民相識，見他老娘陰氏姿容殊偉，長大且白，不勝羨慕之情。却是我看上他，他並不曾看上我，做了個單思。誰想他五十一歲上，傷寒暴病，一命歸陰。俺婆子與我同庚三十二歲，難道不比他年紀小些？無奈我這欲魔，註定在他身上。覺道天下的人像他個樣的少，越發哭成了病。真乃混沌重來，情根不死；虛空粉碎，恨劫難消。難得一個游方道者姓孔名安，偶然來這北地，借我莊上暫宿，教我些養氣之法。說是這個法兒，饒你八九十歲婦人，一交包他有孕。但是不曾爛的死屍，一弄包你重生。竟就悄悄地掘開他的墳來，也是該有這生死姻緣，果然骨肉未朽。一口氣交接了三日三夜，竟就活將起來。他感我再生之德，情願跟來家裏做了小婆，仍舊將墳替他築好。不意一人傳十，被武民知道了。發墓失屍，驀來遇見，要牽了婆子回去。俺小老娘道，這一件事是盤古至今少有之事，叫我也難自主，須是官斷纔得分明。武民就在時廷尉處告下一狀，今日奉牌掛審，須索與他同去。

【皂羅袍】（淨扮陰氏上）爛屍靈無聊賴，顫幽魂不覺墮響金釵。巫女空尋夢中臺，襄王自隔高唐外。我想，既做了棺材餡呵，便有那掘墳人至，爭得見嬌來媚來。你就是成年春碓，有甚的雲來雨來。誰知我翩翩蝴蝶醒來快。

春風自共何人笑，天日自長人自短。無情紅艷年年盛，不恨凋零却恨開。小官人，小官人，我雖受你再生之恩，只好就是這們報你。今日官斷之後，就不能再見了也。

（末）我們須把那道人教導的話藏起來也。

【綉太平】〖綉帶兒〗（外扮廷尉，衆隨上）衙門緊，人聲靜悄。響肥豚，鼓吹頻敲。眼迷離，卷案文書徑交，叉活死分鑣。〖醉太平〗（衆合）蹊蹺。幾曾見棺材槨墓鬧春宵，恁喧嚷告呼驚擾。（外）這樣怪事，叫下官好難下斷也。（外、衆合）素誇神料，這色空空色，有誰能料？（衆排衙介）（外）先叫原告。（丑扮武民，雜報門介）原告犯人一名晋武民進。（外）據你所告，老婆已死，今被人掘冢，反得回生。想係妖魅之類，借你妻子屍身。况且已被别人沾手，你也不必再要他了。（丑）爺爺聽禀，若是復活起來，送了别人，小的又不如聽他死在墳内。就是邪魅附托，那骨肉形模，原是小的舊物。如何肯得放他？（跪唱）活轉看花應更好，依然抱緊多嬌。左拉玉臂勾鴛頸，右接猩唇作鳳交。若是小人妻子，生得本來粗惡，也就裝獃罷手。這們樣的一個，就是老爺，細想也不肯叫小的讓他。（外拍案介）（雜喝）休得胡説。（丑）現有多少不肯死的活人呵，一段纖腰枯樹裊，兩道春山糞帚描。小的這個復活的死人呵，顰難效。（雜合）真個是瓊枝玉蕊，粉沃酥澆。

（外）跪過一邊，且叫被告。（雜報門介）被告犯人一名居河間進。（外）律例載明：開棺見屍者斬，强奸者亦斬。并無復活免罪字樣。你何由知他要活，冒犯斬罪去掘人墳？（拍案介）吼！（末）爺爺聽稟，小的只因觀音托夢，説這婦人因與小的因緣未了，陰府特放回生。佛爺叫我去掘，定是慈悲救苦。小的最信因果，所以不敢不依。（外）這些話也作不得準。只是人既回生，仍舊問你重罪，覺得國家太酷，不合上天好生之意。本都院如今免了你兩斬，只追你這贓物還主，難道你還不感激？（末）他那丈夫已是棄如敝屣了。這是小的爲人至誠，信佛又篤，纔敢於冒不韙得此僥倖之事。他的死老娘還要争去，小的活小婆如何肯讓與人？寧可殺了小的頭，做一個死纔無怨哩！（跪唱介）

【大勝樂】他恩和義一筆勾消，還有什麼綰同心叶鳳簫。鼓盆歌寫不盡無情調。

（外大笑介）生相憐，死相捐，這也是薄惡世間常情故態。似你這替死人出死力的，却也果然難得呢！

【節節高】癡心繞，妄火燒，魂顛倒。只恐你華胥轉眼成虚耗，和他一樣麽，隍中失鹿空尋鬧。

（雜合）這兩個漢子呵，只覺婆娘治容憨，那死鬼呵，魂癡復賣村中俏。

（外）跪過一邊，再著婦人到案者。（雜報門介）重生鬼婦一名陰氏進。（外）據你心中酌量，還該斷與誰人？（浄）爺爺聽稟：他兩邊都已有妻。鬼婦就是活著，已是半百的人。死日已近，生日已遠。極宜静室焚修，不該復近丈夫的了。何况死而復生，誠恐朝生夕死，過三五日仍舊死了也算不定，何暇强著主意。只求爺爺斷我出家便了。（外）地府因有夙緣，斷你回陽，真有的麽？（净）便道有時，則似説謊。菩薩既然托夢，或者做鬼時節了了能知。一開眼睛，却就像孩子出了産門一樣，怎麽樣來投胎，自己都不記得了。（外）倒也老實，不像狐魅借屍。那居河間奸你之時，你却如何便肯？（净）鬼婦已不記得生前夫是何人了，不得不從。過了數日，居河間説明，纔方知道就裏，晋武民撞來，這纔依稀記得。（跪唱介）

【東甌蓮】〖東甌令〗何爲夕，若爲朝，四野荒雲一片郊。斷碑廢冢埋秋草，更休道聞歌笑。并不曾記得悲風嘹嚦雁聲遥。〖金蓮子〗驀撞見舊冤牽，似相逢狹路洵難逃。

（外）前夫見面，依稀記得。非但不是狐狸假托，亦不是别一魂靈。足見前婚後配，都是人世最劇之緣。不比閒人小事，死便全不記憶。曉得前由天配，就曉得後亦天婚。若把那迂板官審問，就要問你個背夫和奸，斷離宫賣。斷居河間一個掘墳强奸，依律處決。如今本都部院，只以娶須麗華，凡情所有，精誠感天，在常理外。應斷與開冢者，繕表奏聞。亡妻已有别染，晋家不必争執，先出去。左右打鼓退堂者。（下）（末向空揖介）天曉得晋以衆人視汝，居以國士待君，我與你該先謝了天也。（净向内福介）腐儒從無好事，破格必須明人。這官兒也該謝也。（末）我與武民迴别，只是伎倆不同。還該立一孔道人長生禄位，日日焚香禮拜也。

【尾聲】（净）開棺只爲介如花貌。（末）郎歸陌路便同蕭。（净）誰假誰真莫辨了。

下場詩　水性生波業海深，方知人死不知心。
一榻已無開眼處，九泉應有愛才人。

文之妙者，不肯説鬼説夢，又偏會説鬼説夢。《左傳》是已。觀《太平樂府》前十二種與後一種，益信曲難更端，每以一調爲終始。而《琵琶》間有出調，其韵脚及間句煞字亦多不拘平仄。且中多借韵，如真文借用庚青，先天借用寒刪。此在善歌者審其以何爲主，收入本韵中唱之耳。於玉勾詞客，又何苛焉。

第八齣　諧王

〔正宫引子〕【喜遷鶯】（净傅粉、長裙短甲，雜旗幟槍刀上）終朝思想，正樂在眉頭，人在心上。鳳侶添歡，鸞交互跨，雙身兩下齊忙。（雜合）青鏡婦容羞照，寶瑟雄音競響。休悵遠，只風流奇異，焉用憶家鄉。

〔踏莎行〕（净）雄莫予加，雌連我算。（雜）兩般都要鴛鴦伴。（净）他鄉遊子不須歸。（雜）千般舞弄誰羞赧。（净）我稟天才，伊將法换。（雜）前前後後都方便。（净）他還輸咱一椿兒。（雜）朱門笑納金蓮鑽。（净）孤家扶南國王是也。去歲是中國王帝太康十年。孤家因這大世界主雅尚風流，不但聽那婦女爽操虧閑，而且縱那男兒交歡宛頸。特差人去進貢。使臣回國，取道粤西，遇著個玀住元謀，誇他善能變幻，上半月爲男，入贅妻家； 下半月爲女，招夫祖宅。 又薦了一位賈人，跟隨使者到俺國來，稱與元謀相與已久，能助官人氣血，又替堂客延年。 咱這通國的人却是兼男女體，兩用人道。 非但没有腎囊，其處長開虛牝，而且後庭受孕，竟能縮起肛腸。 俗尚褻露，載於中國成書。 子姓從娘，略似九真舊俗。 長短、大小、姸醜一一相同者，稱爲配偶。 骨肉親賓伎婢，微微有色者，概得旁通。 夫亦婦，婦亦夫，互爲牝牡。 孱研尻合者蛤，分外歡娛。 纏倒邊沿，四指做雙軟大金蓮。 只因垂乳無鬚，也就喬粧女扮。 曾有數人商於真臘，至今彼國多二形人。 據這賈人説來，他將陽事裝入女人前陰後竅度氣也得，他將後竅對著女人前陰後户度氣也得，他將陽事裝入男人後竅度氣也得。 若要採人補己，亦須四法兼施，這都是我國的人做不來的。 所以贅彼爲夫，他把道法傳授已畢，便要告辭回去。 孤家却是捨不得他，須是百年相守，庶幾暢所欲言也呵。 （小生賈服上）飄飄羅襪光天步，縷金衣透雪肌香。 大王待去臨朝也。 （净）請問國賓，還是咱們這裏受用，還是你們身體合法。

【正宫過曲】【雁魚錦】思量較你多一樁，調情處處能舒暢。 纏著的那人不斷放，人間的風流儘身當。 （小生）人之與人，總不過一身受用，二他受用。 貴國心房分野，比別國的人獨多一件。 所以做男子的又可以戲人，又可受人戲也。 還趕你不上。 休説做婦女的只好和女人擦鈸，全靠入髀的凾丫，如何及得你來？ （袖搭净肩介）這纔叫做可受用身，無邊喜樂。 善業所生，不可喻説。 受大戲樂，恣情無厭哩！ 笑他每空自被人樁，男人前後香，又没渠那話快活無邊廣。 （净）俺得了你這氣術，越發要多受用幾年也。 你若不把我教乖，却少些倚仗。 （小生）有氣就有理，有形就有法。 若把精氣空洩，不教多子添年，便是辜負了那血氣。若空著一處不用，便是辜負了這形骸呢。思量用法行房，任顧前鑽後，都要騷模樣。（净）那蛤蚌摩肛之法，也和擦鈸兒一樣，氣能相射已算奇了，怎麽脚指拇兒都會度氣？奇文未講，怎知道一事翻千樣。使髀湫來擦外肛，使弰拇來穿衖堂。萬般强傚鸞凰，些些氣若此倡狂。（小生）古人項能吹曲，鼻可唱歌，噓虱成猪，貫髮如植。養氣者至足之餘，能以氣與人。足見這拇戰的道理極其平常，不爲詫異。剛大寧惟這兩椿，那一椿但比做曲鑽鼻項吹的簫和笛。那一椿但比做急貫上樹般的鬢竪槍。（净）俺這裏人奇怪罷了，俺這裏的猫兒也和别處不同哩！雌雄一處，刻刻交媾；兩雄一處，就弄矢孔；兩雌一處，互舐二陰。去其爪牙，會得狺人陰陽呢！陰陽鍾於人，餘氣便生此物。天公造物，尚且怕人笑他不巧。若是人無巧法，必反爲天公所笑。猫兒罷講，念念輕狂，怎麽著雌雄各各都淫蕩。若把牙敲須將爪去，夜伴夫妻，時戀裩襠。（小生）異氣既俺人交媾，那免得現形著相。（净）恁般説來，咱若留你不住，就不怕天公笑話了麽？（小生）非是我多一取樂之處，反不留戀。則無奈各處都有妻子，他們要盼老了也。天那，彼想俺，逢花遇釀多勞攘。落得淚雨如珠兩鬢霜。（净）咱肯放你去時，不消胡思亂想。如今時節未到，憶念也無益處。幾回夢裏忽聞雞唱，錯嘲舊婦教跨彼身上。待朦朧覺來，依然奇人鳳衾和象床。（小生）想是不想，去却要去。豈止怨香愁玉無心緒，枉教你大王攔當。（净）此一去後，可還有復來之時？也要先説一説。教我怎不悲傷，你那裏歡娱共宿芙蓉帳。人這裏寂寞應嫌更漏長。（小生）後會雖未可期，要知道生離終勝於死別。法也傳了，道也得了。你們要男就男，要女就女，陪伴的人也多得狠，又不靠我一個。越發不消得相思哩！漫悒怏，把歡娛翻成悶腸。大體既成雙，儘君家多喫美酒肥羊。纔殺男花燭洞房，驚殺女悟空的筋棒。（净）你雖司空見慣，咱却於你有情。就是謝師之禮，相處百年，也還謝你不了呢！魆地裏自籌量，正是瞞人不敢高聲哭，豈慮猿聞也斷腸。

俺這海中有如中極之淵，深三百仞，有一石，方圓四萬里。又有一石湖，方千里，名淫淵。其水甚甜，浴則肌理柔滑。人飲其水則淫，其魚陰陽類人，長一丈。小時還入母腹，暮從臍入，朝從口出。此魚夜化爲人，刺之不入，煮之不死。俺國船長十丈，闊三尺，旁架櫓四十。每舟撐駕三百人，雖無風可疾走。不要那紅毛船高三十丈。你既來洋一次，且再耽閣些時，也和你看看去。叫左右，如今且把酒饌擺在梅花嶼上，挑選出色子弟唱演新戲。等那海人裸身連臂出來，請師爺看他大笑。（雜）曉得。

下場詩

一似分明玩物華，到底如看夢裏花。
錦地綉天春不散，人在景中嗔日斜。

第九齣　看産

（老生上）犯戒平生惟綺語，蘭消玉隕可憐生。此家老實應多子，無難無灾到上卿。世有陰隲動天，氣血復生之理，却是從古無人道破。俺孔豈然雲遊無定，屢見滄桑。四五年前曾在這忻州地方賣藥，遇著一位秀才邀往家中，情誼款洽。這位秀才姓古名太原，大娘魏氏，小字秀容，做了二十年親，僅生一女。而止求神哩，拜佛哩，吃種子丹哩，哭哩，待討小哩，待過繼哩，不見動聳。在下感他情分，重他做人，教了他一個交接之法。看見朝報上邊，山西婦人秀容一産四子，四産十六子，端的是俺教導之功。要知道祖積善，遂有夙根深厚之人托生其家，以享現成之福；祖稔惡，遂有夙根淺薄之人托生其家，以受波累之苦。這十六子裏面，有一子前世名申積中，過繼於楊元素。登第後扶柩歸葬，哀戚盡禮。復爲弟妹選名族，嫁娶畢，盡以家財付元素親生了，徒手而出。作《歸宗議》一篇，言所生與所養，其恩則均。所養既粗報矣，所生豈忍忘乎。於是尋訪其生母杜氏，迎歸申門。復以家財盡歸諸兄，一毛不受。將來定蕃古氏，所以特來賀他。再教他些保赤之方，使他不殤不殀，豈不完全了我一場功德，了結了這一重公案。一路行來，不覺到他門口。竹籬茅舍，風景如前。蝴蝶門兒，依然兩合。待我敲他一敲，看秀才在家否？

【八音甘州】嘆愚人未懂，致當機一著氣餒難充。倒好似醯雞游甕，反成了海闊天空。精神氣，相隔萬重。白物空填皮袋中，堪悲痛，爲伊蹙損眉峰。（連敲門介）

（丑女扮，抱子上）衫薄偏憎日，裙輕更長風。風裙隨意開，汗粉無庸拭。原來是先生也，快請裏邊去坐。（老生）大娘好也，秀才好也！秀才在家裏麽？（丑置子，蹴福介）館中尚未放學。先生住了，過三五日，管回家過端節也。就要會時，我叫老奴去請回來。（老生）這抱著的是令郎麽？（丑）是第十六個小兒。（老生）怎麽樣排行的？（丑）不要説起，感激不盡。自從先生教導之後，一胞就生四個，都是兒子。剛剛滿月，又就有喜，接連四胎都是四個，所以這個算第十六。别人家生育多了，娘要弄成産癆，或是黄皮瘦骨。奴家感蒙先生教訓，一面吃奶，一面坐喜。奶奶竟吃不盡，身體比著四十以前到壯健了許多。如今飯也吃得一籮，牛也拉得倒走哩！（老生）雖是山野傳授，也是你家風水顯應，祖宗積德，所以有這步洪福哩！邵堯夫與妹孿生，妹因母曾誤藥，尚且胎下即息。除了番婦沙壹一産十子，突厥始祖與牝狼交生泥師，都因禀異氣一産四男。那别人家生得少，死得多哩！而況生育早的，也有不好處。或因男女多房，媳婦孫子竟視祖父母爲路人。或妄言召侮以辱親，或妄行致禍以危親，或偷安浪費以憂親。能幾個修身立品以顯親。見同輩不勝意氣，入私房千般趣態。見父母扶病任勞慣，遂不復問其痛癢。以經營庇護爲尋常，財得則忘親，財乏則怨親。譽之憂之反厭親。親愛者意氣益横，則親憎者愈覺難甘。或兄弟而觭舵不平，或姊妹而計較纖悉。析分毫之利，而疎若楚秦；信妻子之言，而怨若吴越。或長者簿書不令幼者與之，幼者有覺，必起争端。或幼妄取財，以爲不肖之費，則長者必不能堪，往往護短争長，分曹伐異。相讒蠱而家道睽，積嗔怒而孝情薄。或身未死，而産已暗鬻於人；或肉未寒，而人已裂據其室。前人一銖一寸而積之，後人如泥如沙而用之。甚至侮寡欺孤，昧心反噬。一毛之物不肯讓，一言之微必欲復。當生子時，多生一人則增一喜，豈知多增一害，反不若無，以致自身恨不即死乎。

【前腔换頭】香叢是荒郊墓壟，只拖得臭屍骸塞滿西東。你這些令郎呵，飛鷹遺種，自然而奮翼摩空。（丑）感謝先生，感激不盡。先生竟如千歲松。奴家那一日不憶念呀！只説是一片孤雲何處蹤。誰知今日就得見面哩！欣烘。降神仙，全仗天風。（丑向内連叫介）二郎三郎、五官七官、阿九阿十，（老生）可把令郎公子都叫出來，等山野細認一番。（班外小孩或長或短上場走過介）（老生袖出鈴鎖等物，逐人交付介）好快些叫齊弟子出來拜見恩師。

呀，好呀！一個個長命富貴，待做親時，山野都要來鬧新娘子哩！

【不是路】駿馬追風，特過庭前謁老公。（丑）蒙恩寵，琳瑯分賜玉丁冬。隨春快拿茶來。叫火頭快些燒飯，有笋有豆腐，且請師爺午飯。（小旦捧茶上）（老生）千勿多費。老娘恭，連忙喝婢將茶送，不待多情一主翁。（丑）隨春，叫火頭燒好了飯，就到張家莊去，請相公明日回來。將音送。（老生）傳言猷孔來驚動。（丑）叫相公呵，暫停歌誦。（老生）暫停歌誦。請問大娘，以後生育還要一胎四個麼？（丑）怕哩怕哩！不耐煩哩！（老生）若要如此，待山野再傳授些竅妙。不必了時，逐個的生，再添兩位姑娘罷。也要和人家拽拽，休要討盡了便宜。（丑）奴家也五十到頭了，再也要靜養靜養，多延幾歲壽年，纔照管得這一班業帳出頭哩！還只顧齷齷齪齪做什麼。比禪關，休教破封。轉幽徑，更休驚夢。（老生）則野人一來拜賀，二來奉送些推拿秘法，包你公子個個精神飽足，一些尷尬也毛。法推拿，工夫又深，上千齡永無灾痛。（丑）感君家，身爲教，口爲書，師恩重，愧難尊奉。（老生）化身散種，一精感通。（丑）怕將來無緣會面，怎持鞍鞚？

【尾聲】（合）歡呼此夜姑喧鬨，早聽得殿角斜陽起暮鐘，一路勞辛馬足慵。

下場詩　何事沈吟想幽夢，從來閨思深不說。
尤憐終歲望熊羆，至竟横陳每虛設。

第十齣　判冥

【北點絳唇】（副净裙髻、手鐲扮王）（老旦扮女吏）（雜面具扮女役，隨上）亦奉天差，給哥分解。陰冠蓋，原自陽胎，任滿了則往天堂邁。

鬚眉徒説振乾綱，脂粉場中每受降。陰教那知推地府，不教長舌賣妖腔。奴家乃一殿閻羅韓擒虎之妹，觸新特放的冥司。原來這鬼府官吏，都是人間忠貞之輩。死後魂靈只因剛决之意多，慈悲之念寡，不得天曹，例居地界。所以我過去後，當有皇甫洵暴亡，見一姥隊仗無數至殿坐，則其親叔母薛也。又有許道坤爲牧刻害，罰作龍王三千年。這閻羅王缺，也有辦事詳慎，超升上職的。也有當官疎忽，降作雜神的。甚至拿送鬼獄，即付接任閻羅勘問的，與人間節使約略相似。那九殿所管，都是雜犯零罪，獨俺頭殿專司淫殺二端。男王一員清理不來，特地添設女員一位。懷殺害心者，在鑪吞鉄火丸。這是哥哥所轄。受殺害者痛苦，故但起殺害之心，就要減一等治罪，以鉄丸之温熱分輕重。溺淫欲海者，在池飲死屍汁。這是奴家所管。被淫欲者污名，故必有顯著之事，方纔計其數以償，以屍汁之腥臭分多寡。二者之外，更有一等無惡無善之人。殺心未起，未嘗救人，淫事不多，間亦談說，未必無諂無驕，所謂庸庸碌碌，例居裸獄。男女雜處，飢困相扶。只因殺案最多，哥哥無暇及此，也是奴家典守。怎麽叫他裸居瀆處，却爲如是等輩妍醜上不甚分明，爲人又最怠緩，使他可望不可即。剛纔美好動心，倏已醜形刺眼，方知無中立之途。使他相扶莫相餉，剛似得些人力，依然飢火燒腸，方知有必爲之善。咦噫！天地有缺陷，王政有不齊，全靠善人達士。有以救其偏而補其漏，有以惡心而行善事者，有以善心而行惡事者。現在雖善，而其流足以害人，則是善而實非也；現在雖不善，而其流足以濟人，則非善而實是也。又惡無不從過做來，凡情未剔，則正眼未開，則貪心妄念，幢擾於中，認惡爲善，往往有之。今世之行善者，未盡善根，先祈福報，滿腔私欲，一味貪癡。或激於一時意氣，或難拂親友面情，或思食報於當生，或欲干譽於里巷。以微施薄捨爲百福之招，以轉募他人爲千祥之引，所求不遂，轉即憂疑。或怨天道之無知，或訝佛仙之誑語。不知有善之心，無善之相。根心者真，襲迹者假。無爲而爲者真，有爲而爲者假。功德使人知，既享名矣，福烏得全？陰行則冥冥之中何忍負之。若知作善不必定要錢財，到處方便，斯爲善，尤當決矣。立意要做好人，而仍不免有過者，大抵爲悠悠忽忽所誤。所以不能有過便覺，一覺便斬，私意牽纏。良心旋發旋止，一由於智之不足而無察識之明，一由於力之不勇而有畏難之意。方謂行善必有厚報，旋見行善未有獲報，即以爲何苦如此。得入此獄，已邀寬政矣。俺這地獄衙城，只在山洞空處駐扎，却無定所。近年以來，上帝説是羅酆山洞周一萬五千里，皆治鬼處。陰宫山皆夷狄異類、獸蠻裸夷之種，鬼所不治，特著俺一殿閻羅分府此處。間有生人驀來，他便看得見咱們，咱們瞧得見他的，少就要供些酒食禱告，他去我輩纔不生病。

所以奴家也來在此，叫衆女役跟隨俺，須往雜裸地獄親自巡查一度也。（内鼓吹介）（作行到介）（做手勢介）

【混江龍】這惡獄在至陰宮外，衆囚徒精赤案前排。管的是風情令史，識字當該。（雜）那幾個新來的肥。（副指介）這鬼兒是手没骨，脚没骨，濕蛆般胖的圓滴溜。（雜）那幾個到久的瘦。（副指介）這魂呵，是荆榛柴，刺毛竹鐵楞兒撑定哭窮坯。（雜）那兩個到且雅步自如哩！（副指介）這肅雍雍是中華國選的人才。（雜）這幾個還戴著没珠絡的鳳冠哩！（副指介）這世家子，在南閻浮，受了封拜。（雜）只這幾個還白，那些的就恁黑呀！（副蹺足笑舞介）問一聲，能幾個落黄泉，其身尚白。覷一回，烏拉焦鬼骷髏，似炭底黑。（内呼介）好個喜洽夫人。（副摇手介）喜歡著俺何能呼，你們耍去。（内又呼介）夫人救命。（副負手摇頭介）救難極，鬼門關，誰挈伊來。（雜）那幾個跌倒了。（副退身介）俺也難改嚴條，汰帳簿矜渠寃枉。（雜）這幾個扶住了。（副向前介）赤光身，醜哈答，你只喫驕惰庸呆。（内）念鬼囚雖不曾做甚事業，也曾做幾篇勸善文，怎麽和這些人一處？（副捲雙袖介）你那文字不能動人，倒弗及慧心人向硯臺吟詩作畫，無劇趣將甚的憑空生對景書懷。既比不上活四民，聖時雨澤，也稱不得打三世，震地風雷。（内）鬼囚曾爲王后，要求夫人另著個眼兒。（副垂兩袖介）既有大權不能恤隱，就與平人作惡無異。這已是看尊面末減了呢！有分氣，則合北極宫、南薰殿，賴著休來。瞎慌張，入此門，西没家，東無路，敢立誰左側。那萬里侯、千里宰，讓大菩薩喜笑威嚴高坐位。此三尺土，三世案，任小鬼卒抓拿，扯捺向廳階。（内）鬼犯們剥將下來貯庫的衣裳，都送與夫人，只求賞兩個餑餑吃罷！（副一足前一足却介）若妄欲一口吃一卷餅來填飢肚，活在日作甚麽，没甚善倒散錢財。（内）求夫人替鬼犯查查何日纔得托生者。（副笑介）若問地堆坍，瓦堆齊，難數册追上索甚日子繳銷牌。尋你那喜幾姑，幸幾姐，誰家弟，某年某月某日崩，薨葬卒大注脚。復將他南贍部屬某社，把九州府各村各塢各路上魍魎魑魅細分開。（雜）姑太太好不費心哩。（副）查他幾時日，刻刻急急，昂頭睁眼顯精神，是何地官青青蒼蒼，金批鐵騎追魂魄。（雜）還有苦於他們的未得翻身，他們慌什麽呀？（副）但遣你，赤子腿，在這四萬八千三界没袴城中，牽扶看覷，遠勝過那些人一百四十二重無間地獄截碓磨挨。（内）謝了夫人開導。鬼囚每退一步，想比上不足，比下有餘，覺得飢寒稍減了也。（副）哎，也似花子止不過赤固里襽光胸背，一靈兒還散於咂藥末，那悲人生癱瘓，鼓膈四正客。（雜）自從姑太太到任，平心折獄，連受春受剁的鬼都心悦誠服，甘罪無辭哩！（副）法無私，要做段陰間忠恕和平雌，德政尚慘毒，讓陽間使勢居心苛刻漢喬才。（雜）姑太太這神采風姿，的是天上人物，决不久於此位。（副喜介）這官職呵，你便是黑香薫，紅粉傅，人厭其笑。恁風景，他就做千篇錦、千章書，誰解其哀？（雜）姑太太也替這衆生感嘆呢！（副悲介）哎，今故事，叫俺慨慷流涕。人天幻，叫俺俛仰傷懷。莽坵墟王宫古苑，空耐久緑浪青崖。作算有曼持化樂，一般的樂過悲來。（雜）到底怎麽樣做人纔好？（副）莫説他是愚遭弄，凶取惡，刁招恨，弱受制，萬種難爲極没趣，五濁三光浮僞局。却只可高舉眼看，得空救的多矢無欺。恕爲先，期超地獄。或從神道踹天階，雖等比癡兒共戲。智王家形染心皚。（囚用撩匙向臺下乞物）

（老生、小生道裝，胸前帶鏡，背劍執拂，腰葫蘆，仝上）奶奶唱喏。（副）哎呀哎呀，二位師爺萬福。請問二位地仙爲何輕踏賤地？（老生）只因賢夫人臺下有兩宗未結陳案。其鬼所犯本輕，又與貧道舊有一面，特地入定出神來求審結，著發他向人道裏去罷！（副）原來如此！請問是那一案？（小生）一案是拓拔魏國宋穎妻鄧氏，亡十五年，被處分爲劉崇妻，託夢別穎。穎往告崇，崇次日卒。穎在陽世又過了二十年纔死，往視其妻，崇反不容相見，致穎以强占上控。前任冥司問他反坐，敢求從寬釋放。（副）奴家這所在，不入囹圄的無罪鬼魂，死生同流，貞淫稍別。雖然別事狠好，但愛風情，却從不敢强奸。也有廣娶妻妾的，也有考技招夫的。也有奴家因他無罪，却緣別人案件拖累在此。或是應得轉生好處，未曾出缺，揀好匹配賞賜他的。叫掌案的取牌上來。（雜取小牌呈上）（副净據案標介）提犯宋穎聽發落。（雜持牌下）（牽末上跪介）（副）你是宋穎？雖然所告不實，但爲欲見前妻起見，不在人情之外，法有可原。又有這位先生特來替你關説，著你托生去罷！（末叩介）謝了夫人。（跪向小生介）違教已久，怎麽先生倒少嫩了？（小生）那時你不信道，所以不曾與你談心。若肯信時，不曾到這裏來哩！（副）快取注生簿來。（雜應取呈）（副接看介）原來劉崇本是劉宋帝胄，因此一事，疑忌不達，已注生楊氏爲公主，應得未諧伉儷，即便殀亡。哎，也罷，今著你前往陝西，托生於獨孤氏，叫劉崇與你結個生死因緣，和解此案。（末又叩介）鬼囚敢啓，夫人原妻鄧氏，此後可得一見麽？（副又查介）鄧氏已爲男子，不可得見矣！

【油葫蘆】當日呵，你鄧氏花衣玉版開。其時呵，你忒利害。他甜口兒咋著盡情捱。换劉崇弄影陰司内，何曾呵，溜嬌聲感動紗窗外。這可見陰陽變易難拘碍。你活人心既然未服，則叫劉崇把死魂靈償還你罷了。任彈珠兒打的呆，扇箍兒拓的壞。則枉了你宜圖似畫嗔翻愛，則看取活的兒趕將枯骨穴中埋。

（末）夫人吩咐的話，鬼犯不明其故。（副）自有明白時節，去罷！（雜牽末下）去罷！（老生）貧道則爲魏世人亡輒求貌類者與之，相對如母子，宴好若夫妻。有個陰結豪貴，劫害爲業。身死後，其妻屈氏便收了一個相像婆兒，改换男裝，當做丈夫相處。甄深遊魂暗昧，認是男人，擅把吴婆拘赴陰司投狀請訊。前任辦事遲滯，沈擱至今。婆子曾爲貧道薄設一齋，敢求便與發落。（副又標牌介）提取吴氏。（丑扮吴婆上跪介）（副）你果是女人麽？（丑）夫人這裏有穩婆的鬼犯，怎敢謊説？（副）這也還不算損敗風化，瀆亂情禮。上未禁之，下不改絶。當日甄深爲何屈拉了你？（丑）只因鬼婦不肯聽其驗看，他故裝憤怒就扯了來。（副揭簿介）世有忠厚之人，不免困苦，子孫衰謝者。其人業重，受報應酷，却因淳善所以止此。世見惡人登科致富，訝無天理。譬如偃蹇老儒嘆羨守令，不知彼從公卿降來，屈辱已極矣。甄深伺隙婪騙，表裏烹分。又恃衙門情熟，刻酷詐財，已罰往趙州爲薛斌女，受報在後。如今就判你去做他兒罷！

【天下樂】你倒也市扮村粧有外才，該也麽該，來那裏來。著乾忙，討的便宜怪。不許那莽鬼囚胡亂揩。俺細看來，多壯奶，俺不單爲他粉油頭脚肭窄。

（雜拉丑介）也就走罷！（副）昨日馬地仙焚一紙書信寄來，説謝晦冥婚樂彦輔女，被王敬則女扭告一案。謝晦因此小事懸案未結，不得托生，倒也與這兩案相類。可即唤來發落者。（雜）謝郎、樂氏放散在外。王氏因有行凶，趕殺情由，現在監中。（副）就提王氏聽審。（雜應，牽大净上，跪介）（副）王氏聽審。你也是大將之女，爲何生前險妒，死後猶然不改？（净）叵耐謝晦倚恃勢家，又有文才，把俺父親譖害了，還要欺鬼犯，暴發小家。不扯來，不同床，不捉住，不幹事。小婦人有的是武藝，只和他相殺罷了。（副）你父親殺害的人也不少，他就不譖，寃家也要作祟。生前相殺罷了，死後何必乃爾？（净）色欲一念，人鬼所同。和人合著丈夫，也還使得，怎麽肯倒被别人全占了去？

【那叱令】（副）瞧了你怒冲冲粉腮，竟拳開膀開。悶吞吞水雷，拚裙歪襪歪。恨深深老懷，駡花街柳街，真個是醋便獃。甚王家惡支派，這相殺不料到在泉臺。

我如今判你在彭城劉家去轉世爲男，把樂氏與你兩世爲妻，判謝晦做你親生之女。看你們兩口恣情過日，俺老娘們的架子可也不全倒了。（净）略舒積恨而已。

【鵲踏枝】（副）著樂氏女裙釵，論三世爲吾輩，全由俺搏弄安排。歪男子著令偌奶，乖也麽乖。那謝郎何在，叫陰兵姑去拿來。

（雜）咱仝大娘尋去。（下）（老生）貧道在陽世已久，聞得夫人這裏有一條河，叫做不可奈河。滿河多是死屍老汁，可好趁俺此來略一觀看麽？（副）這汁都是那貪花縱欲之徒棺材裏醬水流注在這池中。（小生）却不道愛水一枯，生源便竭。天地雖一夢境，覆載雖一疑團。却是有那氣可焚身、復生新肉的仙聖，就該有這胎中毓質、屍留魂去的凡夫。斷了淫欲，恰似少了一件，没得比論哩！（副）色欲也有幾般。或是不惜他人之節，不顧自己之名。或是謀其始而誤其終，或是始於情而終於殺。死後汁水便要淌來。除了這個幾般，也有没汁淌的。

【後庭花滚】論尋常天未怪，奈諸公忒弄乖。不管他難瞞住，但胡揌。煞末子竟抛將，還倒賴。决没幾分態，莫要道十分顔色。掌案的，可把那一切貪花之人，數來與兩位聽者。（雜）美貪花。（副）他惹天台。（雜）巧貪花。（副）他扇妖怪。（雜）富貪花。（副）拚的財。（雜）才貪花。（副）識得解。（雜）俗貪花。（副）胡亂諧。（雜）直貪花。（副）寫明白。（雜）白貪花。（副）宜鏡臺。（雜）黑貪花。（副）還夜債。（雜）窮貪花。（副）淚渲腮。（雜）拙貪花。（副）慙且憊。（雜）雅貪花。（副）紅褲裁。（雜）磣貪花。（副）臉教脚踹。（雜）善貪花。（副）求懇哀。（雜）惡貪花。（副）持器械。（雜）幼貪花。（副）似䶊嫀哉。（雜）老貪花。（副）做兒息待。（雜）後貪花。（副）頭敢抬。（雜）前貪花。（副）腰恁擺。（雜）暑貪花。（副）須大的侅。（雜）冬貪花。（副）要爐熱窄。（雜）實貪花。（副）精易來。（雜）假貪花。（副）騙得人愛。（雜）男貪花。（副）纏的歪。（雜）女貪花。（副）癢的怪。（雜）胖貪花。（副）哼做堆。（雜）瘦貪花。（副）骨似楷。（雜）長貪花。（副）攞著胎。（雜）矮貪花。（副）額著奶。（雜）暗貪花。（副）知趣乖。（雜）明貪花。（副）恣情奈。（雜）强貪花。（副）整日揩。（雜）弱貪花。（副）頻困怠。（雜）外貪花。（副）生計衰。（雜）内貪花。（副）倫理敗。（雜）學貪花。（副）臀換來。（雜）雜貪花。（副）隨處採。（雜）義貪花。（副）憐再鰓。（雜）詡貪花。（副）可留得在。哎，滿河兒鰲味佳，淌將來穿地圻。你道爲什麽流動了死屍骸，只爲你細推求没己心，審思量無愧改。

（小生）請問夫人，那別國民人另有十殿管轄的且不必問，只俺南閻浮提算何等人最飲得多呢？

【寄生草】（副）春把倫常賣，才教富貴獃。有一個路劉娘，止不住兒郎獪；有一個狠吴蕭，翦不斷兒郎愛；　有一個鄭高婴，免不得兒郎賽。也似中宗南漢，漢劉旻，怎怪得那將軍孔彦舟之輩。

（老生）請問夫人，這汁水也有飲完的日子麽？（副）直要等出一國王，深研禪理，禮請聖師，專爲世間此輩懺罪，纔得放他轉生哩！

【么篇】他輕重無分界，因癡犯罪侅。愛纏綿一種春無賴，共死生一樣情無外，望虚空一似天無碍。則這水腥臊，曾做妙香猜。可等得甚深微寶懺療伊瘵。

（小生）似貧道輩世間不少，却該送與夫人怎麽處置纔好？（副舞袖介）地獄天堂名爲俗諦。豈不聞，正人行邪法，邪法悉歸正；　邪人行正法，正法亦歸邪？　何以辨之？以死時全用不著辨之。年質壯大，氣血充盈，膚革堅固，想薪易熾。故女見潔志，即起欲念。爾若不從，我今便死志。自思惟地獄之苦，我能堪忍，不忍見彼以我致死。遂呼娘起，恣汝所欲。志命終時，且生梵天，是名菩薩行。於方便魔界行不污，菩薩變爲無量身，共無量天玉女從事。皆令發菩提心，以欲止欲，如以聲求聲。先生們曉得執實成非，了空無過，欲泯便泯，欲存便存，身行地上，心踞天巔。此中如太陽烈火，陰霾遠避，如何好一例呢？

【賺尾】意想是乾柴，怎留的離明在。不肯受雨打風吹濕敗。則許你漢子唐妻，遊方内外。一任你形氣來回，俺此地省的勾牌，接著活好似投胎。盈天玉女你差排，教鶯窺燕猜，任蜂婪蝶採。敢梵志命終時，天上給陞階。

下場詩

入夜誰家燭最紅，荊榛流水舊房櫳。
昔人都逝仝誰纏，漫塗五彩畫虛空。

第十一齣　導楊

【夜遊宫】（小生簪冠道扮上）萬卷橫胸散，漢隔生妻，已作高官。笑人間閃影，恁易闌珊。山凹前，茅屋畔，幕籬間。

（指内介）在下爲何道這幾句？只因此間有個楊健，道號乾翁，彈一弦琴，莊名容隱，是從穰城搬來的。他的高祖公公二百四十歲上，飲曾孫婦乳。梁簡文帝遣人問勞，就是他娘。雅慕書淫，酷愛林墟之適；素無宦興，但營夜合之資。分桃斷袖，既足稱多，亦有孟光之同隱；淇水上宫，誠無云幾，非無弄玉之俱仙。消息盈虚，盡軒皇之圖勢；優游俯仰，極素女之經文。雖做不著驚天動地之雄夫，倒也算得個玩世玩物之巨黠。嘗言光武見牛虫，虫曰：丈夫立義，不與帝友。桓靈時，陸據戒子孫勿仕濁世。晋翟莊曰：安能移吾種竹之心於籠鳥盆魚之間乎？吾家不仕五世矣，使白璧點污可乎？陳仲子云：所甘不過一肉，而懷楚國之憂，恐不保其性命也。北齊王晞曰：人主恩私，何由可保。非不愛作熱官，但思之爛熟耳。司馬德操曰：何有生則華屋，出則棒街侍女數十，然後爲奇。何况末劫？鄉宦連這三件都不許。昔年到此雲遊，蒙他款留數日。不想大娘吴氏一病化爲古人，在下預言未兆，懸識他心。昨日復來魏州，覺得新任刺史，竟就是他大娘宛君轉世。人説都堂今日下鄉勸農，不免迎向前去，引逗刺史心靈。等他往這裏來，做個托生遇故，倒也是一場佳話也。

【月兒高】（小旦扮大官，雜吆鑼上）豈獨形舒展，才華見深淺。心兒裏不住的團團轉。這高位非關啓事，山公薦，只爲貌如花，領文苑。

下官魏州刺史楊彦武是也。手色全如玉麈，廿歲登科賦成。隱起織金，三句出刺。歇歷中外，人呼有脚陽春。特旨褒嘉，圖畫省中臺上。漢餘姚則有陳相黄昌，不忿高樓，浪誅彭氏婦女，下官謂之殺才。齊河間則有公孫景茂，户户入閲，單騎輒處人家，下官駡爲色鬼。燕榮是北魏能員，衆皆畏之，只好居人吏室，如今豈得爾乎？蕭昌是梁武徒弟，刺衡州日，如何徑入民閨，非吾所願學也。目下農忙停訟，下官猶恐勤惰不齊，因此親自巡查，略加申勑。吏兵緊隨，本院無許驚訝百姓者。（雜應介）是。（小旦笑介）做了道人還叫苦。（小生横衝上，作跌倒介）哎呀，好痛！哎呀，好痛！（雜遞喝介）偉偉偉偉，都爺來了，快起去！（小生徐起指小旦介）阿誰拖你死屍來。（雜將鞭掃小生介）你待駡誰指官府。（小旦怒介）揪他耳朵著抬頭。（小生欹舞遥指介）死屍還在籬笆處。（飄然而下介）（小旦）呀！好奇怪也！睫一睫眼，這道人就不見了。敢是神哩？鬼哩？本院心中恰像見過此人一樣。他又指著那茅庵説些怪話，莫不那村莊裏面有甚異人，埋名隱迹？左右打道向前，且莫勸農，竟往那裏斷瞧者。（雜應隨行，作到介）（小旦）呀，流水桃花，層巒叠渚，是好一座莊院也。門兒緊閉，敲他開來。（連敲，内應介）（旦扮書童啓門介）哎呀，老爺哩！官府哩！俺員外久已不做詩文了，老爺爲何光降？（小旦）你員外是什麼人，請出有話。（雜）本州都院！快去唤來！（旦入内介）（外方巾上，迎揖介）風雨掇却屋，全家醉不知。鄉間荒僻，罕見高軒。大人因何公事，却在此地經過？（小旦）勸農口渴，告借茗杯。隱君高雅，請教上姓。（外打躬介）不敢。大人，老民楊姓。（小旦笑介）是同族哩！好呀好呀！員外且請自便，下官那厢小遺。（作行説介）奇哉，怪哉！此人面孔，恰似刻刻相對，魂夢不忘的。房櫳門户，也似一向熟識的。兀那道者豈欺我哉？哦，是了！哦，是了！下官前世依稀記得是個婦人，這就是俺前世的兒夫也。且喜姿采雖憔，風味如故。（外亦背介）這位大人身段體態，面目顔色，長短黑白，如何與俺老娘絲毫無異？（小旦轉介）請問員外尊齒幾何？（外）六十六歲。（小旦）幾何眷屬，在此同居？（外悲科）不要提起了！一房山妻，四德兼備。不幸先我而亡，已經三十二載。妻家本在陝西，豚兒就贅表姊，老夫竟是寡人寡人！（小旦）共有幾位令郎、令愛呢？（外）一介豚犬，亡妻所生。其餘子女，都殤殀了。

【前腔】封鎖了黃泉面，照臺兒罷施展。睡起無滋味，茶飯怎生嚥。（小旦）足見世上的人，早年得志的少，垂老無聊的多也。吩咐從人，都到門外伺候。（雜應，遠立介）（小旦）你猛説夫人，則待把卑人顫。（旦托茶上）（小旦）敢問員外，近來飲酒幾何？食肉多少？（外抖介）甚甌兒氣力與擎拳，飢誰管，飽誰勸。

（小旦）爲何不續上一位？（外）不敢隱瞞大人。昔日濃香軟叠，綉幕重幃。亡妻端麗修妍，膩酥莊靚。一來老夫漸漸窮了，二來他在世時，情義過篤。新人雖無碍於死者，倒要叫人對景色思亡哩！（小旦）則尊夫人寂居之穴已有了麽？（外）也因不忍抛捨，權厝此墻之外。

【懶畫眉】（小旦背唱）最撩人春意是當年，我記麽西畔低低粉畫垣。怎今來春心，猶自欲飛懸。哎，盛冠裳，將換了裙衩絹。却甚故，還叫人心好處牽。

只因靈化悠遠，生不再來，所以古人有『一朝艷質化塵滷，可恨可憐千萬古。血痕嘔出盡成灰，幸不埋名埋骨土』之句。古之深刻於文者，往往不盡其本壽，所以崔融撰《武后哀册》，極其高麗，絶筆而死。敢問夫人當日可識字麽？（外又淚介）稟告大人：其人靡顔曼色，婉性柔情，若持容範，頗有雅人深致。（小旦）存留下的，可有什麽遺筆？（外）除了日日念誦的《法華經》一部，墻上貼的都是零星散句。（大悲慟介）則這壁上，便是他的絶筆也。（小旦作望介）『明月雖外照，寧知心内傷』『妾若做常娥，長圓不教缺』『河漢已傾斜，神魂欲超越』『願郎更回抱，終天從此訣』『昔時懷後會，今別便終天』『新悲與舊恨，終古閉窮泉』。（袖拭淚介）似此宛情秀采，則比那『留人不留人，不留人也去』『此處不留人，别有留人處』『誰言不相有，見罷倒成羞』『情知不肯住，教妾若爲留』，還强少許也。

【前腔】（背唱）試問呵，鴻文誰賦《洛神篇》，則見玉質芳詞在眼前。那天公轉變極恩援，則咱人心上有前塵怨。咳，將不去留還這可憐。

（又念又淚介）『運生會歸盡，終古謂之然。形骸久已化，心在復何言？得長多幾何，得短未足憐。畢竟共虚空，何須誇歲年』。呀，這已似鬼詩也。

【不是路】前世嬋娟，滿壁上題詩篇又篇。形遷變，那時無計戀家園。（外）雨垂天，斜陽也替人哀愁，娟冶如君殆謫仙。（旦背唱）奇哎，奇哎！因何法色荒，見物皆成變，這官兒閒串。

（小旦又向壁念介）『但指今宵是新月，不知曾照古人來』『徘徊每自挑燈立，長嘆能消幾許情』『半窗月在猶煎藥，幾夜燈閒不照書』『蔚藍衫子稱身柔，侍女婀娜溜兩眸』『世間何地，是月徘徊處，只消受幽情閒思，枉怨他西風寒急』，這都是零珠碎玉或詩或詞。

【前腔】寶鏡生前，夭好的穠桃女少年。今來見，把舊春臺，都猜做謊桃源。（旦）敢胡言，問尊官怎恁心慈善，貴客輕教淚打颭。（外大哭介）則被大人一番嘆惜，把老夫舊恨全全提起了也。良緣淺，則靡顔曼色難重見，恍惚疑君面。

（小旦）古人有云，存亡人理之必至也，死生有命，非人力所支。無奈哀樂過情的人，悲痛不禁，非愚不及情者可比。何況向之忻境，今爲戚途，怎麽怪得員外？你這所在，下官一似常時夢見。你可領俺走一遭兒。（作同行介）

【忒忒令】（小旦）那一答，可是藏春塢邊。這一答，似艷香亭畔。想當年薄底鞋兒軟，一天天花叢串，一宵宵蹬月眠。

（外）則有一句下情不敢啓問大人。適纔仰瞻尊範，酷似亡妻。便是體質豐修，也都彷佛，所以老夫又愛又苦。更蒙大人俯賜憐憫，越發忍不住要哭了。

【嘉慶子】是誰家少俊來近遠，遣追憶山妻舊面顔。（小旦）下官自是天下男子，怎麽像起尊閫來？（背唱介）話到其間靦腆。他暼俺臉，奈煩也天。咱張這口，怎酬言？

（外）像是自然不像。總是大人過於慈惻，致令老夫悲懷昏亂，五色目迷，唐突實深，罪知難逭。（小旦）各人心事，説説何妨？

【尹令】咱不是前生令眷，只是這今生半面。若要來生結願，只當浮生夢見。（背介）曾被這癡翁，夜夜宵宵，抱咱去眠。

（外拭淚介）老夫没得閒講，胡説亂道，倒叫大人疑詫，不必介懷便了。（小旦）隔生之事，難説全無。（低介）你若記得一段秘事，敢真有些瓜葛也。

【品令】伊喜半窗日，立著你玉嬋娟。日日把個人推倒，没半縷在身邊。强褪行纏，陡樹秋千，鴂拽花心展。只得一件，怕天瞧見。整一世兒家，美滿幽香恣口言。

(外)一毫不謬，這是世人所作，無不皆作。也還有人所未作，亦無不作的事哩！

【豆葉黄】他興心兒緊嚦嚦，啨著咱春鮮。俺可也竟陽光，使舌兒周旋。不分時，把一對玉弓兒含楦。得饈無饜，得金寡廉。摸一瓣撒花心的人，水兒抹將伊後邊。倒道咱興心兒會串。

(小旦)則員外竟是下官前世對偶。下官想因未遇孟婆，所以虚靈不昧。雌雄雖别，相貌都不變改哩！故人舊地，不能久處盤桓，却怎麽好？(外)説得恁地對針，老夫也不敢不承認了。則這荒僻之場，如何敢留車馬？好叫老夫捨不的放大人去也。

【玉交枝】似這等荒凉地面，則剛剩茅簷草軒，只笑咱眯睽色眼空相見。(小旦)明放著白日青天，猛教人抓不到魂夢前。霎時間有如活現，打方旋再得俄延。(旦背唱)呀，聽這話兒，忽教人面赧。

(小旦)雖是前塵虚妄影事，不知則已，知則如癡如夢，欲笑啼痕先落。三十年前不忍思量著了。若因今生物采，便不念前世形骸，就與富易交、貴易妻的俗人事易情同，殊爲蠢惡。

【月上海棠】匪賺騙，依稀想像人兒見。俺來時窵遠，去也遷延。(外)非遠，那雨迹雲踪纔一轉，恨峨冠博帶難重縺。(旦)昨日今朝，眼下心前，陽臺一座何時變。

(小旦)員外，這位書童倒還可以使唤，就留著伴老罷。(外)此童名唤洞花，纔來了四五年，今年十八歲了。再過二年，也要放他回南做親。除此之外，只得一個燒火婆兒，名唤幽草。後時來的，是好是歹，越發付之命運哩！（旦）大人隔了一生，尚且縈徊倚戀。小人年事雖過，只在這裏擎飯托茶罷了。

（小旦）你只以女身自視，女情自比，女職自課，照應的員外好，等他索性享個遐齡。就如我前生姊妹，今世替身，我怎不把你當個親人看待？時常進衙門走走，包你成一分家業。你千萬牢記者。

【二犯么令】叮囑他近前休覥，到其間做的周全。他趁這剛三六，嬌穉未鬚年。阿家翁姑，迸著緊窩兒裹撒圓，怎不把替身憐？算復到襄王夢邊。

（旦）老爺千秋情種，再世佳人。再三吩咐的話，小的怎敢不依？

【江兒水】可知奴心頓縺紗帽邊。（小旦）要知道花花草草由人戀。（旦）生生死死由人願，便酸酸楚楚無人怨。（合）待打并心魂一片，頑石三生，守的個三家相見。

（外）則大人既然念舊，便就褻尊忘勢，抵足一宵兒也不妨。（小旦）非下官以此爲醜，則此身非但朝廷之身，乃今世父母妻子之身。休説你難做主，我亦不得自主。

【川撥棹】（旦）員外，你知書卷，怎倒要他細闡？（外）一時間念，一時間念舊貪妍，忽忽地回頭自憐。（小旦）誰解知情悵然，儂好癡淚暗懸。

（旦）大人左説到右，右又説到左，只叫小的越發任大責重了。

【前腔】前生人面，只相看休極言。（小旦）我待要抱，我待要抱了頭兒問天。（外哭介）只可恨你到遐齡，我又不見了呵。你休教悔，你休教悔不與同眠。（合）這一種情腸兒是怎言？

（小旦）昔許詢與謝安遊，隱居蕭然，與婦書令改適，這太過了。景帝徵王玄，奕不出，遂就山而封侯。

員外這侯，在下官身上討把你。如今回去，且部署千金，送來員外用度。缺少什麽，只顧到衙門來取。(外)去罷！(小旦作欲行又住介)

【前腔】我且慢歸休，緩留連。(旦)甚甚益，不如歸將暮天。(小旦)難道我再，難道我再到這村園。(外)則讓我去長眠，你短眠。(雜吆鑼駕車介)(小旦)員外閒空，也就進衙認認去。

【意不盡】(外)莽吆呼，剛隨到畫輪偏。(小旦)報莊上家翁穩便。(旦)咱和老家呵，少不得薄命紅顏，也則是暫給眠。

下場詩

春興酒香熏肺腑，最難言處最難忘。

煌煌燁燁機中錦，可記雙情共一狂。

第十二齣　勸曹

〔黃鐘引子〕【西地錦】(净傅粉、手鐲、紅裙，扮曹氏)(雜旗幟、大刀隨上)好怪奴家夫婿，替他鬼魅描眉。教人心下常生氣，不是爲著貪癡。

錦綉堆中卧初起，芙蓉面上粉猶殘。老身曹氏，大新皇帝竇建德正宫皇后是也。能領騎兵頗知書，計决勝負於枕衾之地。視丈夫如丱弁之兒。皇帝言聽計從，將帥低頭聽令。自古以來，少有俺這等能幹婦人。當此之時，用不著恁般妖怪的妃妾。好笑俺那癡漢，因掘舊墳得一美婢，乃是敝族文皇帝族母甄皇后的侍兒。魏朝到這隋朝，隔了晋、宋、齊、梁、陳五代，也不知若干年了，竟還活活跳出。奇是也算奇哩！幾百年後的男兒，去睡那幾百年前的婦女也就罷了，怎麽帶在軍營？時常就教不是獅子吼，時常驚天地妒人津口，時涌風波。正爲男子猿心，怎能不動婦人狐意，烏得無疑。我没他伴，還不希罕。萬一是狐魅托身，於中播弄，豈不弄到家敗人亡纔住？咱今日特叫人去捉來，要把他跟了蕭皇后往突厥去也，幹了一件大正經哩！（兩健婦抬旦上，立介）

【前腔】（旦）只道男兒雄異，如今就裏方知。古遠亡人，重生多事，未知皇后何如？

從來任禮耻任粧，春光不上冷釵梁。請問娘娘，爲何如此？（净喝介）咄，咱初時倒也重你是古玩，如今纔識破你是野狐。（旦）做小的在此已久，怎麽又野狐起來了？（净）豈不聞，狐先古之淫婦也。若不是狐狸依附，怎麽日日把老公蠱去？倘若任你如此，怕不破國亡家？咱待和你離開哩！（旦）依草附木的妖魅，信乎有之。若説起奴家來呵，如醉如夢，久忘日月之明；隨悟隨空，何心偶合之事。當初之被人封閉，也是不由自主；今日之被人寢處，也是不得自由。況且是你自誤，許丈夫留做偏房，怎麽如今忽生疑忌？有幾句曲子説道：『赤繩兒做了勾魂套，氤氲香簿笑藏刀。則俺雪胸鸞鏡裏好容光，且須行樂。你本是野墻花發賤苗，怎敢向上林春牽蔓草？』就是説那騙人與老公做小，然後下他毒手的。（净怒介）兀那賤人，怎麽對著主子你長你短起來？還不下跪？（旦笑介）咳，只甄皇后是我主子。你這皇后，正唐莊宗所謂似是而非者。也因你先入竇門，叫你做大姊、大姨、大娘大的罷了。若是叫我這幾百年前的太老先生，來叫你這幾百年後的晚生小子做主母，倒不能彀。你就再把我埋了，我也還是你長你短。要我跪，有些難哩！（净）這個道理，就和一歲主千歲奴一樣，管家婆子扯他跪下。（左右扯介）

〔黃鐘過曲〕【獅子序】（旦）嗤嗤他惡妒雖有之念，奴家須是他男兒次妻，那曾有媳婦不侍衾帷。（净）哇，除了衾帷，還該有甚勾當？（旦）若論做妾婦的道理，無過奉飲食，問寒暄，相扶持，蘋蘩中饋。（净）好幾日不見你面了，咱還有什麼要你扶持哩！（旦）又道是養兒代老，納妾添兒。

（净）咱要添兒，自己會添。你這樣宿陳的人，也未必還添得出。你倒好打點哩！

【太平歌】（旦）他重生了，指望什麼兒。不想道娘娘留他陪女婿。（净）也罷了，也罷了，倒是我不是了。（旦）他埋怨洞房花燭夜，那些個今古能相會。（净）既然恁會埋怨，當初何必順從呢？（旦）不過因無有故鄉歸，只得事急且相隨。

（净）如今只把你監禁耳房，每年賞你見面一次，就要生兒也不怕不生哩！

【賞宮花】（旦）他終朝慘悽，你如何忍見之？（净）我不少你吃，不少你穿，不比你關在墳裏强些？有什麼慘悽哎？（旦）既是爲夫婦，須是共愉怡。（净）一年一會，只當牽牛織女，久客遠歸一般，倒更愉怡哩！（旦）他半載不知魚水樂，枉了忽然身到浴鴛池。

（净）呀，左也不好，右也不好，咱只好把你賞給別人去了。

【降黄龍换頭】（旦）姨姨須知，非奴癡迷。已嫁從夫，怎違公議？（净）英雄豪傑行事，誰曾管甚公議。（旦）英雄豪傑，雖然不畏公議，原有該慈悲的所在。休言，婢使做奴家，爹娘則念孩兒。（净）休提。縱把伊耽閣，比耽閣他碣墓何如？（旦）大小雖然稍别，一様嫁雞逐雞。（净）嘻嘻，那些個夫唱婦隨，嫁雞逐雞飛。甄皇后是再婚，你只怕也是再婚。咱是當今主上頭婚正配的皇后，你怎麽説出個稍别來？（旦）噫噫，婚姻事難論高低，若論高低，何如休要彼？假如娘賤孩兒貴，終不將大娘棄。（净）只大老婆是夫婦，小老婆算甚夫婦呀！（旦）奴也是他親偎婆子親骨肉，難道他是何人我是誰？（净）你這般樣能説會道，咱偏不依，也不怕誰奈何了我。身居正位，總没傷風敗俗非理的言語。

（老生道裝上）秦皇漢武空相待，金闕銀臺如夢中。往事幾多書不記，前朝竹帛事皆空。俺孔豈然爲何特特趕到這裏來？只因甄后侍兒原是我的表親，被他幾百年後的主母欺負。難得這位曹娘娘頗信因果，故扮做道人前來説他和好。已到軍門，俺且打坐，下來看他怎麽樣者。（女兵問介）兀那道者，怎麽敢在這裏打坐？（老生）久聞正宫娘娘前世是個善男，今世又是個信女，要化一齋，不知可否？（雜入禀介）外邊有個道人要化一齋，説道不知可否？（净）咱正有些氣悶，快教他進來嚼嚼。（雜）娘娘唤你，好生仔細。咳咳，進來進來！（老生進見介）娘娘在上，貧道稽首了！呀！娘娘應天順人，有無窮的福禄。家中的蒜還未喫盡，却爲什麽面帶憂容呢？（净）爲些有要没緊的家務哩！

【南吕引子】【稱人心】惡酸懶坐，早被那人瞧破。墳墓狐精，知他來怎麽我。料想他每無厭足。並非别事，只因當今主兒叫人掘墳，掘出一個殉葬死屍來，面目如生，和身軟暖。老身一念之慈，灌口參湯一救，就救活了。看見家公十分涎臉，就許他做了偏房。誰知寵冠六宮，目無正室，不日就要想妃哩娖哩！待開發了他去，他倒就賴在咱這裏，所以要淘臭氣了。你們走的江湖多，也曾見這樣怪事麽？

（老生）娘娘，你如何做大，伊家既俐齒伶牙，人便説娘行不可。數百年後，會得重生，這個人天意待他不薄。既是娘娘美意贈與皇夫，似恁般，時人就要説你有始無終了。

【换頭】（净）咳，我如今全不顧人笑呵，這其間是我見差。禍根芽從此起，灾來且躲那。愁他道我麾却人言，笑我不依夫話。

（老生）娘娘有所不知，貧道六壬精熟，灼知此女應天而來。你留著他時，包你壽身壽國。略生厭棄之念，就要曆數不長哩！他倒不愁没有至尊賞鑒。

〔南吕過曲〕【紅衫兒】娘娘你不信我，教伊休説破，看後如何？（净）算我夫心性，我豈不料過。我爲甚亂想胡忙，也只爲著這些。我直怕國誤家譌，都是我招灾攬禍。

（旦）我早知今日，不如幾百年前爛成泥醬了呵！

【前腔换頭】不想道相搲把，這做作難禁架。我見你每每咨嗟，要調和。誰知道好事多磨起風波。把我陷在地網天羅，如何不怨我？我若救不活時，也省得分了你買賣。天那，懊恨秖爲我一個，却擔閣了兩下。

（净）不發遣你，老賊連政務上都懶待辦了。替他鋪謀定計，我要東來，他偏要西。那怕你蘇、張再世，這是斷斷不能留的。（老生）貧道倒有一策奉獻。娘娘若慮他欲言蠱惑時，只消把他關在自己房中居住。一句私話也説不得，事事你知我見，替他數一數二。蹴金蓮鳳頭，並凌波玉勾，也就像了一幅畫兒了。何况百種弊端，因此盡行杜絕。若起念離絕時，一來他無親屬，有所不忍；二來竇家氣運，須大不利。

〔正宫過曲〕【醉太平换頭】蹉跎，光陰易謝，硬教去晚景知道如何？（净）老身也是最易明白的人，道者既如此説，覺得使人可從，也就且做一房，住他二年再處罷。扃埋錮鎖，爭勝這妒目相睃。知麽，我容伊老死一衾窩，醋情事一筆都勾罷。（旦）似恁般的，奴家没甚不願。免那般摧挫，千恩萬感，淚珠休墮。

（净）左右快備盛齋，擺在朵殿伺候。我的小皇后、小姨娘，你就謝了這老道者。（旦福老生）（又福净介）

【前腔】非詐，奴甘死也若。救奴不死時，奴去須不可。大婆，奴身值甚麽，敢因奴誤你一家。（净）差訛。纔知妻妾也須和，你心怨，我心難過。從今爲始，非伊大婆，是伊爹嬤。（老生）則這一段因緣，不但免了竇門之禍，連貧道也增了一番功行也。（仝下）

下場詩

班女雖以容見知，生死惟持德自通。
柱天勳業緣何事，詞客偷名入卷中。

第十三齣　教猱

(小生道扮上)神仙人獸總情身,偏是人身肉可親。致得雌雄諸異物,不污仝類要污人。我李常在爲何道這幾句? 只因這西高山有個猿公,其妻自名阿玃,能學人言,且通官話。閒暇之時,夫婦商量,互相計較:『俺和你向來在此,合家縱欲,通力合作,情事也不少了。仔細想想,不過在這同類之中爲歡取樂。況且山中有我,一切牝獸都避了。聲味觸法雖同,那色身淫趣怎麽比得人上? 幾時尋個人兒,受用受用纔好。』阿玃説道:『世間無論人非人類,只是一個得爲,即爲自己。没人治得,又處治得别個,就是好貨。俺們也有勝似人類處,却虧得没有拘管,憑著自己力量,倒可以捉得他來。你要受用,俺幫你拿幾個來,有何難事?』猿公道:『若單是俺受用,難服你心。如今俺老夫妻每夜要子一次,也就情意交孚了。俺去捉些婦人來,也就聽你去捉些男子來。你也不要吃醋,俺也不必拿奸,豈不是祖宗以來不曾想到的法度?』阿玃又道:『就是男人,你也可以照俺行事,叫他戲戲後庭。』猿公道:『就是婦人,你也落得抱來賞色,和他親親唇嘴。』齊齊拍手叫妙,所以竟就捉了許多關在那裏。他把人剥得寸絲不留,刻刻摸弄,善施長舌,舔似狐狸。有個劉君曾罹玃禍,逃歸作傳,極其鄙褻。纔曉得猿來嬲戲,一日皆周,無子者終身不得還。他生出兒女來,與人不異,現在個個姓楊。不知何處聽得,説是邇來地仙要算在下與孔兄兩個真實,各寄一封書子,敦請入山談道。孔兄爲一表親,先往竇家去了，約定在這山下相會。且等他來計議，怎麼樣爲爲這些人類纔好？（老生道裝上）賢弟待的不耐煩也！（小生）老哥端的不失信也！兀那傯懶衆生，關著許多男婦，見著咱們必要訴苦。（老生）咱待説他止交同類，方授彼家之法，賢弟以爲何如？（小生）小弟也曾細思。這話決不濟事。他爲人肉毛稀，特施此計，怎麼肯輕輕干罷了。譬如哈氣向壁，樂得不要説他。只有一個移岸就船之法，把他的毛吹落，倒變一個好臉。這些皮相男婦，也就人人得所，没齒無怨哩！（老生）如此便請登山。（小生）請請。（老）浩浪浸愁光蕩漾。（小）亂山凝恨色高低。（老）回首處今來古往。（小）傷心處物是人非。（老）登高怨落暉，添幾點青衫淚。（小）古時事今時淚，前人喜後人悲。（老）滿地風埃，豪華蕩盡。（小）只有青山在。（作行到介）（丑毛套褲毛，緊身袄反穿）（面具扮猿）（小丑面具扮玃）（拍掌大笑跳上）（合）花世界憑誰統，此生得意須豪縱，使不著酸儒面孔。（老、小合）問季龍，宮苑銷沈何處空，想臨軒揀用。（丑）兔窟猿巢，感蒙臨降。（老生）心靈不異，休論皮毛。（小丑）毛女山姑，執巾有愧。（小生）且觀談麈，慢侍更衣。

【越調鬥鵪鶉】淚滿湘江，愁連楚峽，都則爲奉酒陪茶，生做了這違條犯法。非是貧道交淺言深，賢夫婦這道兒不好使。玉帝聞知，也免不得人王嫉惡也。（内喊介）阿姊、阿妹、哥哥、弟弟，外邊到了神仙，説他犯法。我們受這監禁，抛家棄子。則去扯著仙人，叫他替我們評一評理者。（净、旦、老旦、小旦等扮女，生、末、外、副净等扮男，分左右上）神仙聽禀。（丑跳喝介）休得放肆。（老生）不消禀得，你們的話，咱都聽見。知道你們的苦處了。你説是古道人稀，疎林日下，監押的公婆忙迸殺。當日美恩情，兩載三年，追憶著别離片時半霎。

（小丑跳舞，蹲説介）他們在家時候，何曾有這樣暢意？一個個快活的了不得，高聲叫喚。這是他恃愛撒嬌，要掩掩仙人眼目。休理他們，休理他們。（老生）他有説不出的樂處，原也有説不出的苦處，倒也都是真情，不用呵叱。

【紫花兒序】彼則恨嬌滴滴桃花命薄，颺悠悠柳葉身輕，虚飄飄蝶夢人遐。没多半風塵潑賤，有半屋的受用奢華。今日等徙天涯，夜宿深山是那家，撲簌簌悽惶淚下。怎看得落日長江，千里平沙。

（衆）抛了光面的，來伴著毛面的，怎麽了結得這一世？（丑）你那同類之中，誰不是麒麟楦、沐猴冠？俺雖獸面獸心，他也未必人面人心哩！（老生）咱看這些宅眷裹面，没有識見狠超的人。多少名士顯人，僅能皮相，怎怪得這些庸庸之輩。他見了這尊顏呵，自然道：

【三臺印】提起來痛酸殺，則教我淚做千行下。生做了這一場風流話靶。怎得教俺鬧哈哈，嚷了官衙，誰顧得旁人笑話。他道我身遭折罰，都是伊禁了咱。則這名兒點污，終是你誤了他。怎禁彼兩地相思，一般牽掛？

（丑跳舞介）張昌宗弟昌儀，見抱子婦人行街上，以鞭拂之，婦人大駡，便叫横駝了去。你們天大造化，投了個没毛的胎。説到那兼人之室、奪人之婿的，倒還嘖嘖稱羨。亡妻走妾各事仇。被他兼了去的婦人，奪了去的男子，得了甜頭，敢也就揩了淚，忘了痛。俺們就污了一污，也不怕他嚷甚官衙哩！

（小生）他就不爲這個，久居山僻之中，復想城市之樂，也是情所必至。

【小桃紅】覷著那滿堤荒草接天涯，黯淡斜陽下。洞冷巖深欠瀟灑。猛嗟呀，凄凉燕子，訴不出當年話。則恨山岐水汊，毛公足下，彈怨没琵琶。

（小丑舞蹲介）饒你名城大院，錦堂珠服，下邊那話兒，不能日日飽餐，時時上壽。也不如這空山無人，水流花開。人生在世，只要這肉身上肉，家生實在受用，没有一刻空閒罷了，看那身外景致當得什麽？（衆合嚷介）他有毛的，女不吃醋，男不拿奸也罷了。咱這没毛的裏面也有父子，也有婆媳，一同赤身露體，給你幹這一樁。教人怎麽好意思的？（老生）是的是的，把這苦情也等咱替你唱來。

【含笑花】覷咱這一點似須遮，瞧不的女媳公婆並獻花。則把你頭兒鑽刺在咱毛兒下，越教人肉麻羞詫。赤條條的光身空淚灑，猛教我有何顔再對菱花？

（小丑又跳介）俺本非人類，幹甚人中倫理？若是有别人看著，或是被旁人知道，便覺不好意思，如今只有天知地知，你知我知，也恁般説，好不扯淡！（小生）則如今添了我們兩個眼見這般，就難怪他們了。他説道：

【秃廝兒】没計兒將咱救拔，則待化啼鵑飛出三巴。饒刻不容，休只半霎，須念底在天涯誰家。

（老生）賢夫婦只當是王敦開閤，揀來久的放他幾個去罷！

【聖藥王】呀呀呀，你道是烟樹峽雲水涯，趁東風無地不楊花。則彼這心似擣淚似麻，向深山寂寞度年華，怎肯隨分入猴家？

（丑跳介）替俺生了兒子，奶哺成人的，俺只尋了接手，原肯放他回去。若是弄不出肚皮來，或是養了下來，哺不成器的，只這山後深坑便是他們葬地。（小生）這等説來，十個裏邊也就有一兩個不能復見家鄉了也。

【麻郎兒】再休題賓同翠罕，再休題戲聒紅牙。沒一日風流罪發，只教葬送牡丹花下。

（小丑趕衆介）歪拉骨拉牢洞，俺兩口費了許多周折，請得兩位神仙光降，本要談談道術。你們再把這些閒話來囉唕時，照依前日拗强一樣，一個人一百荆條。（老生）這也叫做各急所急哩！待我替他訴苦。

【么】他把咱家責罰，則怕逼投崖，斷絶根芽。你雖異做官人，怕犯著周公禮法。爭教我世上人，受了魍猻兜搭。

（丑、小丑捺老生、小生上坐，拜介）他們不爲弄法不全，倒也久已投崖了，休替他愁。如今只求大仙把這長生不老的做手指授一番，也不枉了弟子夫妻引領遥望了五七十載。（小生）則那引氣嚥津之妙，你們向來知道，也不消細講了。只付授你一個對景忘情，了空無罣罷！（丑、小丑跪聽介）願聞何謂了空，何爲對景？（老生）比如你單揀肥白男女，便是對景，便難忘情。不如就在獸類裏邊運用運用，一般有氣可採，却無冶色摇精，包你延壽無窮，也在地仙裏算。

【小桃紅】你但向同儕，長問汞鉛花。比著俺男女身，並沒半些兒高下。則怕伊呵，粉面光身正摟罷，貪戀著那奢華，忘却這師家囑咐叮嚀話。把他們差發，重回改嫁，伊猢猻君子怕無家。

（小丑起跳介）弟子只把他當個木雕的人，也就可以不動其心，猶如虛空遊戲了。怎麼伴過了没毛的復新去伴起有毛的來？（小生）你們既以無毛爲好，他們就以有毛爲惡。如今看將起來，賢夫婦的主意也是極難挽回的。他們要伴那没毛的，又没你的精力，伴了你這有毛的，又没他的面顔。只好貧道略施小計，把二位皮毛變换得與他相似。就是好尚不同，性情各别些，他們也只當李陵招親、文姬遠嫁了。（丑、小丑拍手大笑，跳舞介）這個法兒更妙，端的是個真仙，要到何時纔能彀呢？（老生）我們的法比硫黄焰硝還快。你們翻他幾十跟陡，夫婦進房交媾，我們房外作法事，待完時已是光光一對了。（丑連翻介）樂也，樂也。（小丑連翻介）就去，就去。（相摟同下）（雜衆男婦隨下）好不識羞，好不識羞。（老生向内吹氣連連）（小生唱介）

【東原樂】你色膽如天大，彼離情似海遐。怎不戚墮旁生將人跨？空教我代剥猴皮現素羓。

（丑去面具、短衣，赤足右出擺介）果然正快活時，睫一睫眼，不但他的面孔標致，連俺的身體也灼光哩！（老生）剛纔跟陡翻進去，如何即便擺出來。（丑）肚裏雖不是人，外面已有些像人了，俺待要衣而冠之矣，安得不禮而貌之乎？（小丑隨上跪介）俺是女身，不會之乎者矣，則知道二位大仙是俺重生父母，不敢忘恩也。（小生拉起，執手介）你則索低照著菱花罷，省得你人兒村駡。

（丑）仙師拉著手兒，自然是喜他臉蛋了。傳授心法，非一朝一夕之事。今夜就著他親身陪著仙師睡覺。（老生大笑介）這個到不敢勞。古語説道，留得他的人，留不得他的心。只安住了列位尊寵的心，也㲉得緊了。

【絡絲娘】愁殺人也孤雲落霞，苦殺人也山高水凹。似這漢明妃遠把胡孫嫁，青冢畔怨魂慢化。（净倚鬼門探頭呼介）百樣菓子都剥端正了，快請仙師進來吃茶罷呢。夜間的事，夜間再講。（小生唱介）淚珠兒莫流向瀟湘下，一天愁變成歡洽。不因我做憑空轉劫大恩人，可不醜殺了你畫春宮，情郎搭乾媽。

下場詩

多少重門閉合歡，豈能刻刻都狂縱？
就窩奪得笑歸來，此後便休誇子重。

第十四齣　媒韋

【卜算子】（生傅粉上）系接周齊胄，策續天人手。到處明珠是暗投，吼得潘郎瘦。

豪家月色少於燈，玉京只在珠簾底。生憎絳蠟無我情，只爲渠儂照珠翠。小生姓韋名安道，表字樂天，京兆人也。世代豪家，國朝望族。心慚漂麥，性懶吹竽。兎穎晨吟，耕盡硯田紅粟；鬼鐙夜讀，用完榆筴青錢。二十過頭，徒忍淮陰之餓；一枝未穩，幾成吴市之囚。咳，滌器難逢賣酒人，縱使賦就《上林》，僅作高車赤漢子。樵薪尚少埋羞婦，任爾經談前席，空成金馬老鰥夫。一月之前，忽有兩位方士到此化齋，詢其俗家，一孔一李。據說，新任土神久寡欲嫁，渠有見憐之意，擬代執柯。俺說，土神有大有小。他說，此係后土，連四大部洲都管得著。俺說，后土久已配天。他說，有一器皿，必有一有司。天地無人，不能裁成。所以只似一件器皿，司其事者必須人的精魂。彼自各尋對偶，與那器皿何涉？俺說，管天管地，比不得小官職，與奪者誰？他說，小天地譬如藩鎮，也有受大天地予奪的；大天地譬如唐天子、大單于，也有自力所致、群靈心服的，也有群靈推戴、都不容辭的，也有明變爲昏、衆叛公逐的，悉與人間彷彿。就是沒有變故，精神耗盡之時，也要換人替代。俺說，何以必轉胞胎纔叫做人？他說，胞胎非盡鬼魂，原有天神星宿降生的。而洞仙星宿、諸天玉女等，亦不是太極初分時便有，都是不時增減。其靈氣忽聚如蜃結爲樓，氣烝爲肉如濕烝爲菌，吐火自燒便焚化了。要見新肉即時復生，也就恰像個人，也是精魂一類，也就有蕩散時候。必須潛匿數年，纔能復其故。我非是全仗胞胎，胞胎裏的精靈散成烏有的更多。俺想既然有肉便真當得渾家，他又許我添精益壽，俺越發不敢推辭。無奈飽餐而別，杳無回音，疑心這兩個人也是鬼物。這都是妄想所召，何必介懷。只是鶉衣露肘，破屋撐天，怎過得這凄涼日子也？

【桂枝香】龍門無竇，桃夭未偶。終不然幾句詩書，罰盡了孤貧之咒。惟俺韋安道呵，儲空升斗，姻慚卯酉，盻悠悠。怎得個茜綬縈青眼，紅顏咏白頭？

（老生、小生吉服，雜捧冠服等物上）（老）葛洪亦有婦。（小）王母亦有夫。（老）神仙盡靈匹。（小）后土合何如？

【賺】（合）佩玉鳴鷚，奉勅爲媒訪舊遊。（作入介）來蓬牖，九泉春色絳雲浮。（生作驚介）又來遊，爲甚的冠裳幣帛陳瓊玖。莫不是又視衡門作食郵。（老生拱手介）大福人恭喜了！自從拜別之後，即往后土祠中備細陳奏。娘娘陛下説，你聞係神人了無疑畏，願貢款昵，識膽俱全。即刻下了懿旨，依奏速行。他説，巳午以前，自願縞衣綦巾，偕爾應酬凡俗；未申以後，被爾珠旒龍衮，陪他共治空中。揀定今夜成婚，所以送這冠帶。（生摇手介）敢又是做夢麼？（老生、小生）並無差謬，慨依陳奏。

你看那三清玉帝、普化天尊、文昌魁宿、斗姥王母、真武天妃一概從天下降送親到來。端的萬靈陪侍，好不焕美尊嚴也！（外扮三清、小外扮天尊、末扮文昌、老旦扮斗姥、副末扮真武、丑扮天妃、净扮王母、副净扮魁星等仝上）（生四望介）呀呀呀呀！（老生、小生跪起）（生隨迎介）

【皂羅袍】（小生）虚席瓊花祠右，看乘龍佳婿，喜咏雎鳩。（老生）韋家一子玉爲人，調螺獲遂求凰偶。（諸上真合）鍾期擊節，桐音爨收。柯亭枯竹，笛聲韵悠。嘘培頓使三星遘。

（正旦挑牌珠絡、冠帔扮后土，小旦珊瑚繁露、衮冕扮則天，隨上）（小生）你看連那大羅天女，都來鬧房賀喜。仔細看來，就是當今聖上則天萬歲也。（生跪）（小旦攙兩手，唱介）

【番卜算】飛縱是情絲，遍壤彌天有。常娥王母笑相偎，玉帝親看否？

貌者，情之華。服者，心之文。這般相貌粧束的新人，真使新郎君夢想不到也。但后土至尊，無交拜禮，竟請左邊就位者。（内吹打）（小旦扶旦上坐介）（老生）平步上青天，鮮彩染冰顔。幸虧新郎君，覓得厮稱人。神敵體難論，君臣也請右邊正坐者。（與小生代生換冠帶，扶坐介）（淨、丑大笑介）取交杯來，等俺兩個遞酒者。（遞酒換飲介）（淨）則新人也要笑笑纔好，大家有甚法兒引逗一引逗者。（小旦）知道新郎尚儉，今日没有寫戲。魁星老爹倒戴著個鬼臉兒，不像怕出醜的。試舞一回，當了戲文，敢就笑也。（副淨躬介）魁星領旨。（舞介）何取乎筆？（衆）爲文章。（魁）何取乎斗？（衆）盛餱糧。（魁）何取乎金？（衆）通津梁。（魁）此今之魁星則然耳。（衆）若古之魁星，但見天漢之光鋩。（淨等大笑，旦亦接笑介）（舞説可以數疊）

【一封歌】〔一封書〕（合）簫聲掩鳳樓，勝緱山驂玉虬。鑪烟惹雉裘，賽瑶天跨紫騮。又何必橋填碧海銀河水，斧砍蟾宫月窟秋。〔排歌〕紗籠耀，綵架稠，祥光瑞靄滿皇州。花迎笑，月照甌，良宵子夜勝丹邱。

（淨先坐介）韋郎家裏既然如此仄狹，俺每也不必上席了，竟就隨便雜坐，領一斗大巨觥，也算助了人家一場熱鬧。飲乾，留滴者罰，依金谷故事。（衆環坐，齊應介）阿母言之有理。（老生、小生奉茶酒介）

【長拍】（合）炯炯青燈，炯炯青燈，蕭蕭白晝，總是淒凉時候。黄虀半口爲糟糠，淚咽飢喉。壯志冷吴鈎。破寒氊經幾度，井梧飄甃。望斷雁行無尺素，空落得飛去飛回似浪鷗。驀今朝半胸酥膩教偎齅。可知道華胄國土，也則許仙遊。

（淨）俺每仙家匹偶，雖然地久天長，却與凡俗同情也。是今宵要緊媒人權留領謝，咱們大家散了罷！

（各拱手介）散罷！散罷！散罷！散罷！散罷！散罷！散罷！（丑）人生百年難百歲。（净）何處雙心共一心？（小旦）欲覓無愁多福侶。（老旦）須從空際去招尋。（外）杯交玉液飛鸚鵡。（末）樂奏瓊簫引鳳凰。（副末）與人方便吾方便。（小外）千金一刻莫相妨。（並下）（生哎呀介）怎麽諸位神仙，都就忽然不見了？（老生揖介）則貧道也須暫别，且過些時來請娘娘的安也。（生起送介）還有一句悄悄話兒，敢敢敢敢問先生一問？（小生附耳介）難道你不會幹麽？（生）非也，非也！則不知配了后土娘娘以後，還容娶小否？（小生）問得極是！我久已代奏過了。他説，以人配人，就娶小也還是人。他嫁你時，天道、神道、鬼道、人道，聽你娶那一道都可以得。（生揖介）如此多謝多謝！（老生）如此請了請了！（並下）（生回，旦起介）

【短拍】人愛温柔，人會嬌羞。誰知仙友，逞恩情更盡風流。何必同群爲偶，不怕人間羞醜。

（生）只免了石麟秋草，拚千年永共衾裯。

（内三鼓介）（旦）韋郎絶不必疑。即便脱衣就寢，便知是邪是正，若人不若人也。

【尾聲】（合）燈移影，壺催漏，擁入陽臺巫岫；　七日千年計曉籌。

下場詩

繁華自古無銷歇，役使詞人爲斷魂。

仙骨寒消不知處，兩脚梢空尚弄春。

第十五齣　賽僧

【字字雙】(净扮侍姆上)奴家傭賃在渠邊，乘便。掃床鋪席間同眠，無怨。金蓮七寸狹而妍，會纏。塗朱抹粉賽嬋娟，花面。

自家翟八姊便是。雇賃在這唐家做個嫗監。容貌雖非第一，乖巧却也無雙。殢雨尤雲，夜夜夢飛巫岫；春花秋月，時時魂繞陽臺。半拉熊掌囫圇吞，對鏡自誇樊素口。十幅羅裙圍不住，逢人争道小蠻腰。無病常白晝閒眠，捧心作惡；有事便東攛西掇，鼓舌拈酸。難得院君已老，抓癢纏脚都要别人，貼身總離我不得，所以醋瓶酸水漸漸乾枯。夜晚頭許在横床開鋪，又喜的員外還騷，煉氣養龜勝奴。蓋老安人也用他不盡，所以兔子鴉頭剛剛挨過，大白日還要抽我風箱。近日來了一個李八百，和員外談什麽道。十個脚指頭内如蛆攢，一條大卵袋癢似蟲鑽。一刻没有人舔，就要叫死叫活。員外因天寶年間，有個西域神僧到來，脚板出水，洗下來把人吃了，百病消除。他那時候纔十來歲，不大肯信，白白的錯過了。所以深信這狗攮的説話，就叫尋春和我替他舔刮。這狗攮的驢倒像驢，却並不想幹事。我們圖他甚的，做到這等下流。(望介)你看尋春也走將來了，自言自語不知説些什麽。且等他來商量，做弄這狗攮的一下纔好。(躲介)(丑上)

【前腔】閨房濟濟我争先，胡纏。金蓮抬起便朝天，誇艷。家婆篋笥有銀錢，偷掂。突來賊道向人瘨，臭厭。

（净作跳出介）你不要厭他！他那卵袋和脚指拇，舔著都是長養精神的。此時脱出，看來汗水如流，往日奔馳，積下泥污，似漆幾回。開褲聞聞，一陣肉皮香四海；空囊摸摸，譬如花露濕替包屍首。白日費廿兩湖綿，若要熏乾，足足要十觔黄熟。（丑）恁地好時，以後俺不舔了，只讓你一個人去受用罷！（净）啐，便是不圖他喫，不圖他穿，連員外安人也不曾要恁般伏侍，倒伏侍這狗攮的。想個法兒叫他認的老娘纔好。（丑附耳介）不打緊的，俺只把那脚指咬上一口。（净）俺待把他卵袋重手一擰。咦，咦，不要亂説，院君員外屏門邊咳嗽哩！

【繞地游】（老旦上）寂寥庭院，不減春來倦。望南枝曲欄憑遍。（末上）方響敲，風踈櫺飄霰。（老旦）暮年人腰酸力綿。

（末）天涯奔走成何事，輪與閒窗抱膝吟。人間那有延年術？只羡田廬自在身。（老旦）一段心情空自愛，風流那得時常在？月窗花院好風光，無由鑄入青銅内。員外，你也好笑。那李先生下身作癢，説是鵶頭老媽舔過，纔得三五分兒。必須宅裏奶奶親自一舔，方纔可望全愈。你就該回『這個却使不得』，怎麽説道『既是恁般方好，等他齋戒沐浴，再表恭敬之心』？（末）院君有所不知。古來神仙試人，多半故裝齷齪。那人没有仙緣，就不依他言語，所以交臂失之，錯過了千千萬萬。兀那道人説是待他癢住之後，洗一個澡。將水把我們吃了，包管返老還童，身軀壯健，論三四百歲過了去。俺怎肯不試一試？（老旦）饒他仙凡迥別，他到底是男人，我到底是婦女。他的癢處到底是下體，俺的舌頭到底在上邊。況且仙與不仙，也還未定。萬一被他騙了，别人就不得知。兒子們販賣回來，豈不惱死？（末）你不曉得，那勸人煉丹的，怕他騙了錢去；那要和人交媾的，怕他騙了髀入。如今你的年紀，花甲都過了。只叫你舔一舔兒，打什麽緊？（老旦）既説明了，俺今日竟替他舔。只是没好處時，你日日要受我罵哩！（末）休説是罵，就是要打，也聽你打使得。尋春，快往書房請李先生出來。（丑應暫下）（隨小生上）

【琥珀猫兒墜】（小生）江淹欲别，天際反飄綿。俺待學返棹山陰遊興淺，則讓你袁安閉户枕書眠。（老旦）風雪彌漫，老仙也怕冷麽？知院取大碗來，鴉頭快些斟酒。（净篩丑奉介）（小生）冷著皮肉還好，只怕冷到骨頭。嬋娟，多謝你獸炭高燒，羽觴頻勸。

（末）果然好大風也！

【啄木兒】雲疑凍，風欲顛。（净拈箸就小生口介）這羹魚凍兒，是俺院君自己備的，先生下下酒兒。（小生）謝伊行匕箸相遺，反教我食之有靦，這纔是同憐共惜勝精腆。（丑）待我再斟一碗來。你休要袒分左右違心願。（老旦）這一碗等我手奉罷，捧著甌兒舉鼻邊。

（小生做抖擻、摇顫介）哎呀呀，不好了。三杯落肚，這癢越發了不的了。唐老爹快些開口，唐太太快些搭救。（丑推小生坐椅介）先等姨太太來救救你瞧。（代脱襪介）

【玉交枝】相看牙粲脱芒鞵，烘然氣暄。怎麽這脚倒像鍋裏烝飯，倒有趣哩。（捧近口介）地微不足勞青盼，空孤負舌展青蓮。（小生）好尋春姐，你用心著，我送些丹藥與員外，等他多陪你幾年。（末）

青衣未曾遭棄捐。（老旦）白頭尤望承恩眷。（小生）員外病倒了時，就不打發你們出去，也不能和你們幹什麽了，可是保他老健要緊。（浄）細思惟紅顏可憐，轉躊躇，淚珠涌泉。（小生連顫左足介）右邊纔好了分把，左邊又忍不住了。有行好的快來。（老旦努嘴介）陳媽媽，你先去。（浄）不要慌，我來哩！（代脱襪介）須不似俺員外呵！

【五供養】温柔鄉戀兒女，情深送暖偷寒。（丑、浄坐地，各持一足向口介）（末）閨房多故態，憂喜總前緣。（老旦）聖賢不舛，近不遜，遠之滋怨。（丑）濕汗精光軟，却如何似臭如香賽妙蓮。（小生摇頭扭肩介）兩隻牢脚剛剛略熬得住，這腿襠裏面倒一刻也坐不住了。却怎麽處？却怎麽處？（老旦）你且略熬熬，老身也説不得也。（坐地就襠介）

【憶多嬌】你該向嵩華巔，壺島天，吸露餐霞閲歲年。（老旦就襠）（浄、丑左右遠開，各捧一足向口介）（末）物外逍遥無掛牽，一笑飄然，一笑飄然。（浄、丑合）但問何時癢痊。（小生）這腿襠裏，則被院君舔了半個時辰，癢就全全殺了。兩脚十指，還只醫得五分。索性勞動一勞動纔好，却是不便啓齒。（老旦）我的嘴兒就恁靈驗，我倒是仙人了。左右是左右，索性叫他腌臢一腌臢，試試瞧呢！（小生）相煩大姐提桶水來，這脚待你院君再舔一舔，俺待洗他一個永絶葛藤哩！（浄、丑起介）我去取來，我去取來。（下）（老旦坐地，並捧兩足近口介）

【錦獅子】〖字字錦〗（末）山妻舌嘴喧，聲逐沈痾斷。無端癢似風，偏把陰人謾。（小生）恁相憐，勝底似玉如花。如花貌，奏著急管繁弦。（浄提盆，丑提桶上）〖獅子序〗胡言，如奴綽約，自覺遍處純綿。如何純綿，純綿翻不穿。（合）哄殺人也天，笑殺人也天。短行仙人，行短仙人，教人舔弄，莫不是風流戲變。

（小生大笑介）如今實告訴你罷，俺的下身有什麽癢？不過要堅你們的信心。有些怕我褻瀆，就算不得信心了；有些嫌我腌臢，也算不得信心了。任我腌臢也不嫌，任我褻瀆也不怕，這纔是神仙知己，説得個與佛有緣。俺的靈丹妙劑，用不著藥箱的，只消列位老娘把這舔過的地方使水一洗，每位吃他兩碗，包你勝如種瓜，頃刻便見功效哩！（净、丑代洗腿襠介）

【前腔】（小生）彤雲一望連，驀地飄飛霰。俗家人自寒，談道心休顫。（末）猛回旋，止見玉面神仙。神仙肉，映著柳眉翠鈿。（净、丑又洗兩足介）（老旦）堪傳，風流玩狎，豈不勝那枯禪。如何枯禪，枯禪教作羨。（合）騙殺人也天，樂殺人也天。短見男兒，見短男兒，防妻禁妾，那裏有真仙當面？

（小生擲酒介）員外先請吃起。（末就飲介）哎呀，香甜醲釅，入口清凉，到了肚子底下，又比燒春還煖。這腰胯脊梁，一霎時都似春陽初動了。（净連連側望介）真好奇怪，真好奇怪！俺員外的臉蛋，一霎時比奴還胖半絲兒，皺摺都没有了。（丑取碗搶吃介）待我也吃。（老旦奪飲介）你須先儘了我。（净就盆飲介）你們吃不完的都是我消。（丑亦就盆飲介）則老娘的食倉，也不曾弱似你。（小生穿襪起介）只因員外一人，便宜了你們衆位。也罷也罷！該數你們造化。從此以後，休説那一件事，連日連夜也不妨。三五百歲，不算什麽高壽也。

【沈醉海棠】〖沈醉東風〗（末）算繁華空花景遄，縱冷落清風自遠。（小生）唐公昉只因看得世事極冷，所以能信俺這遊方道人，所以得受用今日這般美報。〖月上海棠〗看豪家翠繞珠圍，免不得酒闌人散。休嗟嘆，急早扳仙，神通多變。

咳，白日易過，青春不再。那爲官的夜行不休，忽地裏鐘鳴漏盡；爲婦的蛾眉不讓，有日價玉碎珠沈。算來樂極悲生，畢竟愁多歡寡。所以冷落的或有繁華日子，那繁華的究竟歸於冷落。這叫做花有重開日，人無再少年。似俺每時多過他幾百年，可不是好一場春夢也？

【風送嬌音】〖風入松〗（老旦）鴛鴦至老並文肩，鎮日裏狂呼歡戀，還妒甚小星阿奶衾稠薦。〖步步嬌〗（净、丑）這恩情難割斷，儘此生侍君前，暇則焚香修煉。

【尾聲】（合）人生聚散如飛電，今夜裏把寒威消遣，生死彭殤怎聽天？

（小生先下）（末、老旦隨下）（净扯丑介）你怎麽不咬他了？（丑）我看見員外立在旁邊，只得縮住哩！你爲什麽也不擰他了？（净）幸虧没擰，擰了只好躺在棺材看你們作樂了。（笑摟仝下）

下場詩

鸜鵒明知曾不漏，儘教人看却佯羞。

猶有殘光半山日，羞將憔悴易綢繆。

第十六齣　訝葬

（老生扮孔安上）平原纍纍添新冢，半屬去年來哭身。須知青冢骷髏骨，即是紅樓掩面人。在下今日爲何來到此地，又説這幾句淡話？只因世上的人一絲氣在，十分認真。娘女妻妾被人斜瞟一眼，悄説幾句，强的就要趕去打罵，弱的也將婦女埋怨。及至死了，埋墳便只貪圖風水，和人家挨肩擦膀，竪葬横埋。想必心裏計較，血肉已無，僅存枯骨，又隔了幾片材板，還怕他幹了什麽？不知現活著時，授受不親，也不爲輕易就幹得事。只是怕他心中打點，眼裏垂涎，嘴兒舌兒贊羨調謔。隔了棺材，魂靈原要如此。哈哈哈哈，生前倒還有占得牢的天下，死後斷没有霸得定的墳堆。幾百年前的人，被幾百年後的人硬來擠夾。這也罷了，由不得自主哩。怎麽爲了吉壤，自己要去挨那舊時的人？此間有一貴人更覺可笑，父母亡時他還窮哩，不曾掙個碑誌。如今尋得大地了，造了大大墳園，築子五層拜座，要遷葬也該的。只因不曾滴血，竟把别個男子的材和娘仝扛了來，打點捺在一處。想起太君在日，俺曾擾他一茶。略過一會，等他抬過，則叫他休要如此，也就算是俺報答了這位堂客哩。又聞得弦超天女在此經過，趁便會會，益發有趣。（生、旦布衣上）（生）無情事多情惱。（旦）一寸狂心未説，已向横波覺。（生）得近衣香魂已銷。（老生揖介）仙姑拜了，違教數百餘年，不料這裏相遇。怎麽妝扮恁地朴素呢？（旦瞰福介）俗人耳目，不要驚他。（生）老兄也爲要看笑話來的麽？（老生）便爲亡人曾有一面。（旦）則俺每神仙要活人時，聽揀著用。他們凡俗，做了死人還由不的自主，倒叫下作鬼魂强討了便宜去。這般看來，可以人而不學道乎？（老生）弦兄看者，來哩來哩！（雜抬兩柩，丑執杖衰絰隨上）（净扮女魂串場）（副净扮男魂追扯介）

【探春令】（魂副）夫人便畫遠山眉，愛伊人獨美。死窮人欲把殘花拾，厮覷你天然媚。

小子名喚胡狗，生前喜賭好酒。褲兒也没得穿，死後募棺一口。呵呵呵！埋於亂葬坑邊，從來没人祭守。旁邊有古尊鬼，衙役鞭笞已久。呵呵呵！誰知造化到來，官府替娘搬柩。把儂當做他爺，陪著他娘扛走。呵呵呵！俺則覷那夫人，年紀五旬左右。區區少他廿年，那話兒自然雄赳。呵呵呵！看他滚胖鑾長，又白又肥屍首。自今儘俺搏搓，不怕高飛遠走。呵呵呵！俺從來罕近女色，一近就是王母，必須涎個盡情。（望净雌牙介）顧不得你夫人羞扭。呵呵呵！（魂净灑脱衫袖，緩步作愁容介）

【剔銀燈】五花誥宣來無愧，七香車坐來還媚，粉容膩澤穿霞帔。恨兒曹没半分伶俐。真奇，把親爺倒棄，殆不免斯人跨騎。

（回向副介）啐啐啐！你這狗才休要癡想。就是俺的房門，也不許你近傍。（魂副屢近、魂净屢退，照《閻鬼捉張三》勢演介）（副）夫人敢倒是癡。若在陽間，俺就怕你尋死。就在陰司，也還怕你喊官。如今弄在這墳窠裏，人既不知，鬼也不覺。已死過了，難道再死？俺便做作起來，夫人待拿我怎的哩？（魂净）你只蹾在大門口替俺司閽。俺貴人化的錢財、擺的酒食，一概賞你便了。（魂副）好說好說！

人要醉飽，圖好睡覺； 人要錢財，爲娶老婆。 這狗才從來不曾摸著這樣好皮肉，從來不曾看見這樣好羞羞。 天把夫人賜俺，叫令郎把俺當爺，俺肯不看一個肉麻，摸一個足意麽？（魂净）休説我是貴人，就是敬老尊賢，你也不得胡説。（魂副）聞得婦人是老的知趣，男人是壯的有用。 俺雖窮的不堪，却有一壯可取。 夫人是不曾試過的，怪不得顛倒著急。

【番卜算】女婦晚年庳，合把强男試。 尊賢敬老在斯時，盡痒加滋味。

（魂净放哭頓足介）這却怎好，這却怎好？（老生攔丑介）貴人知道錯誤麽？（丑）下官奉勅葬親，有何錯誤？（生）則這後邊一柩，不是先太封翁也。（丑）怎麽過路商客，都幫著個道人説話？（背介）這話不爲無因。（轉介）請教怎麽知道？（老生）大人自不知道。 貧道們則見太夫人哭著數説，不願與此人同穴哩！（魂净喜介）好哩好哩！ 仙人救我哩！（魂副頓足介）不好哩，不好哩！ 遇著冤家哩！

【掉角兒】（魂净）念奴家死腰肢難勝帶圍，免不得抖精神自梳雲髻。 怎高年遇此灾危，幸神仙並施匡濟。（魂副）夫人只要實在受用罷了，做了鬼魂還論什麽貴賤？ 何必要坐黄堂盟白水，戴烏紗懸紫綬，鐵面風儀。（丑）如今計將安出？（生）如今便有人指示封翁骨殖，必且疑其誕妄，窮究原由。 只好把那山坑裏的朽骨，都取將來滴血哩！（魂净）他似個人中傲吏，星中耀魁，故我這荆釵裙布，索捧盤匜。

（丑）則可惜骨多血少，怎麽滴得遍呀？（老生）如此寧可闕疑，只將太太單棺獨葬，也還保得個生順死安。（魂净却立介）咳咳，老身待託一夢，告知先骨所在。無奈我這孩兒，從不信陰陽夢幻之事。神仙見他至誠不足，也就不肯指示。足見生前遠別，固由宿命所招；就是死後孤居，莫非命數應爾。雖是幸中不幸，也還是不幸之幸哩！

【前腔】俺拚得對菱花孤身坐欹，何必要研都手從旁點翠。不復羡競風流佳人占魁，又有個助窈窕才郎作對。要什麽弄藤簫噓粉蝶，玩金蓮搓玉笋，私甚描眉生前夙配。泉途唱隨鎮萬古，端詳拂拭，嗚嘬偎依。

（丑）被衆位一番説話，使下官滿肚疑心，只恨當日貧窮，没有題和刻誌也。（旦）世間一娘嫁二姓，兩邊生貴子的頗多。不拘那家搶去合葬，做娘的也都隨便，似這個時却使不得。（丑）連你這個村姑，也懂恁般道理。下官欲不從命，其可得乎？（作放聲哭介）（魂副扯介）夫人不要錯了主意。和女人做老伴的，只要他有閒情會體貼。那利名心重的人，死了還像做夢，只想做高官，食厚禄。終日攢著眉頭，説皇爺難答應，那有工夫照管妻子？

【前腔】非是我笑你駡伊，果見他不伶不俐。一般的雙顴兩眉，爲甚麽我婕人媚。他只曉得做官腔媒高位，看文移勤拜客，那顧房帷。那些做夫人的呵，玉容任悴，鉛華懶施，再不想風流跌宕，名播深閨。

（丑）罷是也索罷了！可惜我先太夫人寂寞些兒。既没有成群奴婢，簇擁於生前；則令此明器木人，胡慮於身後。（魂副）聽這貴人説話，倒也有理。

【泣顔回】你便有纖手捧金巵，侍立兩行珠履。香雕紬做，豈真玉人眉翠。秦筝趙瑟奏霓裳，幾曲摇環珮。不如吾終古摟伊，極歡適骸交屍呢。

（老生）怕俑人算不得帳。則把那貧家好婦、有趣女冠，流落他鄉，無地埋骨者，葬幾個在旁邊，與太夫人作伴。豈不是禮以義起，豈不是事死如生了呢？（魂净喜介）得這神仙教導，俺如今更好了也。

【千秋歲】酒澆時泉下陳肴簋，不復道女知己易别難會，比不得男子朋儕。男子朋儕，要相逢，無拘無忌。一般的欄杆外嬌聲碎，房櫳内歡聲沸，個個粧明媚。把金蓮互比，玉手連携。

（生）這位老爺，還算肯認錯的。若是後世的貴人果於自信，想到認錯了爺，十分出醜，便要翻轉臉來，把我們亂罵亂打。説道，我居這們大官，怎麽會得錯誤？似此妖言惑衆之輩，一日難以姑容。只欺那太夫人死後無知，那管他泥土裏邊羞與不羞、惱與不惱。一定把這棺材埋在一處，他纔罷休哩！

（丑）多謝多謝！感情感情！下官以後爲政，都不敢遽以爲是了。快叫火夫把後邊一柩抬回本處掩了吼。（雜應扛轉）（魂副指净諢介）便宜了你，打熬殺你。

【越恁好】哈哈開笑口，哈哈開笑口，急攘攘勁板催。翠環亭左側，不給我共嬉戲。碧溶溶沼溪，碧溶溶沼溪，待亂紛紛把伊爺扛下柳隄。（魂净）啐啐啐！奴才放肆。（魂副笑介）香馥馥嘴皮，膩滋滋酥暈兒，教看額眉。一身上百歲中，只有全裙麗。便難容我吃，看看都喜。（隨柩先下）

【紅綉鞋】（魂净）孤墳獨自，休悲休悲。强魂逐去，難遲難遲。情不竭，興重回。堆笑臉，展愁眉。呼同類，淡嬉嬉。

（丑隨雜扛柩下）（魂净吊場）世間似這等事，若是真正孝子，就要觸石出血，絶食停眠，流涕不能自止。若是執拗書獃，還要反加呵斥，過而憚改，百般掩飾，旁人且喜。吾兒還是中人之輩。

【隔尾】吾兒各半論功罪，知趣仙人免吃虧。從今後改葬的人家，休要亂掘移。（下）

（丑濃施脂粉、胸裝大乳，扮韓伸妻，紅鞋趕踢）（小生扮伸友，兩手護頭，躬腰上）（老旦扮媪，小旦扮婢，執棍隨上）（旦）孔兄快看把戲！那世人又有一件錯事來也。（丑踢倒小丑，一足踹其肩介）你這没計算的癡烏龜，白白的把了你一頂紗帽，朝廷要你何用？二更天回家，一下床就不見了。魂裏夢裏，只想的是私窠兔子。説是倫常之外，無妨别締良緣；典雇之中，到處可逢佳偶。有那一回不被你娘尋著？你也該幹這事？如今叫你歸家，你便似風癱了一半的，一步當十步走了。

【黑麻序】休訝，趕打貽嘲。我拚教驚動九重宣召，把你這芝麻品位斷送在天牢地窨。（老旦、小旦合）空勞，方知色是刀，做不得賢妻禍不招。恨難消，幸虧這金蓮頗大，踢著難熬。

（小丑雙手捧丑足介）夫人休踢傷了尊足，下官以後謹遵約束。燈火未上，早早回家。吃過午飯，還不出去。呵呵，講道學人遭妻毆罵，纔難做人。俺每風流子弟，老婆越打越有趣。

【前腔】休哮，宦海波濤。便無風静浪也能傾掉，況風流罪過我行甘蹈。（老旦、小旦合）供招，章臺馬罷跑，妝樓眉代描。更誰嘲，這番教訓，移易風騷。

（丑將小丑捺翻，騎跨其胸）（小丑雙手叉丑兩乳介）（丑）你可曉得，出去亂嫖，要費錢鈔。能有幾何俸禄，能分幾頃荒田，禁得你這般孟浪？家裏邊不要你錢，難道倒不好了？就是日裏熬不住，也在家裏耍耍何妨？就是有了前邊想後邊，咱也不曾拒絶你。

【錦衣香】罪且饒，恩重保。福怎消，天同老。把風流用在閨中，私窠興掃。自知體態頗堪描，勝他子妹，嫫母稱嬌。（小丑）夫人放俺起來説罷，再過一刻，就要坐殺了。（丑）你再敢也不敢？（小丑）敢是再不敢了。只是下官襆頭都被你棍子打碎了，明日上不得朝，坐不得堂，會不得客，却怎麽處？（老旦、小旦合）把絹頭細補，看纖纖玉手親操。兩翅依然好，把季常籠罩。雖然踹癟，也堪誇耀。

（丑）豈不聞晉荀介子爲刺史，夫人恒在齋中，客來便閉屏風。有桓參軍來議事，殊有姿容，夫人在屏後云：『桓參軍知做人否？論事已訖，何以不去？』如今你既知罪，咱却要比古人賢達些。老嬷嬷替我拿棍，丫頭子隨我出行，都是有功一輩。逢時遇節，各賞你一遭兒，豈不比著從前更加受用？（小丑徐起，叩頭介）謝夫人賞。（老旦、小旦作羞扭介）不要見鬼。

【漿水令】（丑）看龐兒從今越嬌，笑聲兒從今越高，助情看耍耍多嬌。（小丑）夫妻燕婉，天倫酬酢。又不是鑽穴隙將東家抱，任教漏泄風情稿。（合）關倫化，關倫化，淑女非遥。敦恩愛，敦恩愛，琴瑟重調。

（老生擊石炊火）（生持燭照介）各位再細認認，莫非有些錯誤？（丑作近視介）呸呸呸，你怎麽不是韓伸？（小丑）呀呀呀，我雖不是韓伸，原是韓伸一黨。（老旦）你既不是韓伸，怎不早説出來，却挨這許多棍？（小丑）他倒丢了韓伸，直揪我打。我只認的他怪著我，錯認是我蠱誘韓伸。又不知是俺夫人央他連我捉去也否。（小旦）你既不是俺爺，怎麽聽俺夫人踢著，倒把脚來捧住？（小丑）我若早早説明，他倒不把脚伸來了。受了寃屈棍子，連脚底下泥也討不得聞一聞，可不更要氣殺了。不是這位閒管，我待跟他回去，將錯就錯哩！（老旦）臭烏龜，臭忘八。（小丑）失你髀，鑽你褡。（丑作羞扭疾行介）去哩去哩，休要理他哩！（小丑趕介）我偏要跟你回去，看你怎麽發放我呀！（生、老生攔介）（丑等先下）（生）方纔有一位埋錯了爺，幾幾乎把娘羞殺的，也吃咱們指破了。如今你的便宜也儘彀了，捱他幾棍也值得了。必要跟去，他心裏怕用不著，就覺得太惡了呢！（小丑）如此借光同行。

下場詩

　不是世間常在物，昔人心賞旋荒凉。
　艷骨已成蘭麝土，蓬門未識綺羅香。

第十七齣　嬲嫗

（净傅粉高髻，頭堆珠翠，手帶金釧，金攔額長裙短甲）（内裝假乳）（雜扮男女兵，執旗槍，分左右上）（净）滿帳青鬟齊列侍，誰最解人心内事。被伊看餉任奇擎，初次相逢一面喜。自家九真趙嫗積祖，牟安縣人。俺這九真風俗，子女都從母姓。所以只分美惡，罔計親疎；但視妍媸，何拘老少。孫子愛風流，不知祖媪；太公貪喜樂，誰管元曾。自從任延出守，要俺這裏的人，一概遵他漢法。必須年齒相當，方令各成配偶。倒也都發乎情，止乎禮義了。無奈奴家天禀異人，乳長數尺，所以情欲特甚，難守常規。每想古人有云：人生貴於適意，豈得愛死而自不足於心耶？只得入此深山，嘯聚群盜。官兵不敢輕覷，有司莫得拘箝。生平第一僻好，是服那男女的精水。美貌的童兒、壯盛的堂客，倒也都被俺擄掠盡了。此物補中益氣，比吃烟火好多。奴家服了二十餘年，日加强健。花甲都一週了，顏色比花還嫩。近日掠了一個李常在來，本貫四川。問其年庚，自云十六。觀其技術，不是凡人近得的。莫非有意來耍戲我，一刻不肯放閒。奴家竟敵他不過了，只得要權且告饒哩！正是威權制男子，久戰遜孩兒。世間翻覆事，不信有如斯。叫左右的起鼓開門。

【點絳唇】草殿茅軒，刺桐庭院，流鶯囀。左右開轅，兩列雌雄劍。

【混江龍】則看那雌霓旌展，蓮花寶鍔護嬋娟。赤緊的卑彌捧蹕，徵貳擎鞭。陳文佳金釵十二，遲昭平鐵騎三千。散家財買兵努，瑯琊智勇擒吐番，擺唐宴夏氏奢妍。不用求雷尚書、陸侍中斜封墨勅，比得過潘將軍、婁御史寶馬銀鞍。篩幾聲諸葛鼓，不怕他人貽巾幗。畫一幅伏波像，誰説道女累凌烟。俺這裏房帷譙國何難事，眼看他粉黛彭城實可憐。問世上，幾人冠蓋姑，占住這帶山川。

（雜滕行進禀介）嶺南道、嶺北道差官投檄。（净）請進來。（衆進介）（净）你主兒上將鴻勳，名流貴胄。今日通使於俺，恐未必出自至誠。若有窺伺的心腸，連你差官不便。（雜應滕行退下）

【油葫蘆】你看俺上尺金蓮硬縛圓，扣弓鞋一捻軟，花枝壓住五溪天。厮琅琅斜插了穿鍼箭，翠巍巍側映著糊紗扇。少不得紅鸞踹鳳鐙，皓腕按龍泉。休道將軍冠玉饒情面，則看俺金字令牌懸。

（雜膝進介）緬甸國、扶南國、真臘國使人稟叩。（净）是那一國率領前來？（雜）是緬甸國，要討慶賀的筵席。（净）這個不少他的，只是要呼吸相通哩！列國使人，都來聽者。

【天下樂】你金葉文書字樣鮮，胡也波旋語駢連。支沙嘴臉，波斯眼。踈花布將頭纏，五色珠把環穿。穩吃那一盌兒桄榔麪。

（雜膝進介）陳蒙羅鬼宣慰司、狫獱棘獞等處軍民長送禮。（净）你們苗峒裏人，生而不見外事，所以其俗不移；不通文字，所以絶先王禮義之教。婦女有裙無褌，同浴於河，旋躍擇對，抛毬相謔，偶意相奔。初見舅姑，裸而進盥，謂之奉堂。烝報溷通，恬不爲恧。女甫十歲，母即與野居，誘童男而身教之。以善淫名者，人争取之，以爲美。愚而戀主，官目習淫其民。即虐之，赤族不以爲仇，猶舉妻女戴之。只休到漢地去惹事，纔保得任延太守不來處治哩！

【那吒令】你那邊輸些銀絹，彼那邊賞些紬緞，咱兩邊没些嫌怨。進用單依前件，雜差蒙放免，合供著賧布賨錢。

軍機的事打發完了，快請李爺出來説説閒話。（雜向内介）（小生公子巾上）娘娘今日好耐煩也。（净）親親家公，你既和俺同眠共起，没半個别人分得你的事件，就是俺寨中大王了。叫你换了衮衣玉帶，你白不肯。則叫老娘和個秀才並肩而坐，恰像派頭不合。

（小生）那種衣服，我生平不喜穿他，只聽俺家婆穿著罷了。（净拉並坐介）且坐了説。

【鵲踏枝】（小生）他本是玉天仙，消得俺錦文箋。面一似璧月瓊花，景對著瘴雨蠻烟。我贈他紅樓銀管，他送我白馬金鞭。

（净）我兒的本事，娘知道了，以後日裏休要纏。罷！寨裏人多，憑你揀著使喚，讓娘將息將息。（小生）則你這雙奶兒别人没有，引動了我的狂興。

【寄生草】（净）瑟瑟裙，黄金釧，猩猩袍，紫玉蟬。這是奴天生異樣瓊酥孌。爹傳另樣狂騷件，娘留好樣招郎券。怎怪你小官人，但想弄綿團？千萬億婦人家，没有他濃艷。

（小生）天上有長乳星，人稟此星之精則乳大；又乳爲胃府外廓，胃多氣血則乳大。南方濕熱之土，所以下垂。（净）你若愛俺有異於人，俺就在這日光之下、大衆跟前，把你瞧瞧摸摸，也就抵得别的當差了。（小生把乳咀）纔不枉了我渡海而來也。

【錦中天】俺看你花枝顫，怎捨得這酥綿？却不道儂智高娘洗氏肩，一樣兒蠻肥艷。則信這苗婆兒奶顯，更不許粉蘭陵喬裝假面。休遽信老留侯，女貌嫣然。

你要家公饒你些個，我有一句説話，你也須依。（净）你且説來，依得便依。（小生）則這掠來男女，未免思鄉。來久了的，可即放他回去。（净）也狠使得。（衆呼介）千歲千千歲。

【後庭花】（衆合）若不是硬弰弓輕帶轉，早則把老腰肢一會兒喘。且看那綉甲鬆裁便，幾曾肉葫蘆將酸汗湔。起初慢俄延，纔上馬，香塵兒成片，風吹得步步遠。全不見半星兒腼腆，春動了百蠻天。檳榔花紅欲然，忽聞得鸚鵡言，又立在楊柳邊。

（净）明日發兵一支，送這些人出關，趁便哨探一回。（衆）嗄！

【賺然】（仝唱）軍聲下瀨船，甲士明秋練。暢好似女節度，簫笳沸天。現放著兩皮囊，做諸公夾帶選。幕僚看也，算是出水紅蓮。咳，我想馬伏波不肯在兒女手中萬里征蠻。伏波原銅柱雲連，跴屣妻兒望跕鳶。到今日呵，這樣的男兒，一個也不見了。倒靠著木蘭征戰，俺且粉將軍喬鎮綠珠川。

下場詩

風情漸老見春羞，光輝晚歲賠奩嫁。
教人對面解羅裙，黄金有價春無價。

第十八齣　戰姑

【趙皮鞋】（老生公子巾上）走不遍寬九州，要顯高强到此遊。他雖假扮了乞兒頭，我見了須教笑拍手。

春情不可狀，艷艷令人醉。無復昔時人，芳春共誰恣？俺孔豈然從在北邙左右遇著弦超令史，知道唐縣王旻父親好道。他那姑娘的道術又比哥子高多，行比夏姬，遊方選色。一日遊到閩中，寄居尼寺。寺中有個尼姑，叫做徐登。學學他的做作，竟變做個男子了。他就把來充了丈夫，借打花鼓爲名，揀好男女採戰。智瓊元君對我説道，他雖能隱身飛形，變人爲豕，却是佗心未通。如今現在漢陽，你該前去一戲，使他知道前輩的手段不是新出後輩敵手，也替法門添一公案，所以特特走來。如今他待到也，且在這亭子裏邊伺候則個。（小旦扮徐，旦扮王氏，打花鼓上）（小旦）羞從面色起。（旦）嬌逐語聲生。（小旦）願君千萬歲。（旦）無處不逢春。（老生）我們是販鮮的，來了幾日路程，倒遇著無數花子，纏袋裏錢看看打發乾净了。如今戒了，不打發哩！（小旦）爺遇著的是何等人？（老生）俺便數你聽麽，做的有妝癲病，跌碌碡，假啞子，摇銅鼓，披帳幔，跳青獅，做把戲，弄活猻，牽小狗，踏䠷呼，老鼠鑽圈，鍾馗捉鬼，趕蛇娘花插滿頭，跳竈王煤塗滿面。唱的有勸修道的《耍孩兒》，説閨情的《銀紐絲》。《蒿里歌》句句生哀，《上梁文》聲聲喝好。老人説鄉約，輕摇木鐸；莊子嘆骷髏，亂打竹筒。流郎詩，逐年改换；邊關調，見景推敲。（小旦）這些技藝大半惡俗，還是俺們這花鼓兒風月無邊。（旦）打發打發，快些打發。這們財主的爺不肯打發，叫誰打發？（老生）我看你們鳳陽的人，脚又大，皮又黑，身又矮，指又硬。調他一調，倘在門内掙死；抽他一頓，好似不癢不疼。這種風月倒也罷了。所以在下最惱，從不和他皮串。（小旦）則我們雖是鳳陽，脚也不大，皮也不黑，身也不矮，指也不硬。（老生故作近視，帶上眼鏡渾身細覷介）咦，奇怪，奇怪！你們還是自小定親，還是中年配對的？（小旦）不瞞爺説，小人自幼把過和尚做徒弟，俺這渾家做女兒哩！跟著娘打花鼓來到寺前，小人不合和他言來語去，被大施主趕了出來。養起頭髮，竟還了俗，纔和他做了夫妻哩！（老生）這也有趣，這也有趣！　那些跳花鼓舊曲兒，聽都聽厭煩了。　你若就把這個情由編幾段新曲兒，跳一跳把我看，我敢總成你一宗大大財氣。（旦）既經恁地作成，待我夫妻獻醜請教。（跳唱介）

【第一段】（合前）一年去了，又是一年來，打鼓花花鼓兒歪，青頭緑鬢漸變了白皚鬤。（合後）也麽哈哈椤椤哈。　刹那影裏，放什麽千年債？（合前）請看這山南山北，誰不是争名奪利，奪得土饅頭一個在蒿萊？（合後）追想著三周五歲，爹娘懷抱真堪愛。（合前）不想有瞎先生彈弦算命，把那生年生月生日生時，並並繃並繃畢剥，錯推排。（合後）他道是年冲月令，日破提綱，孤辰坐命，又犯了真華蓋。（合前）恨的是狠爹娘竟拚得抛恩割愛送了去空門，落髮享清齋。（合後）光頭滑面早受了沙彌戒，同師一被，他説這個胋兒白。　生鑾楦搗門開，血淌肥豚壞。（合前）千般搐縮，蹙眉忍痛，何曾的口輕開。（合後）哀尼姑有弟子，身無陽具，那及男僧快。（合前）必須他人外入，傳揚洩漏，纔得個暫和諧。

（老生左右摟介）自古道，春光能自媚。　我看你兩個的姿色，真正一雙兩好。　休説兩個都把我耍，就是你每剥光做回夫妻給我瞧瞧，我也賞你一百兩銀子。（摟令親嘴介）如今且做個吕字兒我看。（旦）這大路上衆耳衆目，休得囉唣。

【第二段】（合前）一月去了，不覺又是一月來。　打鼓花花鼓兒歪。　纔賞過紅燈佳節，又早見群女隊穿紅著緑，慶百花聖誕的鬪香階。（合後）也麽哈哈椤椤哈。　看遍了妍媸老少，只一味垂眉下眼，裝得個停停當當的修行態。（合前）那知這人兒，却在寺前打鼓，霹降個嬌嬌滴滴的女喬才。（合後）只見他眼兒鮮瑩瑩，眉兒彎裊裊，體兒輕鬆鬆，脚兒尖齪齪，青裙兒拽拽，藍掛兒新新。錯認做活觀音，嚇得我連連拜。（合前）只聽得鼓兒哼哼冬，鈸兒乒乒乒，魚兒咭咭咯，錚兒叮叮噹。香烟兒裊裊，燭影兒煌煌。三伸供養，鉢囉蘇魯唦哩丫囉，禪悦酥陀。呀，却元來一包肥肉當香齋。（合後）一霎時渾腸濁肚，想被肉脂膏拌和了瓔珞菜。（合前）怎當得挨肩擦背，先惹動了那頑徒跳躍小乖乖。（合後）只一陣羶魚香，把那魂靈兒飛去青雲外。（合前）况堆著臉生春，把這骨頭兒酥盡也，步難抬。（合後）把一座梵王宫，忽變做鶯花寨。（合前）誰想到殺風情的檀越，驀地裏驚天動地，生逐了出庵來。（合後）想前生燒了斷頭香，欠下鴛鴦債。（合前）則安心蓄青絲，跟了這兜兒，將一尺鳳頭鞋。

（老生拍手介）若是憶著你師父，只把他賣了把我，你仍舊回寺去罷！

【第三段】（合前）一日去了，又是一日來。打鼓花花鼓兒歪。五更風，吹斷了百年富貴在空槐。（合後）也麼哈哈椤椤哈，似這等夢巫山，何如那使肛門夾住親師太。（合前）痛袄神，救不迭咶咶喇喇的廟中灾。（合後）一時間無門入地，掩不及當場敗。（合前）感的那衆農商根由免究，但趕出寺門兒，空自把淚兒揩。（合後）就是這好師爺，難留著安單過宿把山門壞。（合前）只得隨他花鼓，半飢半飽命同挨。（合後）勝做了假遊方，非僧非俗真乞丐。（合前）也强如忍飢寒施哩施哩，終年終日，裝做了哭哀哀。（合後）也把個一家一當，都放入長長的袋。（合前）却不怕冤家惡犬，聞聲見影鬧當街。（合後）忙的是親筵喜事，偏同好日，奔得個真無奈。（合前）喜的是年朝月節，渾漿渾酒，骨頭骨腦，糕頭餅屑，發不盡鼓邊財。（合後）追想著師尊擺弄，住向那精精緻緻的香花界。（合前）原不若破之絡索，抱著這胖胖白白的困茅柴。（合後）當日裏迎官送府，雖也恭恭敬敬的稱師太。（合前）今日裏知音識曲，可也涎涎鄧鄧的叫相陪。（合後）當日裏，雙邊大錠，算做還經了愿，只要消佛債。（合前）今日裏，一文新鑄，假把官人奶奶叫得口兒喝。

（老生牽裾介）原來你這窮樣都是裝的，背地裏發大財哩！ 則我這個財東，倒是個大出手的。（小旦）只不要太撒漫了！ 窮將起來，也叫奶奶們怨哩！（旦）俺們打花鼓的，也休要自倒醬架。 饒他富貴極品，到了伸脚時候，只和俺每一樣。 倒不如咱們浪遊四海，水宿風餐，貞淫隨意，無束無拘的，生前十分灑落哩！

【第四段】（合前）一時去了，不覺又是一時來。 打鼓花花鼓兒歪。 猛可的殘陽簸去，又把那月光篩。（合後）也麼哈哈椤椤哈，饒你是偷天換日，曾不把光陰箭影遲行邁。（合前）饒你是拔山舉鼎，幾曾到烟花陣裏，掛得個護身牌。（合後）世間人聰明伶俐，多半被風流賣。（合前）況是色中餓鬼，撞了個油澆烈火的女裙釵。（合後）莫說你良家元配，儘力也無妨碍。（合後）就像他貪嫖家敗，也是你命當該。（合後）那怕他花容月貌，夫人封國真無賽。（合前）到那舞鳳冠兒摘了，團龍襖兒脱了；　佩玉鳴鸞解了，綉裙飛鶴褪了；　一雙象箸舉不動了，滿盤參湯吃不下了；　紫羆褥兒不得坐了，紫檀床兒不許困了；　紛紛眼淚落了，聲聲鼻息喘了；　靈丹妙藥也不驗了，求神禱佛也不應了。呀，也只剩一堆瘦骨似麻楷。（合後）他只道據中閨凌卑欺弱，是一個銅澆鐵鑄的都元帥。（合前）又誰知刮喇喇笋芽一折，滴溜溜青梅落地？　把胸脯拍拍，一聲唉。（合後）還只道狠阿旁廝琅琅銅繩鐵索，怎敢向王宫相府把娘娘帶？（合前）自然是一封書敦請，免不得奈何橋折柳，却原來送行設餞在望鄉臺。（合後）又料那惡輪迴禽毛獸角，怎敢把如花似玉的娘娘派？　自然是金銀輦載，還尋金屋裏去投胎。（合後）狠蛆蟲嘴尖口毒，怎敢把慳貪不捨的娘娘壞？（合前）自然的粉花軀，原封不動土中埋。（合前）豈知道到頭來，和我輩絲毫無異將棺蓋？（合前）不如奴空囊四海笑胎孩。

（老生）《詩經》上道，惟應雜羅綺，相與媚房櫳。　全是這『媚』字下得好。　你如今就把自己抬得恁高，倒叫我等不的夜了。　俺有十錠金子，埋在這空廟背後，你跟我來，我都把你。（拉二旦下）（場上細樂）（解去鑼鼓）（三人復上）（旦）則被你弄怕了也！　老娘三十年來未遇對手，怎麽今日向你求饒？　快説你是何人，俺好拜投門下。（老生）他是福建徐登，你是王旻姑娘。　把他權做丈夫，瞞得别人，怎麽瞞得過我？

【小桃紅】你變男兒，喚醒慢伸腰，充做這仙姑伴。也採盡陽脅，吸盡陰脅，花鼓怎藏妖？終年來閙喧喧，話叨叨，一聲聲風吹到。也則把你往事推敲，嘴兒多掩不住舊風騷。

（旦）如今睡也和你睡了，就是你家裏的人哩！實説，你是有耳報神？是會六壬數？是躲在那裏聽著咱們背地説話，看出咱們破綻？（老生）都猜不著！則俺也是你這一行的前輩，恐你們日久取禍，特地來點破你。

【蠻牌令】飛鳳縱春腰，雙葉利如刀。當時蝴蝶户，今夾大鏗條。只合向巖阿隱逃，何敢向街市招摇。呀，萬一這人烟處口不牢，豈不是禍延林木，楚國猿招？

（小旦）則你這個人也忒貪癡，用了俺的後邊，怎麼又用著我前面？（老生）到無爲處無不爲，借問青天我是誰。不恁地時，法便不全。我用之後，只怕你這東西，也就和俺一樣，比前大不相同了呢。

【羅帳裏坐】金光射人，如蛇似蛟。有頭無角，没牙無爪。喜縮伸蟠曲，軟熟苗條。大將軍進入窠巢，管取終身醉飽。

（小旦呆介）呀呀呀呀，果然不同了！你這氣送過來，比仙姑的更有力量。（老生）行不更名，坐不改姓，則俺便是孔勝光也。（旦連福介）原來如此！孔勝光這名兒，久已聞得。只説是古人了，誰知今日敵面相逢，出盡我醜。有緣有緣，則這難傳之秘、不老之方，非是朝夕所能，竟要留你一年半年，纔放你去哩！（老生）既來之，則安之。却不道，來不來由我，放不放由你。

下場詩

只覺汗餘衫更馥，羞共千花一樣春。

風月秪牽魂夢苦，誰知更被惡憐人？

第十九齣　逐叉

【點絳唇】（副净面具張口，扮夜叉上）上下逍遥，嬌娘美少。移形巧術士驅妖，打動閒煩惱。吾身非别，飛行夜叉是也。身長數丈，好食人屍。上近天門，下居山洞。如吾等類，十百爲群，頗能呼叫詬駡，語不異人。有時大吼，持人裂其兩足。形稍怪異的，慣常吞鱷餐犀。會得變化時，任作美男嬌女、山魈食虎。公姑投我爲奴，修羅戰天暗地，與吾作主。近日，表兄羅刹投胎，叫做高洋。偶然遍歷人家，不過與婦生子。俺生出的子女，留在人間，原與凡人一樣。他們執惑太重，所以怪我白晝强奸。俺來打攪你們，不上二三百年。多少持刀持槍趕來捉我的，都被我跌得血狼錮疾了，也好歇哩！他却又去請了兩個術士來，什麼孔豈然哩，李常在哩。這兩個是《太平廣記》上有名翹楚，却不比那蠡測管窺盲處俗物。豈不知道恒沙世界，何所不有，争名奪利，惡勝夜叉？等他到來，俺則與他談談道理也。俺到不怕你奈何了，却笑你那人類呵。

【混江龍】英雄多少，都是些楚猴秦鹿墓門鴞。弄得來皮枯血沸，額爛頭焦。盲魚破浪，跛鱉乘潮。幾曾見星文東聚，止有那日脚西抛。狠嘍囉，硬生生稱孤道寡。頑厮養，羞答答問道臨朝。草竊得一州二縣的，便當是孟津場微盧應響；挨延得一世二世呵，又道是西京廟文景承祧。十字街，一班兒使槍賣藥的繫了印，也便是五雲臺韓彭衛霍；三家村，有幾個舞文弄法的執了簡，也便是通明殿房杜蕭曹。隔山頭建幾處青紅黑白壇和社，纔眨眼早換却雲日陰晴暮與朝。百忙裏一聲鐘動景陽樓，下場頭三秋風捲咸陽道，只受用得城門輿櫬、帥府啣刀。

（雜旗幟吶喊，一人執鋼叉趕上）則那高處站立的美丈夫，便是夜叉，大家快捉。（叉連拋，副連跌）（照《鬼捉目連母》勢演介）（老生、小生同上）（副大笑介）孔兄、李兄，兩無仇隙，來做什麼？他們初然趕我，一個一個跌倒，自相斫殺。如今仗你道力，不叫跌倒。却也叉我不著，枉費其心。（老生）你乃天上天下靈强之物，品與龍雷相近。這叉叉你不住，吾豈不知？只是有所不當，故來奉勸。（副）快説何事不當，我好回答。（小生）你殺蛟蛇、吃熊豹是該的了。人的死屍有何好吃，你單愛吃？（副）兀那老虎還吃活人。活人被他咬殺，還要起來拜他，自脱裙袴獻與他吃。你也是世界裏的高人，不能一仙也算半仙，却不知俺吃的屍，都是生前作惡的麽？

【油葫蘆】你看破萬古雲霄一羽毛，把閟儒冠一旦拋。看盡了莽乾坤日夜波濤，也曾笑鬼門關占不上攀龍笈，也曾笑犯星槎撑不到蓮花沼。芒鞋邊青山繞，兜帽上碧雲撩。望蛾眉秋影，向寒空吊，莫向我嘮叨。

（雜又連趕連叉）（副又連跌連起介）（雜）你聽他好大吼也。（老生）三千大千，只緣各執所執道理，遂成分界。你自有你的場所，却不該變做人形和人纏擾。（副笑介）則你這人類之中，裏邊齷齪的多，外面形模還好。況且眼界雖窄，點綴頗工，所以俺也變一個兒要子要子。

【天下樂】傀儡場中四並交濁，民空苦勞。金銀萬錠，趲將來窖。花洞兒桃源，穠春在裏鬮。有誰家他見了？

（雜又連趕連叉）（副又連跌連起介）（雜）你看他吐出火也。（小生）人爲萬物之靈，你的力量雖大於他，你的講究遠不如他。上古神人連無支祈，還要鎖他在江底，怎麽許你學他？（副）那是古董話。則俺夜叉眼裏，不曾覷見甚奇特也。

【那吒令】你誇有搭花臺穿雲的九韶，俺只見曬烏皮三農的血苗。便有那玉生生五湖的俊髦。紫貂兒映日鮮，展翅兒迎風掉，一個個鱉頸鵝腰。

（雜又連趕連叉）（副又連跌連起介）（雜）你看他噴出血也。（老生）人家老娘都是三茶六禮長上匹配的，你這做夜叉的怎麽一個好的也不饒，都强占了？（副笑介）則李先兒的婆子也就不少，不過你們乖巧，有法善取。我們粗莽，只得用强罷了。你人類中無惡不有，不是國法制住，那件不幹出來？俺夜叉天不能拘，地不能管，倒只得一個好色，没有别的凶心毒念，敢比他們高多著哩！

【鵲踏枝】醉酕醄，脂粉巢。悉聽你地塌天頽，怎擺佈得我水闊山高？俗話説道，旁觀則清，當局而迷。你們做人類的指摘别人，張長李短，滿口聰明。説得來倒也不甚差遠，只是那正説時節，却不知自家身子放在什麽所在。怪不得佛祖下臨濟一派，打到没開口處纔罷。似你這莽男兒閑評浪討，不如他瘦瞿曇瞎打盲敲。

（雜又連趕連叉）（副又連跌連起介）（雜）你看他又吐火也。（老生）你既知善惡二字，須信白晝奸淫，褻瀆日月，便非聖賢家法。（副）則你關著房行，我不過開著門做，能差得幾何呢？　譬如蒼蠅配對，犬豕孳生，日月並不曾道不喜見人此事。今日牛羊上坧壟，當時近前丞相嗔，認什麽屌真呀！

【寄生草】蠹舌留殘料，蠅頭戀舊巢。蘇臺麋鹿迎風嘯，昆陽牛馬供人吊。欝林烏鵲臨流悼。興衰成敗不由人，浮經浪史謾天套。

（雜又連趕連叉）（副又連跌連起介）（雜）你看他又噴血也。（老生）這人道中匹夫匹婦知能雖如羊豕，聖君賢相精神上通於天。天也要受他測度，爲他所用的，却休要苦苦惹他。（副笑介）我走進的人家，十個倒有七個吃水飯的，包人婦女至家，議定月租幾兩。又有專騙人女過繼者，又有奸人婦女必詳告人者。天何厚於彼，而薄於我？　君何仇於我，而親於民？

【么】謊圖讖沿街抄，測星辰終夜勞。止不過莽荒墳漏出青熒照，野狐干偷走旁蹊調，把太虚空妄鑿出千般竅。南箕北斗，總則是爲民勞。東家西舍，都一樣看承好。

（雜又連趕連叉）（副又連跌連起介）（雜）你看他又大吼也。（小生）如此這般飾非拒諫，倒似那無行的文人。難道就聽你在此只顧作奸犯科不成？（副）你只道我白晝强奸，全憑武健；不知我誠意好色，原有文才。像齊朝名將高敖曹一樣，油詩也會幾句哩！

【六么序】十年閣三都管，萬人驚七步謡，只辨得唤鴨呼猫。若叫俺來呵，鶻落平皋，壁瀉江濤。風捲烟消，鏃發雲摇。放雲箋光芒未了，纖靡賽倒清平調。適性遣情，毫端縹渺。將一波淹殺郊和島，怕不雞壇首唱，文苑先標。

（雜又連趕連叉）（副又連跌連起介）（雜）你聽他好誇誕也。（老生）若解弄月吟風，名教更多樂地，越發不須如此了。（副）這是大塊之中第一件事。若不做一個道地，就説不出他神髓來。説不出他神髓來，就不必要那些閒話了。

【么】輕撩漫嘲，原不必吟髭彩毫，錦袋詩瓢，難道要門户推敲，酸辣烹調。瞑去樹梢，走入醋槽。三江四豪，一先二蕭。接李移桃，頌舜稱堯，同撞入文字籠牢。剛稱著和西風昏鴉嘌，野碓音飄，添註個贅三生微笑。他道是噴將血唾，我不過印出心苗。

（雜又連趕連叉）（副又連跌連起介）（雜）你聽他好詬駡也。（急趕副下）（副換面具，變紅裙女妝復上）（小生）則這一個婦人也就是他。要知道男而爲女，就是武復能文的餘智。你們既然叉他不著，也就不須白費力氣。且待在下再盤駁他，若再强詞奪理，自有天和他來也。（雜搖旗喊圍介）謹依法旨。

（副作裊娜行介）（或竟跳下臺，擠入看官中，待人持叉下捉介）

【後庭花】俺且又抹胭脂調時少，擔黛緑尋京兆。照葫蘆三頰毛，傚春閨百舌鳥。大金剛脂軟了，峭牆竿生按倒，八風埸摇頭鼓腦。俺笑那弄蛇歌闤闠號，打油腔胡亂囂。却博得爛黄虀酒半瓢，自比著文園賦屈平騷。就饒你莽禰衡江夏拋，窮杜甫錦江逃。怎如我這硬頭顱生性喬，俊龐兒復耐描？把前形改一遭，折抹殺舊根苗。（欲下）（雜吶喊圍介）（老生）你變做了男子，白晝强奸婦人，如今變做婦人，難道又奸男子？（副）要婦人，他怕人説是通和。除了烈婦，巴不得人强做。要男子，他只愁來人醜拙。但饒姿色，何須慮那柳生？有極偉麗的婦人，就有極偉麗的男子。若只嘗了婦人妙處，不能嘗男子的威風，還算不得廣有神通，説不得窮極滋味。（雜吶喊圍介）（小生笑介）則不知何等男子，纔方合你的意。（副）也不必狐頭帶令逢當道，狗尾貂隨上早朝。十年鳳閣瀛洲棹，明河岸乘槎早。鬱輪袍新製巧，要只要叔寶敖曹。

（雜吶喊圍介）（老生）你做男子替婦人生得兒女，你做婦人也替男子生得兒女麽？（副）這何須説！則生出來的已不計數，都叫像他，不叫像我，這就見我靈性高明哩！

【元和令】短江流，衣帶條，覷么麼身較小。多情男女莫相嘲。我生兒容貌好，多多遺種繼誰祧，只落得望人區魂夢摇。

（雜扮天神登高介）奉帝釋命散捉夜叉。兀那地上凡人快往上趕，好待空中擒縛者。（副鑽躲老生胯下介）此一番不好了，敢是我數到也。（雜吶喊圍介）

【青哥兒】（副）漫天網一條條空中吊，莽天神一群群目下瞭。俺只道山河一擔挑，誰知道月落山腰，漏轉林坳。風起雲飄，晛見冰消。日月爲昭，爝火難驕。懾伏雄梟，視等蛸翹。人物雖妖，世界原牢。山海環包，星宿環照。止許俺抱多嬌眠短覺。

（小生）初然不聽俺勸，到了這會就要救你也不能彀。做硬漢的怕什麽刀，你好好兒去罷！（高處叫介）快送上來。（雜吶喊圍繞介）

【醉中天】（副）一榻諸天繞，三更清籟迢。貪著瓊漿得野醪，到頭來乾被神仙笑。曾笑那曹瞞奸狡，樊崇雲擾，豈知今一樣無聊。

（老生）要曉得我等在世，雖然飲酒玩花，却從來不肯强奸。所以佛也見得，仙也陪得，天也上得。若照你那行爲，如何得到今日？（雜吶喊圍繞介）

【醉扶歸】（副）你道是祇林畔拈花笑，寶幢前貝葉描，獻賦蓬萊奪錦標。覷不上粗花鳥玉樓起草，也不許蠢仙官催易稿。則俺夜叉，今日也只當是凡間好漢，十個九個刀劍亡身。殺得俺一遭，殺不得俺兩遭，揚灰撒骨悉聽他去罷了。（雜吶喊圍繞介）

【煞尾】（副）一飯報恩饒，一劍㘉冤小，冥鴻天矯。我已輸君空嘆懊，則當是幻影浮泡。王公闕九牛毛，少什麼鵲占鳩巢。只問這芳草天涯何日是了。終不羡孤雲兒疾飄，野鶴兒朗嘯，九蓮臺風遞梵音遥。

（悄然暗下介）（小生）呀呀呀，則這作業衆生已被天抓了上去也。（衆仰視介）呀呀呀，則見他漸入霄漢，没於空碧中也。（老生仰視介）呀呀呀，則見空中雨血數點也，怪物已經斬除。你們大家小户曾受其害者，快些拉妻抱子，祭刀還愿去者。（雜）法師多住幾天，挨家散福，俺每各家可以輪流住宿也。

下場詩

青矑曼臉爲誰娥，人不能消始讓魔。
惹禍只因饒薄媚，緑雲鬟下送横波。

明王縣令女病，延北山老道治之，不日愈，令甚感之。夜輒有人同寢，即老道也。伏人户外，竟擒斃之。曰：『吾壽已千歲，能隱迹遁形。爲殊色所惑，遂至此，殆業緣也。』意非孔、李諸人名登《廣記》，恒經御覽者比耳。

第二十齣　除羊

（浄女扮上）怪事怪事真怪事，女妖驀入家庭地。强摟女婦弄男兒，醜行咬言無不備。這長安雖是帝都之所，家家奉祀狐仙。咱楊家自從國初就在本京居住，田園廣有，貿易興隆，從來没有見過什麽鬼祟。不想前初六，忽然走一個青衣穩婆進來。問他姓名，自稱仝姓。究他居址，忽東忽西。一進門來，就驀到咱們房裏，抱著這個親嘴接唇，扯住那個摸髀撑奶，口口聲聲説是與咱門有緣。俺婆婆媳婦不把他摸，他就駡齪你臭髀，拖你洞宫。家主婆好抬舉你，你倒不知輕重，言辭不遜。捻著膽兒隨順他的，他就來跍下身哩，嗅脚凹哩。他一雙脚七八寸長，不知怎麽縛的，比小脚還狹。拿來齪你那前後的窟籠哩，所爲甚鄙，合家堂客已是氣個發昏。他又要叫你學他樣兒替他做作。咱姑娘妯娌都受不住哩，通知男人拿刀槍來殺他。誰知未近他身，都跌倒了，頭也撞破了，牙也磕落了，奈是没奈他何了。又不知是神是鬼，是有法術的女人？還是别家也到，還是單尋咱家？這些時越發不好了。脱得精光，滿屋亂走，把下身使手擘開，朝著你坐。一家門磣得過不得，一時又難搬移，只得一個一個閉著眼睛。他倒也好，又走到書房、帳房裏去，把些男人一扯就扯過來，咂你一個直邈，硬要叫你睡他。男人們被他跌怕的，瞧見直苗苗一身白肉，别管他是人是鬼，樂得頑頑兒。誰知他使出力氣來，蠻大漢子只當孩子把他提掇哩，兩三攧就叫饒命。那底下的臭氣，直冲到你腦門裏去，猛而且穢。恰好有個抓卦影先生門前經過，悄悄叫進來抓抓卦影。他説是咱們一家本來太高興了，所以惹他來的。佛説，女人不得大言現其欲，彼方知其家欲微不盛。教導一個法兒，竟著一個和他合被，要擦鈸兒不要拗他，悄悄的偷了他一隻紅鞋。他到早起，知道露了本相，包你斷絶了根呀！這位孔豈然先生，便是咱家萬代恩人、三世香火了呢！只得把他留在婆婆炕上安單，盛設供養。恐防法兒不驗，須是重複請教。咳，妯娌們都笑咱博碩肥腯，頑滯多疑。這位先生倒是我信得過呢！怪物快出來了，吃了，下午讓我就和他睡去。

【粉蝶兒】紅樹啼鶯正春晴，日長人静出前廳，猛可心驚。你覷那布衫青弓鞋窄，藍裙厮稱。禰精光來穢俺門庭，則這一灣依稀似來時徑。

（小旦青衣紅鞋，背釘羊皮一片扭上）索索風吹客，沈沈雨洗年。江山行旅帳，夢魘莫拘牽。你們背後罵得咱好，等咱今日來出出你們的醜呀。（向袖取一紅布大女鞋丢介）（浄）了不得了，了不得了！這大廳是人客往來之所！這是咱婆婆的睡鞋，你這淫婦怎麼拿來攛在地上？婆婆快來，婆婆快來！（老旦率旦、丑、小丑忙上）（小旦取紙包石灰撒散，又雙手抖出兩闊條梟舞介）（旦）呀呀呀，這是脚凹礬灰，這是咱的脚帶，怎麼也拿來了？大家快搶，大家快搶！（小旦蹺出大脚團團亂踢）（衆各低頭掩面作搶不著介)(小旦又向袖取丢介)(丑)呀呀呀，這是咱一個行經馬兒，你也請他上上大廳。你這淫婦，真是瘋癲淫婦！(小旦又踢又丢介)(小丑)呀呀呀，這是咱的了事帕兒。連咱婆婆、大姆、姑娘、女兒都不叫細看的，你怎麽到大廳上來出咱醜？(净拍手介)你們不必搶他，他是越扶越醉的。這四件東西，上自王宫，下至乞丐，那一家婦人没有？客來瞧見也不怕的。滿臺下看官都是見得慣的，也休要笑。平白地惹那臭脚亂踢做驢。

【醉春風】倒像鬧噴喳坐晚衙，雄赳赳將威風逞。你也是弓脚高髻，怎將這女娘們私物出請？端的是盗賊狐狸，穿裙狼虎，髒心梟獍。

(小旦忽然重擲介)你這胖婆娘休要慌，則你這兩件東西，難道也是人人必有的？(小丑拾介)咦，這是一個緬甸鈴兒。這是俺爹爹留下的一個金鑲箍子。(净向小丑奪，諢介)咱不把這妖精的髀毛逐根撏了下來，咱也不姓牛了。

【普天樂】奴節操清情欲冷，苦辭了公公命，坐堆堆不學娉婷。只登床一釘，便每日午時騷發還疼。惜蓋老死生，不比那淫婦，每刻不容停，所靠的筋箍添勁。偶然間獨寢，怎摘離緬甸梟鈴？

(外、末、生扮男上)咱每一家齊齊叩你的頭，奶奶、太太、親娘、大娘，你再捨饒了罷。(小旦脱衣裸體，趕摟介)爛不濟屣杭子，今朝也想闖寡門，明日也想偷媽子，一丢丢東西，作什麽怪上了老娘，手没三下兒。(丑啐介)好不識羞，好不識羞！咱的漢子，要你强奸做什麽？(小旦抹臀介)阿姆的漢子，你到也偷偷兒。你的漢子，人要不得，咱也比得奶子鴉頭。不敢回，你倒自害羞的麽？（旦）那個再要我漢子，叫他轉世做一個石女兒。（小旦扐面趕踢介）你比著石女兒，只怕也差不遠哩！要你漢子，不羞不羞？三寸丁兒，只知拿本死書，一樣好耍子也不懂得。叫他換換鞋兒，也道天厭地厭。我十萬年不見男人，也不希罕他。只好算你的風流匹偶罷了。（净）咱這兒子，越發是念文章看經卷的人，他對得你這淫婦過。

【石榴花】吾兒無力幹營生，只恁體輕輕。見鞋泥，都嫌污眼睛。不是他假惺惺，妝啞喑，把得機關定。五黄門禀氣平平，急流退勇真佛性，被那老維摩證了三生。

（小旦趕摟老旦介）男子漢没幹的多，還是堂客結識堂客好。你老人家那話有趣，可好等我再摸摸兒？（老旦）咱正經了一世，不和你這無耻妖精纏帳。（小旦笑介）柳氏柳氏，正經一世。假做迂腔，偷情暗地。那一天自己把兩脚鴾起來，叫個十五歲孩子戲。靈犀透了，又使嘴兒含他起來。咱若説的差一點兒，妖精也該你罵。（老旦作羞惱介）哎呀哎呀，氣殺我也。（疾步急下）（外）姊姊快休著惱，妖精説話，誰作他的准來？（亦下）（末回望介）氣殺我娘，越發和你不得干休也。（亦下）（生大哭介）親娘老了，那裏受得起氣，這回却怎了也？（亦下）

【鬬鵪鶉】（净）你待用心兒，拔樹尋根。要他著意兒，吾身三省。比似你羊質虎皮，那裏叫他人行不由徑。（小旦）只要有潘驢，不愁雌硬漢。連那釘嘴鐵面的脚色，也還是虎皮羊質哩！（净）就不説惡傷其類，也須知掩惡揚善。女婦每直恁狰獰，不惜俺老惺惺。一會價惡語村沙，一會價捕風捉影。

（小旦趕摟正旦介）則俺這娘子兒，可憐没得食面看見。等咱把這脚兒替你開開山罷。（旦作迴避介）啐啐啐啐！（小旦）梅氏大娘，你也休要啐我。雖然不知天地之大，下床時候自家只顧擘看，可是有的。（旦急走介）啐啐啐啐！（下）

【上小樓】（净）熱變波俺親娘罷休，莽撞波把人家趕盡。他兀自深藏豆蔻，牢鎖鴛鴦，埋伏心性。今日待打黄鶯，撲戴勝，把春色淩迸。難道這粉面於陵不厮稱？

（小旦趕摟丑介）你是最會風流的，難道也不把你前世的娘消遣消遣兒。（丑）你只休要胡説，到了關門時候，咱和你慢慢談心便了。（小旦）咱的李奶奶，别的也莫説他。你那後面倒比前面還騷。一日没人進出，就像熱渴思漿，咱不説錯你麽？（丑掩小旦口介）叫你不許胡説，你偏胡説，咱也不理你了。（急下）（净）説别人是容易，也不可丢了自己。咱看你這樣兒，只怕四大部洲、百千萬國，盤古至今，若人若獸再没第二個騷得過你了。

【么】則將脚兒挪步兒擎，柳舞風前，雀踏花翻，人上圍屏。恁胡行没志誠，瓶乾罍罄，狠露出女娘家靶柄。

（小旦趕摟小丑介）桂二姑娘，你的所好和咱倒差不多，咱們結個長遠姐妹罷！（小丑）不敢相欺，奴家是個真不二色的宅眷，連自己的丈夫也不天天怎的，不怕你説？（小旦）你好狃堂客的下身，又好吮那金蓮。人不答你的禮，你又要惱，是也不是？（小丑將小旦一推介）這些没緊要耍子，官法是管

不著，但不該在大廳上説。再和你搭嘴，也不是人了。（緩步亦下）

【滿庭芳】（净）恰纔個稷下縱橫，本合負荊而請。論俺三嬸平生，生靠著踏春陽脚踪兒斯正。便有人要説他呵，鐵桶般怎透圍城？争些兒風波俄頃，則惱你這狐惡薄鬼精靈。常言説道，趕人不可趕盡，趕狗不可過籬。你白打攪人家也罷了，怎麽大肆醜言，把人家這些細底都説出來？（小旦大笑介）未哩！未哩！咱若是發其内事纖毫必盡，就要把某人某日某處，如何起如何住，嘴裏怎麽説，脚手怎麽動，畫出他萬幅春宫來，還要帶著説白哩！（净）這也可笑，這也可笑！不是你虚恭敬，禮數兒撑。則待掀樊拔棘，捻塑出没帳癡情。

（小旦摟净噹唇介）難道你們都避了咱，咱肯獨自睡了不成？少不得挨一挨二要子他一個飽。（净）不必多言，晚飯也休要吃，咱就和你去睡罷了。

【煞尾】原來你入虎穴攫子而烹，怕什麽女人讒男人逐，勢若雷霆。只要恁色心成城，管教黄牛婆摟上你賽野狐的俏影。

下場詩　君家艷粉驚飛蝶，致令狂魔動冶情。
公子王孫且相伴，與君俱得幾時榮。

第二十一齣　遊江

【端正好】（小生長裙女扮上）壓店柳花香，分日遊遨宕，長裙子假扮嬌娘。少年賊眼尖而睆，且騙他胡撞。

【么】餘酣漱口少茶湯，坐不住又闖街坊。今朝夷主來遊賞，猝地桃花放。

但有玉人長照眼，更無塵務暫經心。良辰美景有如此，風調才情動不禁。俺李常在雲遊了數百餘年，狀貌依然少俊。蠻夷都可結伴，異類亦與交談，甚麽要緊？前日竟和夜叉較正了一場，却探得西南夷女國本羌別種，祇足爲禮，與天竺同。女悍男恭，置男爲妾，子從母姓，妻號母尊。男子則農工兵役，女子即商賈公卿。比倭國女王卑彌呼侍女千人還快樂。知道大唐女祖則天皇帝愛他那邊的風俗，願學未能，特特差人來請官號。天后不勝歡喜，即時答詔册爲將軍。詔云：『貴國之風，朕未之逮也，而竊有志焉。』仍賜錦衣一襲。方今天寶御世，女王知道唐國至尊，就是則天世祖的愛孫，親身進朝兩次。至尊感其眷我之心，驚彼肌容之美，加封親王，極其優禮，特詔宰相與宴曲江。唐家曲江，就是漢樂游原。在下隔一兩年，必來一次。飛沈所至，安問主人。却惱此地遊人極其輕薄，見了人家堂客，追隨環覷，百種批評。今日的意思本要會會這女王，替他做個房帷之友。却不肯學那干謁之輩，投刺踵門。須設一奇，使他問我。只得弄個滿頭珠翠，穿上堂客裙衫，哄那些惡少來瞧。然後伸出光脚，極偉而毳，賣一個呵呵大笑。鬧的那夷王、李相知道，管教一見投機也。遠遠地儀仗來了，俺且在那邊亭子裏去坐者。（虚下）（净傅粉、高髻、金攔額、滿頭珠、大紅倭緞、金綉袍、彩霞裙、紅弓鞋，扮女王）（丑紫蟒玉帶，扮李林甫仝上）（丑）吾主今日宴待上賓，因有萬機，不能親到，以下官本朝宗室特命代陪，便如玉趾親臨。就請面南正坐。（吹打安席介）（净）化外蠻方，虔供舊職，况穿兩截，竊愧陰柔。蒙聖恩鑒賞閨顔，御筵盛設，敢以弓鞋居上，只宜兩序分床。（東西對立定）（净復起中立，向空三叩謝恩介）萬歲萬萬歲！（丑）只留老公斟酒，人役權且迴避。（雜應俱下）（丑拱請復坐，舉杯相顧介）請。（净）請。（内喧嚷介）可惡，可惡！好笑，好笑！（丑）今日奉旨事件，本閣在此，誰敢喧嚷，左右快拿。（小生上）我這法兒煞甚有趣，再過百來年，還有人學我做作哩！（副净、小丑扭上，仝跪介）（丑）你等一班，是什麽人？（副净）監生張泠。（小丑）生員張熱。天子請客，女王來朝，可謂盛事，大家都要瞻仰瞻仰。叵耐這外方蠻子假扮婦人，想要雜入婦女叢中幹甚歹事。及至監生們近前相覷，他倒脱出一隻大奘的毛腿來。太平盛世，那裏容得這般妖異？（小生）山人叫做李青。只因這班書獃酷喜偷女覷婦，所以發個高興做弄他們的。若是想幹歹事，爲什麽倒把腿與他看？大人詳情。（净）爲什麽叫做李青？想是慕那李白的意思了。看你這人十分有貌，還有什麽别才具麽？（小生）山人讀書雖少，能言不死之道、還童之理，與人談論，都成句讀，素有粲花之號。那戲子唱的『我心頭暗藏著三十三天，雪飄飄鐘鼎無緣，却做了不思凡風月神仙。笑殺那忘生捨死將軍也，利名牽攪，日月熬煎』，恰似道著咱心事的。要試小法，又能餐火食鐵。（丑）這位賢王女行男事，你就男扮女妝，豈不是作怪興妖，有意鬥耍呢？（净）這意思兒不差。俺也記得幾句舊曲兒，是『丹青鐘鼎，只當得焰火浮萍，且待咱脱征衫唱道情，那神仙本具英雄性』。孤家的宫人雖然廣有，元氣都不甚足。既能餐火食鐵，是修煉過的元氣了。又會講説平話，俺正要問問中國的故事。待表奏了聖上，要你做個對頭，你情願麽？（小生笑介）可不道，將酒敬人無惡意。大唐國多少官員，多少生監，多少吏兵，不問聖上討幾個去，却與俺這山人傾蓋定交，只怕要笑殺了十三省哩！（丑）大王既然收録，就著他來侍酒，怕他不來？聖上正要報答盛意，無不依卿所奏。（丑做眼色）（雜扯小生坐净席側介）（丑）把這兩個快撚出去。（雜應撚下）（丑）快替李青換了男裝。（雜應換介）（小生起躬介）斗膽告坐。（雜斟酒介）（小生）俗語道：破人婚姻，妻離子散；成人美事，進禄加官。則聞閣下齊家治國，倒又會做撮合山哩！

【滚綉毬】告廳頭好求賢的真丞相，恕了俺這似落魄的假顛狂。就是有祠碧雞吐白鳳好文章，也不免華山冠東郭履窮模樣。俺不是哭窮途阮籍狂，也不信逐江潭湘纍枉。（净）你既也曾讀書，何故以山人老？莫非該與孤家有緣，所以未沾大朝爵禄。（小生）山人不求富貴，誰將富貴求之？就是丞相老大人，也是多生修得，非關今世倘來呢！剛道鳶肩火色飛騰速，則怕癡骨妍皮滿面瘡。時來呵，致君堯舜如反掌；屯剥呵，版築胥靡誰畫像？四海空囊。（丑）看你不出，狠見得到。若不是這位大王要用著你，本閣部就帶進朝，做個立仗馬兒也狠使得。（小生）麏麚焉可驂乘？還是跟這賢王，往他貴國做個麋鹿之臣，尤易養拙。仰著瞧文昌上相，那希罕西山朝爽。似這樣虛懷吐哺老平章，倒不比那燭影摇紅，不如不見的，貌謙恭，虛惆悵，帶些皮相。

（净）那半邊果然有些官兒打道來也。（雜扮官員隊仗右上左下）

【靈壽杖】（小生）那一家行春出郭軒昂狀，呀呀的白面兒郎，曲蓋高張，寶馬龍驤。怎的惡狠狠擺著道上狼，曲躬躬陪著竈下養。他道趨承的軟弱好禁持，不知他齷齪難支放。

（丑）那半壁京兆僚屬，到自本閣意思，著他四外勸農的。（雜扮官員隊仗右上左下）

【叨叨令】（小生）帶著印箱停車仗，行春勸課農桑巷。也只爲寬租薄税有朝廷榜，只得做個花間馴雉在使車旁。世泰定也麽哥，世泰定也麽哥，用不著憂時白髮三千丈。

（净）那半邊許多窮措大，没有半個比得你上呀！

【賽鴻秋】（小生）莽書生批猖景況，對尊官言辭木强。倒都是黄甲出身哩！他三命後傴僂循墻，敢説個一長揖倉忙投杖。倒不比長貧賤者驕人，君子偏無黨，敢教數在科名上。

（丑）這一班寒酸裏面，定有一兩個高傲的呢！

【小梁州】（小生）那有千里名駒狎檻羊？陽鱎魚怎比河魴，倚門妓怎比姬姜？他送窮文，尚纏著威靈仰。有一個宓子賤日彈琴在下堂，有一個抱孩兒伏户下漢任裳，有一個懸木榻待徵君龍邱長。須不比這些人呵，堪道旁抵掌，兔園册牢拴在破巾箱。（内吆喝介）

（净）則這中華大國官員喝道，倒也和俺蜂蟻小邦聲音相似哩！

【醉太平】（小生）驢前廝養，聲喏升堂。簇擁坐堂皇，翻没主張。隨人上戲場，冠進賢調書包謊，衣縫掖争饅頭嚷。誤冲頭踏走踉蹌，還保舉文學賢良。

（丑）這些積年陋習，就是本閣也深惡而痛絶之。（小生）不是丞相爺革除積弊呵。

【么】踹鳳池向閣官磕頦，傳鴻臚靴鼻親嘗，昧心腸。每賣弄著家私好汪臟，平白地掀風作浪。空拳頭拿三道兩，都只想坐地分贓，鶻突了聰明似長。

（净）言人則易，自知即難。假如大唐聖上，早有官把你做時，你真個自信得及，不肯同流合污麼？

【笑和尚】（小生）俺若是破青衫紫綬金章，矮茅簷朱題銀榜。倒做得三木囊頭黨人有名呆范滂，漆身吞炭報恩不了窮豫讓，圯橋進履掣椎幾中智張良。若説是玉巵無當，就孔仲尼難免麑裘謗。

（丑）原來做山人的，竟有這等大氣節、大作用，倒可惜放你跟了這位賢王去取樂也。（小生唱）

【月照庭】海天寬廣，鳶飛魚躍何妨。天寶世，聖主當陽。飼孤惸，禮孝秀，深許循良。埋塵鞅，拭劍鋩。就比了白衣卿相，便終身戢影滄浪，也落得高枕傲羲皇。若看破五侯鯖，乞丐方得少什麽，天街上幾呷殘漿。休兜搭，可分張。

則山人一向聞得女國之人端正潔白，生三日而能行，不數月成人了，著實有趣。不知是真事麽？

（净）那是扶桑東的女國。俺這女國要二三年纔有娘大哩！（丑）又聞女國就是八百媳婦等地方。李定國擄了八百媳婦，來與交接者，次日即死。其風俗，官民有好匹配，都要聽憑上用。若是咱中國行之，龍位便坐不久了。（净）女人内陽外陰。南方陽地，人多熱毒，元氣不敵的或者受傷。即如真臘等國，亦是男邦。却也生産三日，即與夫合。若丈夫離家，只可數夜。必曰：我非是鬼，如何孤眠？番王坐殿，必與正妻同出。妃后軟轎，都是大臣扛抬。人家女婦有美貌者，必召入内。只因第宅裏邊，也就許叫民婦入宿了。所以君命召，不俟轎而行。凡事無過一個習慣，業服則謂之理。能有幾處比得上你中國呢？

【甘草子】（小生）攏女轎都是大臣，女婦輩威風壯。總呼入禁門廂，遭狼藉筋箍棒。賤遇貴，赤繩兒難放，叫上床甘從上。却不比男人做妾的勾當，任老嫗去推攛。

（净）你若去時，孤家不以妾禮相待，也没有人攛你。只是敝邑以舐足爲禮，你却休大驚小怪。（小生）推攛就怕？這倒是佛國的禮，不過要人把他當佛的意思。張敞曾云，閨門之私，有甚於畫眉者。俺張説丞相文章山斗，倒還嗅閹人王毛仲靴鼻。替大娘們舐足，却未必就苟且卑污呀！

【煞】似釋家乍投方丈，佛跟前怎耻擎肮？此般公幹，倒莫慚惶。只當是花晨竹夕，寫韵飛觴。還强如請歸衙早了些批判，請迎客只噇些茶湯。聽我訴幾句衷腸，便算了願相隨的供狀，休怕咱使酒駡閨房。

（丑）功名富貴都不希罕，倒情願替賢王舐足，這也是前世有緣，異邦相會哩！

【煞尾】（小生）丞相多情深讚揚，似懂俺肚撑船翻跟斗針兒帳。（净）則今晚就要到孤家邸第去宿，明日好去表奏。（小生）不等到步上天閶，面了君王，就不肯捺定了乾喉嗓。賢王賢王，你要知俺中國的古今呵，則待定情之後，方把那《廿一史》的興亡和你漫漫講。（内吹打）

（净復出席中立，向空三叩介）萬歲萬萬歲！

下場詩

全被侍兒知相狀，更嗔側耳要聆聲。
吴躉若有風流分，抽得新絲織錦裙。

第二十二齣　鬥雷

【仙吕點絳唇】（生小帽短衣袴褶，執關刀舞上）（净扮婦人隨蹲生後介）（生）心膽奢遮，不平争罷。天不怕，緩緩行踏，等那雷公下。

千艷萬艷開，傾盡眼中力。矜新猶恨少，將故復嫌萎。莫教虚過眼，無地不相宜。許多佳麗色，何必近人皮。小生陳鸞鳳，海康人也。寄居番禺，已經十載。棄文就武，不好詩書。義膽忠肝，偏多公憤。柢這地方上住的，都是些力耕吃飯的人，倒也没有甚過不得俺眼的事。不意天家的事，也和人間一般難測。近年到一雷師，硬索民間血食。過三五日不殺猪羊祭他，就要冰雹亂打，乾轟不雨，弄得禾麥傷殘。降起人來，數説怠慢。小生想想，此與大官小府本以牧民，他却奇貪異酷的何異？今歲更加奇怪。東鄰田氏之女已嫁杜家，生過兒女了，他竟强索爲妻。遲了三日不曾回覆，竟就欣烘霹靂把屋替他拱倒，没處安身，婦女憑空提去。俺出娘肚皮的旁光氣都脹起來。一來没處尋他，二來他在空中下手，俺在地上仰攻，恐怕敵他不過。恰好薩保府裏來了兩位遊方道士，一位叫做孔豈然，一位叫做李常在。説是久遊外國，新近回來的。請教於他，他説這個婦人現在山洞，教俺乘他外出，悄悄去背了回來。他必隨即趕奪，就用本婦血糞往上一滸。你既理直氣壯，他又理屈詞窮，管什麼天差不天差，符命不符命，包你戰勝而歸，留在人間做個故事。若有差池，他兩個自立山頭，暗助一臂。咳，凡事有真就有僞，有僞又必有真。創教立門，誆財賺物，作叛興妖者，僞人也；不自言壽，不小立異，憫凶救死，平實淡漠者，真人也。雖竊符法，未爲道士。不是實在有道，怎敢發此議論？也虧俺平素有這怪胆，竟就依他行事，如今背回來哩。（净亂抖介）陳叔害了奴呀！（生）哇，雷師强奸也和世人强奸一樣的罪。你做了個女身，好叫野漢强占的麼？且看俺殺雞祭刀，决不叫你獨死也！（祭介）（内打雷鼓，并放火焰介）（老生、小生上，登雲介）來了，來了，膽放壯者咄！（丑面具、雙斧扮雷公跳上）還俺人來。（生）人是實有一個，你説出理性來，俺好還你，不然看刀。（丑跳上桌舞介）好小畜生！四海九州的路程圖都在吾神手裏，是非邪正的功過格都在吾神眼中。你什麼兒，敢來擦癢。（生笑舞刀介）你連自家死限也算不出，就只和俺一樣，别提他了。

【混江龍】你道是山川如髮細跟尋，詳指點，密分花。只似那手心大宇厦，指甲内塵沙。跎跂跂刀尖上分番漢，虚丕丕筆頭裏辨夷華。算星辰，老軒轅都來忖量；造春秋，小魯臣早也閒招架。可憐煞回頭話㶚，眨眼生涯。

（内又打雷鼓，放火焰）（丑跳上桌，舞戰）（雜滸穢，生揮刀介）（丑）不瞞你小衆生，吾在雷州率領數十雷公和鯨魚鬥了七日，也不曾輸。主持威柄也就抵得地上一位國王，豈比等閒，許你輕覷。（生）就説國王也不是生根的須，强娶不得。

【油葫蘆】千古長安帝子家，昔和今真共假，周長秦短幾爭差。這興亡何時是了也。河山兩絡分天下，環城八水圖王霸。硯池波，河海流；筆山波，華嵩架。有瑕疵都要供描畫，你却比合敲牙。

（内又擂鼓放火）（丑跳下桌，舞戰）（雜滸糞，生揮刀介）（丑）你凡間有一官半職的，也就有人出妻獻子，難道俺這赫赫雷門倒不如他？（生嘆介）咳，千秋蘭麝土，萬里虎狼天。奪人妻子的賊將勢宦，你從不曾打他也就不是了，何况自己如此這般。看起來，不但人世的官職用不得當，連天上的官職也難得其人哩！

【石榴花】雞毛禿筆偶開花，牧豎踏官衙。好天鵝喂著癩蝦蟆，騎牛的换馬，你便該拿。况自家明犯，怎除豁宦室民家？兩無厚薄磚和瓦，怎罕見范速被雷抓？

（内又擂鼓放火）（雜滸穢，生揮刀）（丑跳上桌，舞戰介）（丑）天官地官，都要受你這小衆生的氣？不鑿死你，吾神不立於天地也！（生）我只靠著一個有理。

【雙調新水令】泥汊，灾劫愁天罰，槐安玄象令人怕。蛟睫中神仙窟，毛孔裏聖凡家。塵也麽沙，吾理無微無大。

（丑作斷臂跌倒介）（老生）雷公被這陳生殺輸了也！則這等人得做官時，倒還有益於民，有益於國。

【滴滴金】（生）富國經綸，安邦律法，臨軒聲價。須有人掌護朝家，不要他烏幘蒙頭，黃綬拖腰，紫擲縛胯，向丹墀捧酒擎茶。

（小生）快把這半死雷公拖去埋了。等别的雷公曉得，不敢妄行。似這陳生的膽量，比那咬文嚼字的秀才好多。

【折桂令】（生）不是俺浪訕輕沙，他把乾坤靈秘，萬物根芽，細細分叉，般般淩駕，點點揎撻。那造物呵，也禁不的赤精靈虛描硬畫，只得把黑前程陽使陰加。俺怎肯細飯尋沙，牢船覓罅，好肉生疤？

（老生）如今則把這娘子送了回家，便完全了一場功果也。（净福介）多謝各位，多謝各位！似那樣雷公嘴臉，便是牛婆也怕與他相近。便有一個好鑿，誰敢貪他？則願陳叔狀元及第，五子登科，好人好報。（老生、小生）我們先回薩保去罷，明日就别過也。（先下）（生）吾聞雷神分職，亦有生人受籙，與同執事者。若遇著這樣同寅，倒要閒淘臭氣，休説人世。俺如今仔細想想，那功名决意不幹他了，待跟兩位雲遊去哩！

【快活年】這壁厢那個漢王家，浮漚豈有渣？天雷也贈兩三撾。世眼睁開罷，假上休添假，奉勸你把威風抹。

（净）叔叔不喜祝讚，俺娘家有幾擔麥，婆家有幾擔米，明日奴自挑來，奉謝叔叔罷。（生大笑介）

【太平令】能文的古今上下，有福底雪月風花。算將來一絲不掛，算將來轉回説話。送咱謝咱，没米的休怕，但須把雷公倒打。

【尾】怎想到椎秦辟穀閒中話，怕雲陽市飽後光華。一飯有何加，只買得長飢七尺淮陰胯。（净隨生下）

下場詩

每恨道旁徒屬目，只因不見正横陳。
頻遊僻徑看花面，司憲争容學衆人。

第二十三齣　相胎

〔中吕引子〕【菊花新】（小旦花衣、丫髻、裙褙上）生魂一半入親闈，鬼力神言實可依。娘腹似慈魚，真令母孕懷堆積。

兒家鄭氏，小字采娘，潤州刺史之女，新年一十六歲。母親張氏連生七妹，嫌我不肯招弟，絮絮叨叨。不知招弟之説，乃是世俗無知之談。連爹娘親自造作，尚且不能作主，叫我怎招得來？前因七夕乞巧，兒家只得禱告，伏望牽牛織女速降石麟，早賜賢弟。感蒙七姑娘娘現影雲端，琅琅天語，許令重入母腹，化女爲男。果然夢寐之間，頻見爹娘會合。記得佛經上説，人之有生，本由愛水，故入胎位，必從生門。若女魂來，於父起愛不净，一至認爲已有。照這法兒做去，果然鑽在娘肚裏了，却是一半魂靈仍舊在這身上。日裏比從前恍惚些，睡著便都往肚裏去了，只不好和爹娘説。道猶未了，娘出來哩！

【南吕引子】【意難忘】（旦上）綠鬢仙郎，共拈花弄柳，勸酒持觴。眉顰翻，有恨何事苦相妨。朝愛一床日，暮愛一爐火。燈盡語不盡，懷胎嗔似我。采兒梳裏了麽？（小旦福介）娘爲何事又有些惱〔一〕？想是女兒們年幼無知，不會孝順娘，打我兩擊罷！（旦）也説得乖！原不全全怪你，我與你爹都有不是。些個事惱人腸。（小旦）親娘便説與何妨？（旦）你不要尋消問息，添我悽惶。

老嬷嬷，快將藥來，天生一對。愚夫婦專爲他人辦老婆，白白費許多大力氣做什麽？（浄青衣女扮，持碗上）來了，奶奶！奶奶，自古道，無事而戚，謂之不祥。你整日眉頭不展，面帶憂容，爲著甚的？我們怕你要怪，又不敢去纏惹相公。你如今還少了那一件，却這般不足意？

【南吕過曲】【紅衲襖】你喫的是燕窩雞和那條翅鮭，穿的是綉金裙，指上是白玉戒。你出入呵，小鴉妲母在你面前擺，珍珠傘兒在你笄上蓋。你配著帝王家一秀才，又不是枕衾邊懶惰坯。你有甚不足？只管鎖了眉頭，也唧唧噥噥不暢懷。（旦持杯慢飲介）

【前腔】我穿了綉金裙，倒拘束得這孕在；我招了美兒夫，怎肯連事戒？那男客們呵，且怕口裏吃幾口慌張張要辦事的忙茶飯，手裏拿著個戰兢兢怕犯法的愁酒杯。似我這樣胎喜呵，只管繞膝髀湫，可不誤了傳代承祧也，乾碌碌早頭白。

（小旦跌叫介）不好了，殺人哩！娘快莫吃這藥！娘肚裏就是我哩！（旦置碗，抱小旦介）我兒快甦

〔一〕惱，底本作『腦』，據文意改。

醒者，你敢擋了煞哩！怎一會兒胡説亂道起來？（小旦偎懷抱肩介）不好哩，不好哩！

【前腔】（旦）莫不爲誤憂思性氣乖？（小旦搖頭介）不是。（旦）莫不爲鬼嗔吾缺管待？（小旦搖頭介）不是。（旦）莫不爲坐家神逼你嬌魂魄？（小旦搖頭介）不是。（旦）莫不爲外來邪要討帛和財？（小旦搖頭介）也不是。（旦嗚小旦頰介）這事兒教娘怎猜，這話兒教娘怎解？莫不是覷見爹娘，要個恁地人兒，也因此上詐癡狂偎俺懷？

（小旦起介）不是不是不是！娘住了藥，我就好些了。實爲我那夜拜禱七姑，要求我娘連生弟弟。親見仙姑影現雲端，著我在娘肚裏轉世。怕娘不信，也就没敢説。方纔吃藥下去，我就像刀子戳心一樣，所以喊哩！

【前腔】要個人人做兄弟排，我不能穀見他，只落得臉銷紅眉鎖黛。（旦）原來你恁乖哩！我正在連生數女無聊賴，待勸你爹另娶哩！有甚心情，真戀著閒楚臺。（净）姑娘現坐在這裏，怎麽進肚子去？太太，你三分話兒且恁猜，小姐他一個魂兒直恁解。（旦）别要管他，如今且將假當真，依著我兒，不吃這藥，解解他疑心罷了。你休嘲得我無言，若還依舊，那胎兒也撲簌簌淚滿腮。

（内摇鈴，叫賣卜打卦介）（净）咦，外邊倒有個打卦先生叫過去了，待俺唤將進來試他一試。（旦）倒也好的。（净向内叫介）先生進來，有人家要打卦哩！（小生上）請問何事，待我布卦。（旦）先生休問何事，只就卦中探取消息。舍間有一件事，要問，是真是假，是喜是憂？（小生布卦介）咳，咳！奇怪！這卦先憂後喜，疑鬼疑神，似假實真。

【仙呂入雙調】不怪得你終朝擲窨，只道你緣何愁悶。偏教我猜著啞謎，爲你沈吟。那籌兒没處尋，我就是管輅先生，你瞞我則甚。（小旦）不瞞先生，有個神道許我在娘肚裏轉女爲男。俺娘不信，待藥下來。請問先生，果然轉得男身否？也只爲了爹娘漸老，屢換光陰，今日裏須望著個信音。（小生）無論兒女都是骨肉，都是前世曾有緣故。世間也有多少不得男力反得女力的。嫌女藥胎，越發難得子了，再一世還没得哩！如今此胎牢固，生出一定是男，真有神人相助！恭喜恭喜！笑伊家短行，笑伊家短行，無情忒甚。（旦）先生休要笑話。小女年幼無知，所以把家中隱情都説出來了。若渠愔便省道，且説三分話，未肯全抛一片心。

（小生）吃藥既不瞞醫，問卜偏偏試之。休説姑娘小姐們多有前生眷屬，來完未了之緣。就是在下今日恰恰在此經過，特特來保這胎，亦緣太太前世與我李常在有親哩！

【前腔】夫人從自後聲吞氣忍，管叫你麒麟定降臨。（旦）只是俺這女兒若轉了身，原身倒不要死了。一個長女，奴家也捨不得！怕君知我要胎，去將人厮禁，因此上要説又將口噤。（小生）也是貴府祖宗有德，所以如此。在下直要等到代宗登基，令郎官拜御史，纔來吃喜酒哩！若是一級半級兒，那時聽罰。這位令愛如此孝心，到那時一笑坐脱，屍不朽爛，必帶微温。竟就放在床上，等子孫繁衍，屍體漸寒之後，裝起金來，也當祖宗供養便了。（小旦）我到死還歆再圖官任。那時呵，他不能留著我，須遣我出前陰。我變化兩回，終須衣晝錦。（净）省了雙親老景，雙親老景，慌忙著緊。也不怕玉隕珠沈。先生且到後邊吃了茶去。（合）自古道，多女終爲客，真個男兒抵萬金。

下場詩

釀蜜爲誰甜，難怪憎女兒。

阿娘珠在腹，更覺媚生姿。

第二十四齣　曉郭

（老生山人裝上）千金難買隔簾心，空自經營買笑金。强遮天上花顔色，不隔雲中笑語聲。廬陵這個地方，好個地方，比吴越儉朴十分，較粤東科名遠勝。俺孔豈然雲遊到此，就與這宅内郭慶之相識。慶之曾爲刺史，可惜有件僻好是那龍陽。夫人荀氏却又大妒，探知客有姿容，便來屏後覷守。任是縉紳僚屬，逼你説完就去。被一個狡鬼聽見，就要來捉弄他。從劉他家裹走到慶之家來，或爲小兒，或爲婦人，言音都甚周正，只是身長一丈，精赤行坐，你説肉麻不肉麻。先把他家一個老媪弄上了，意事如人。俺若不替他禁住，夫人就難免了。只是這一男一婦的毛病也都不好，俺待借這鬼的威勢降服住他。説是他因尊府有此兩事纔敢來纏，若不改變，便禁不住，倒也是一個妙法哩！（班外小兒面具，赤足上場，一轉下）（净華粧扮荀氏趕上）孔先生曉得符訣，方纔那鬼又變做個小孩子走過去了，怎不替我治他一治？（老生）奶奶有所不知。這鬼前生是個老私窠，第二世投了男胎，因爲染心未割，又就做了龍陽，三十二歲即便身亡。未得輪迴，游魂爲變。但是曾經與他沾染一沾染，調戲一調戲的，無論轉過幾世，他都要尋了去。慶之夙世曾向妓家吃茶，今生又好此道，所以他就來了。見奶奶醋甕太多，不但女人不許分甘，連男人也不得染指，有心待做弄你。你將來只把這事看得破些，有那活龍陽進門，這鬼龍陽就要退讓了。他前世呵，説是古佛阿難，尚且前身優女，何況我本摩登。

【雙調新水令】子規聲叫徹夜三更，則這女男娼酒闌香賸。尚兀自鐙前歌宛轉，月下舞娉婷。似這般薄福殘生，捱不出潑賤前程。雖則是内性聰明，所事多能，乾向花柳内顯名姓。

（净）這個叫人怎麽看破？先生若做了堂客，只怕也看不破哩！（副净面具扮女人，上場一轉下）（末扮郭趕上）方纔一個堂客走將過去，就是那鬼變的。孔先生看見麽？（老生）方纔正在這裏和奶奶説明這鬼的來歷。娼妓龍陽之輩，地獄不甚拘束，大半飄飄蕩蕩，你只休好那件，他自然掃興而去了。

【沈醉東風】做子弟的多則是青樓薄倖，做猱兒的多則是紅粉無情。鬼可也收不迭買風流烟月牌，填不滿葬年少胭脂穽。死記著磣磕磕海誓山盟，發艷流芳綉户扃。咳，到頭來都化做殘英斷梗。

（末）堂客們難應酬，這些人還將就些。自從拙荆有了禁約，小弟也久已謹戒了。（老生）則前月初八敢是老嫂有事了，不曾監守著你，你早倚欄癡想哩！

【喬牌兒】天街月正明，漏斷聲初静，一簾水浸玻璃映，盼不見玉人花下影。

（副净面具、赤足露體，止穿綁身齊膝白褌，緩步上）（净掩面介）呸，則這様子是他的本來面目，活活把人磣殺了。你這怪物，怎麽又會裝小伢兒呢？（副笑舞介）我裝孩子，好鑽在你裙襠裏哩！（净）裝伢伢也罷了，怎麽忽然又裝做個堂客呢？（副）我裝堂客，待和你同行同坐，叫人不疑心哩！（老生）你這鬼肚腸裏，却也甚是可惡。要叫他夫妻兩個將你當秦宫看待。

【甜水令】你道是綉幕輕摇，人來月下，風移花影。他該就含笑起相迎，咱兩個魚水何妨？你把咱斷親斷愛，咱把你斷欽斷敬，便做個鵲橋邊偷會合雙星。

（副揖介）只這位孔老先生，知道俺小鬼頭心事也。（一足連跳而下）（生傅粉、花衣上）哎呀呀，難得老先生、老夫人同在這裏。（指老生介）此位是誰？（末）敝友孔山人，偶在廬陵經過。（净）吉翼秀才，你也還是個讀書人，要想發達，怎麽涎皮涎臉，酷好閒談，不知做人，一來就是半日？（生）夫人差矣！就要老先生幹甚要緊，也在夜哩！晚生們口裏談談，有何妨碍？（净）好不羞！你靠著個標致臉蛋兒，單想日裏出醜。我眼睛裏須容不得。（生）越發錯了！難道你們有了洞洞，就要取樂，我們這窟籠該閒著的？我明人不做暗事，你便告下了狀，我也當官説明要分肥分肥的。（老生大笑介）這般説話，把老夫人急殺也。

【水仙子】爾雲露白晚風清，十二樓頭淡月明。愛恁個學士官人，没半點兒俗塵性。入門闌春自生，不用你細語叮嚀。比及那楚宋玉多情興，古莊辛添志誠，説不盡其事恩情。

（净）我倒不急他那個洞，我們也有。你做個男子，要得老婆罷了，怎麽又來拿我們堂客的飯碗？（生拍手介）又錯了，又錯了！二十年前讓你説這個話還使得，如今老也老哩，就空著一處等丈夫，請請朋友也不妨。（老生）奶奶休要被他激作。他是個正人君子，將來的官比你老爺還大，那裏真幹這事？見你忒煞醋了，故意鬥你耍子。若真想幹這件，那人倒不肯說了。

【殿前歡】儘你去夜深沈滅殘燈，映紗窗貪殺月兒明。掛垂簷，想見參兒正悄悄冥冥。聽何處的吹簫別院聲，翻入相思令，惹起騷情興。發個猛，枕邊染語，簟上掀騰。

（净）我倒底信他不過。這樣有姿色的人，總是不要他在這裏好。（鬼副登雲或跨梁上，四覷）（生忽仰見介）奇呀，奇呀！你家這個惡鬼，還在這裏麼？（末）只因被他攪擾不過，所以賤荊出來見孔先生，商量趕他出去。（生）等我替你罵他一頓，他自然不來了呀！（做手勢介）你這不識羞的死鬼，紗線也不穿一根，你待引誰的興哩？我放著恁好臉蛋，也不敢想人家奶奶太太。你這狗入奴才，懷著什麼鬼胎？再不去時，我只給你一個鬼死爲即，即死不可解。（鬼副唾介）啐，瞎你的狗眼！我在劉他家裏遇著那桓參軍，也等他出個醜兒，叫一廳客人笑話。你這個半瓶醋，被人家疑心賣屁股，也不識羞，敢來罵我麼？（從高處擲一物著生面介）你們睜開眼來看看，這是什麼？（生立起視介）呀呀呀呀，這是夫人一隻睡鞋。（就鼻聞介）呀呀呀呀！裏面純是汗漬。呀呀呀呀！這是夫人一條紗袴，血漬也有，白帶也有。（就鼻介）呀呀呀呀！這是壬水氣息，這是男人精氣。（老生）足下何以見得是家主婆的物件？（生笑覷净足介）雖是惡猶著者。睡鞋却合他這脚上尺寸。褲子却是冰蠶絲所織，不是夫人，誰敢穿恁般貴物？（净就手搶奪）（副高處大笑）（生、老生亦大笑介）（生）你平日吃我的醋，今日被我瞧見這兩件腌臢物事，以後可要躲煞，再不敢出頭了。（净將鞋塞懷，諢介）拉牢洞的，老虎嗺的，誰家婦人不穿睡鞋？誰家婦人袴子乾净？這個我倒不醜。（老旦笑上）則這惡鬼把我弄得死去還魂。他那偏僻風流，蠢人還不會得。他那一件東西比人還大三倍哩！如今連夫人的睡鞋都偷起來了，可是大膽。（生）既然如此，休要趕他，竟留著和這老嬷嬷做個長伴罷！（老旦）啐！（携褌先下）（老生）人説治人易於治鬼，我説勸鬼易於勸人。人的氣質便難叫他變化，鬼的精靈倒是説得通達的。閒話且都休説，待我教訓這鬼者。鬼聽吾言，你爲前生售色，所以不得托身。若學了别人弄你的法子，執惑復來迷人，飄蕩何時是了？你道我知你心事不知？我是你導師。（連拍案介）快些省悟，快些省悟！

【山石榴】雖則良家許你娼家住，只怕你娼根没搭夫人命。當日俏蘇卿乾受了雙生定，准備著金花誥頭上頂，玉鏡臺手内擎，結果了這夜夜短恩情。向緑窗前並宿鴛鴦頸，可不道枉翻身跳出迷魂境。

（副作鬼哭介）（老生）即如這精赤大身出人的醜，都是要添業障的。

【得勝令】猛聽得花外有嬌聲，又則見赤裸白光身。不但那話朝人舉，自視羞羞也合驚。把袴也偷擎，顯奶奶無乾净，也不過面頳，業重重待加數等。

（副作鬼嘯介）如此，俺去了也。（忽披魂帕跳下）（老生）禳星、打醮、書符、遣將都弄不去的鬼祟，俺只消三言兩語，就替你打發他離門離户了。慶之可該謝謝。（净）昔宰相書病女背曰『韓雍之妻』，五通遂不敢娶。以後就叫那著鬼的陳嬷嬷來伴伴孔先生罷。（老生）俺雖有『耳邊情話少，笑口若爲開』之句。若竟如此濫觴，鬼就不肯服我，要復來了。昔杭都尤某僻好龍陽，染及其友之子。友憤，亦誘其子染之。復令黑夜就一少年，竟給其子與私。有染其友之女者，友亦以此報之。只勸慶之此後休耽，東閣奶奶此後打碎醋瓶。吉兄此後，休好惡謔。便算謝儀，便可卻鬼。（生）這三句話兒，果然都中聽也。（老生）不中聽的，我也不説。

【鴛鴦煞】你道女娘家慣使的吞酸性，只怕你官人們多犯著桃花命。怕什麽好外兒夫不近人情，你則要淡淡平平。他須謹凛，趁機兒深。肆譏嘲閨眷，每逾迷懵，自也傷名。俺人世的嗔癡防鬼詗。

下場詩　眼前都是陳思賦，修蛾曼睩紛性情。
最是笑聲不須買，鬼聽無時不是情。

第二十五齣　聳尉

【月雲高】（末冠帶上）官卑膽怯，更愁偏是夜。但聽的鐘聲絶，早摸按心頭熱。紙帳書生，久未熏蘭麝。星既小，家難發，心不喻，身空接。抱阿美寒衾枉唤遮，黄泉路嬌妻怎再賒？

本是樹上花，再合不相著。憶昨初來日，看人自施展。疑此長江水，盡是兒女淚。滄溟倘未涸，其淚終不乾。下官劉立，彭城人也，三甲進士出身，初授長葛縣尉。今日奉太守命，下鄉講約。公事回來，又要赴大尹之招。所以殘燈未息，勞人已起。咳，官大官小，倒也不甚緊要。只是賢妻久故，空剩小星。遺女已笄，行將外適。每一長思，不勝鬱鬱耳！（内發梆介）（副净、外等扮人從上）（末上馬介）今日堂翁請酒，須要早早完公。快些打道前去。（雜應行介）（丑、净扮紳士迎揖介）這是敝鄉文會館，且屈父母少坐。（末）下官職卑事冗疎節，諸公何勞見迓？（丑、净）治弟等久叨老父母雅愛，聞得貴誕在邇，正要送壽分來，因有些失意事，所以誤了。（末）下官賤降已過，不勞掛念。况老先生翰苑高名，怎好輕易？却不聞有何失意。（净）禍因老嫗，半夜起來盪酒調春藥，延燒無遺。覷著一位鄰治父母，作成幾椿公事。（丑）小子少不讀書，只靠些口嘴出入各位老師門墻。與那東廠的掌家番子，探些消息，嚇那大頭巾。老父母前不必忌諱。家下不常有些帷簿不修的勾當，被小犬看見，認真著惱，竟瘋狂了。（旦、老旦、小旦扮百姓上）（皂吆喝介）（末）皂隸們在一邊，有我在此，不須畏懼。他們有弊，百姓實説。（老旦）他每拿出一張票，只當抄札。俺有個小媳婦，他拔了頭上釵，臨行還要摸摸奶，做個嘴哩！（末）原來做差役的如此可惡！你們村裏有會講約的麽？（老旦）有一新來流寓的醫生，倒説是做過生員的，請他來講講罷了。（左下，右上）（小生衣巾上謁，旁立講介）第一要孝順父母，休使爹搬柴，娘提水。譬如宰了猪，先取一塊好的與父母吃。（老）曉得。（小生）第二教訓子孫。先要戒扒灰哩！養媳婦尤其不可。又窮老寡女回家過世，便替老阿爹合被煱冷，鑾大孫兒和阿娘煱，雖是鄉下最多的事，都犯嫌疑。第三要和鄉里。你們只扶著高頭兒走，自然滿街行得去了。（末）約已講完，你們散罷。（老旦等下）（丑）治弟每不知台駕出郭，急急追隨，不曾備的個盒兒來。仝這李醫送到前面趙老官莊罷！（净）恕小弟不遠送了。（揖別下）（末）如此，且把這馬牽向前去。（作行到介）（丑）哎呀呀！門前立的好位姑娘，怎麽瞧見我們，嗤聲進去了？（小生）他敢怕老先生尋他做媳婦哩！（末）請問，這莊甚人居住？（丑）這趙老官，地力肥饒，以藝植爲業，稍餘輒周鄰里，以此人人愛敬。許多財主親戚叫他出去行財，他都不去。（内哭喊介）救人，救人！（丑）既叫救人，俺每樂得進去看看。（末）敢有甚冤屈的事呀，就是下官的責成哩！（小旦欹坐椅上喘息）（老旦扶介）（丑）你就是趙老娘麽？爲何大驚小怪？（指末介）連縣衙裏四老爺都聽見了，要進來看冤屈哩！（老旦）這個小女，今年纔十五歲。方纔好端端的，忽然一下眩運去了，只是喘哩！又不知是驚風，又不知是中痰，又不知是擋了神煞。（拭淚介）所以老身著了急哩！不想莊子外邊有幾位老爺經過，驚動進來。多多得罪了。（小生）你老官那裏去了？常言官印可以驅邪，四老爺的印箱現帶在此，印他一顆在背上，你女兒敢就醒哩！（老旦）王元寶是老身哥哥，丈夫前月往長安望大舅去了。官印的話，倒也有理。悉聽衆位老爺施行便了。

【懶畫眉】（老旦）體如風擺脚横斜。（丑覷介）敢是天上叫了回去哩！玉天仙魂上了紫雲車。（小生）對晴光這咱相神媧。（末）直恁的嫩芽般姐姐。

（取印，印介）（小旦忽然立起，高叫哎呀介）哎，你把我抛撇的好，如今怎麽也來尋我了？（老旦掩小旦口介）現任官府親臨，我兒快休譫語。（小旦拉去老旦手介）什麽叫做譫語？他是我的丈夫。許多時把我抛了，我自要打他哩！不干得你們事。（末）這位姑娘真見鬼哩！咱們去罷，休管這事。（小旦扯住介）去哩，去哩！不同我去，你一個人待那裏去？（小生）要曉得一般智識的夫妻，不比那驢膫子朝東、馬膫子朝西的夫妻，三生石上的話，倒也是常有的哩！

【太師引】羨書生何幸遇仙提挈，比今生更志誠親切。乍相逢笑眼生花，未減那歡腸啖蔗。（丑拉末背介）有這們一副面孔，就是事所必無，也當做理所必有，將錯就錯認了回去。（向小旦介）恨無端風雨把春抄截，誤了你半生周折，累了你此回驚怯。勸伊人一徑的把斷紅重接。

（末）休說趙氏門中怎容妄認，就是三生之說，也難憑一面之詞。須得憑據確鑿，方纔可信。（小旦）俺的美美恁個好臉兒，纔三歲兒，我就不看見他了。俺楊家還來照看他麽？如今在那裏呢？快叫他來見我。（末背介）這倒也奇，有些真哩！（回向小旦介）阿美改名瓊章，如今比趙姑娘還長一頭哩，十八歲了。俺從斷弦之後，不忍續弦，仍舊是他兩個通房鴉頭伏侍。中了進士，選了這裏的四衙，女兒現在衙裏。（小旦驚介）怪道爹娘也換了，原來俺已死過重出世了也。

【瑣窗寒】是不參詳的言語嗹嗹，嚇的個魂兒收不迭。恁重生隔世，舊影新家，則猛覷著現世爹娘，閃人一跌。自前生忽受這磨滅，險些些心神忘記到現生爺。剛覺得俺老尊慈在榻。

（老旦）我兒從前並未提起這話，如何一個夢魘就曉得前生了？（小旦）原來如此！方纔只覺昏昏沈沈的，如半醉憨情懨懨欲倦。我也不記得從前說與未說了，他從前在書房裏，只把書童秋笋看如珍寶。問他秋笋還在麽？（末）秋笋廿來歲了，久已回籍去哩！（小生）記得孟婆曾說道，燒將鬼火熟黄泉。小小茅簷，千古行人都到；蕭蕭白髮，四時老店常開。釜中飛雪，廣招門外遊魂；醆內金花，不誤生前主顧。任你萬錢難下箸，也來這裏嘗嘗；任他一口斷春江，須到此間咂咂。不使他迷昧前因，就要索前生的眷屬，還要追已去的利名。生前欲火熬煎，個個唇乾舌燥。李夫人獨能少飲，也就萬分可敬了。（丑）如今看來，治弟們倒有一個上策。且問問趙老娘，令愛姑娘受聘没有？

【太師引】（老旦）並不曾受人家紅定回鸞帖。（小生）喜個甚樣人家？（老旦）但得個秀才郎，情傾意愜。（小旦）爲記上你年少多情，迤逗俺舊魂難貼。（丑）劉父母現在此地做官，通房的還是舊時侍婢。父母呵，不怕爲官歸去路途賒。那舊婢呵，便做小伏低難説。（小生）這事倒好商量哩。本是他舊時根葉，算做異鄉花草填接。

（老旦）九千里之丹鳳自下升高，七十日之黄龍從微至著。我看四爺器宇，將來必登廟堂。若不棄嫌，休管他是鬼話是真話，老身作主，俺每竟結了一門親罷。（末）怕使不得，部民之女哩！就要如此，也須待下官回署，禀過上司，纔好議論。（小旦）原來你老了些，連情意都冷淡了。我是今雖隔世，情愛未斷，就是此刻要隨了你回去了。（老旦背向小旦介）我兒差矣！就是輪迴事有，你如今已是趙家門裏一點么荷，怎好扯住恁大漢子就要他睡呢？（小旦）則我只要遂了前世魂靈的心，也顧不得今世身體的苦了也！娘！

【紅衫兒】幸今生還在多情列，前生壽折，算不的私奔，對衆何妨説。（末）就要我掘草尋根，怕不得勾辰就月。（小旦）不明白辜負了幽情，話到尖頭莫咽。

（丑）部民之女不許婚娶，此是後世的事，舊律所無。有情的人，就是犯法也説不得。况乎如此等事，不但有情，而且有理，就是朝廷知道，還要褒獎。老父母竟把色膽放得大些，今日就招了回署。劉曜女、張麗華俱是十二歲受孕，何況趙家姑娘今已盈盈十五呢！上司若查問時，治弟們約會三州四縣的紳衿耆老去遞公呈就是哩！

【滴溜子】長葛尉，長葛尉，前緣滿熱；趙氏姑，趙氏姑，抬回署舍。（小生）遇了這嬌娃提挈，生同室，死同穴，葬伴雙屍，事難磨滅。

（丑）園公快駕車來，就送了去，擇期再補聘禮。有什麽事，俺每這小小前程，也還抵當得住哩！（末）則這位新岳母，怎好叫他就割捨了令愛，獨自在莊孤孤另另的？（老旦）既是小女急色，老身方便了他。小兒們遊學的出去遊學，貿易的出去貿易了，也都不久就歸哩。老身吩咐家人看著宅門，送去再回。若記念時，過三五日就來署中住住何妨。

【鬧樊樓】你做官人遇色争情絶，料不願今生把前世撇。哎，謝謝衆媒人費了舌。囑東君在意者，精神打貼。略從容，須非前物，休哼聲一掣，只怕痛生生見血。

（作上車介）（丑）今日恕不送親，另日再來奉賀。（末）不敢不敢，尚容踵謝。（丑、小生揖别先下）（作行到介）（旦上）爹爹怎回衙恁晚？縣裏來請吃酒，知道公事未歸，説過幾日再另請罷。這車裏的是什麽人？（末）我兒不知，是你娘也。（旦）不曾見爹行禮，怎麽娘來恁快？想又尋了一位庶母哩？（末）不是你娘的骨體，是你娘的魂靈也。（旦作怕介）魂靈倒是鬼了。（末）好叫我兒知道這件奇事。你娘托生在這趙家，剛剛比你小三歲，合著死時年數哩！一看見我，就硬扯住要隨我來。他説你的年紀相貌名字，一毫不錯。又説秋笋的事，越發是真。許多鄉紳攛掇，所以就娶來了。（小旦下車，急抱旦介）一枝瓊樹上紅氍，瓊花開處照春風。美美我兒，如今越發美哩！我取名字，果不差麽。（旦袖搭小旦肩，細覷介）似月舊臨紅粉面，暗憶舊歡應不似。這位新娘雖也標致，却是一毫也不像我。難道母女之間，如此各別不成。（末）我兒癡了！他的相貌，像了今世爹娘了。

【啄木兒】（旦）趙新母聽根節，問劉郎原是俺親爹。（小旦）翦了鐙，明朗休教滅。（旦）論俺娘但未有庚帖，年將二八，正是婚時節。（小旦）近前些，聽俺消詳説。舊日親，年輕争害怯，不但把别骨頭著疼熱。

（旦拜小旦介）似娘這般相貌，便前生不是我娘，也做得我的娘過。何况説來件件對。母！（小旦〔一〕）俺怎想今日得見你也，兒！

【三段子】俺三光不滅，遇陰陽都動迭，一靈未歇。潑殘生堪轉折。（旦）是娘非娘初不别，是幻非幻如何説。雖則似空裏拈花，却不是水中撈月。

（老旦上，下車介）這就是劉家小姐麽？（旦）此位是誰？（小旦）是我今世的母親。你只當是繼母的外婆。（旦福介）外婆萬福。（老旦）好位甥女！這們長大，越發該許人家了。（小旦）俺便爲這件事尤其要緊，所以急要來哩！如今且合我睡睡兒。

〔一〕小旦，底本作『旦』，據前文改。

【鬥雙雞】花根木節，有一個再相逢的路穴。你須把俺嫩香肌且偎的半熱。（旦）娘這回來，再要一百歲纔好。悄魂休越，則俺見了你，真娘情不滅。（老旦）暢好是兩世夫妻，有的是娘兒話説。（旦）我的親娘，我三歲兒你就抛棄了我，如今纔得相聚，又就要著發我到别處去。我賭了咒，斷不依的。一刻不離，且和你相伴二十年，再去也不妨事。

【登小樓】洛嗟，你憶人憶徹。（小旦）倒許你爹頻到别房去便了。俺大眠床轂有三尺疊，正怕你爹爹將俺一謎掘。（老旦）你和甥女同睡呵，則恐陰風瀉瀉，但少了陽氣些些。（丑、小丑女扮上）夫人叩頭！（小旦）你是雲藍，你是覲袖。一向待俺小姐不欺心麽？（旦）俺爹爹好，他們怎敢？（小旦）我如今年紀雖小於你，原是你兩個的舊主。照從前一樣小心，自然更加優待。若是疑神疑鬼，背後胡説，俺仍舊要打哩！

【鮑老催】長眠人不竟眠長夜，則覓前生枕重設。今夜呵，你們姑就横床歇，則今番風味别。（丑、小丑）曉風明滅，子規聲休，又啼殘月。（老旦）今生遇，重記夙生説。（末）先且奉揖謝了岳母，且待告過了堂翁，三朝再行大禮罷。聘物竟候岳母回宅，叫副鼓樂隨車送去。

【耍鮑老】你丁丁列列，吐出在丁香舌。俺拆了你丁香結，須粉碎你丁香節。依前世，須急節，婦女幽情難盡説。（旦）則俺只把如妹的娘親抱了也。（老旦）母女仝居，同名近女，等爲癡字所攝。這位姑娘，倒也像娘和爺，有些癡的。

【尾聲】再生母，許伴守著此生爺。（旦）一點心憐二妾。（丑、小丑）不著人橫床妒你，誰敢罵的你一似鬼隨邪。

（二丑吊場，拍手大笑介）當初有個妒婦，不容小婆近身。小婆憂鬱死了，托夢與他，閻王許我來替你這位次也。大婆過了十年果然息了，填房就是那小婆轉世的。俺們管他真不真，只當娶了一位惡填房也要過哩！（小丑）十來歲的人好哄騙的，我和你順著毛兒摩他，他怕不拉我們一床困哩！

下場詩

好花頒與侍兒簪，暗將私語賭宜男。
不念容顏非昔好，畫眉猶自待劉三。

文有不與前文相避，而故與前文相犯者，不相犯，不見文心之巧也；文有既與前文相犯，而又與前文相避者，不相避，不見文心之變也。極相類處，偏不分毫合掌。故作文之難，非善避之難，而犯而避之之難；又非能犯之難，而以避者犯之之難。既能犯又能避，欲不謂之才子，得耶？如此本之《憐孟》《戰姑》類也，《媒韋》《證祇》類也，《讞冢》《談屍》類也，《諧王》《嬲嫗》《游江》《得蘇》類也，《導楊》《聳尉》類也，《除羊》《曉郭》類也，《喻令》《誡尹》《諍卿》《誨鄭》類也。求一筆之合掌，得乎？近有顧君，好刻古書。查夫人曰：丈夫當獨剖性靈，乃爲他人作剞劂工哉。變換不窮，如作者庶可免作刻工矣！

第二十六齣　助墓

【憶秦娥】（小旦男裝扮魂上）相依久，粉銷香減，屍難瘦。屍難瘦，異代相思，一墳輻輳。舊人如使長如舊，新人那處相容受。相容受，促英雄朽，讓英賢彀。

小生生前名獨孤穆，周隋勳戚，唐代諸生。賦擲金聲，詞霏玉雪。胸羅今古，曾讀罕見之書；紙落雲烟，大概驚人之句。只因今日之目中，換做李家之天下了。既是前朝后族，自宜積漸式微，恰似技拙吹竽、時乖按劍，未獲看花上苑、驤首天衢。偶愛城邊隙地。伐木陶瓦，作屋廿間。清齋位置，須有蕭寂之味。不意故隋公主亡魂下交，且期我命終時遷伊合墓。小生活的時節，依他尋著他墳，果然銘志不爽，就把他的靈柩搬回，葬在家鄉，只待小生百年，聳入礉中仝穴。昔者姚興專掘古時有名命婦陪葬己陵，却未必似俺。此人出於自願呢！那時有個孔豈然山人，偶來舍下作寓，説是此事古今罕有，大可爲法後人。必須大作墳園，用自標顯。他相與的方術號師市奴，武德中合金銀並成。又有個成弼，爲太宗造藥金數萬斤，授五品官。他就替我尋著兩族，借了他幾百斤來，所以造得這墳十分堅固齊整。小生自遇公主靈魂，也不婚娶了，僅納一婢，生有兩男，且喜香烟未絶，祭掃如常。公主魂在幽冥，心同冰雪。幼弄詞章，竊笑館陶摟董偃；博觀書史，又怪湖陽愛宋宏。似此生死相從，古今神契，只願萬劫千生，兩休捐棄；豈可三途六道，復墮輪迴？沒有别的心事，倒只怕閻羅天子喚去轉生也。咳！可見古今以來，大有癡人癡事。（老生山人裝，生、旦艷粧同上）（小旦迎揖介）孔先生久違了。前蒙貸金助葬，今又光降荒墳，高厚難酬，泉壤頂祝。（老生）賢公主未得見，今有道契弦公隨著天仙令閤欲觀此事，特引前來。（小旦揖生、旦介）原來如此！久聞魏椽弦超，隨著智瓊游戲，只道是書本上讕言謊説，不想今日得以拜會。覺得小生此事，越發不足爲奇了。

【畫眉序】（生、旦）皓彩入襟流，清霜苦月杯難侑。喜黄泉多暇，對景忘憂。（老生）擁飛仙媾會幽壤，逞風情倚偎紅袖。（小旦）日燒山翠霞金綉，死處所月懸鄉舊。

（老旦扮隋主魂上）感蒙元君道長降臨，枕上聞之不勝抃舞。（旦）極喜公主芳魂有智，同時無偶，擇得後生。（小旦）墳前片地何敢留賓？幸托相知，無妨小酌。叫俑奴將酒過來。（丑、小丑扮婢媪持壺上）有酒。（旦、老旦蹴福）（生、老生、小旦相揖）（俱席地坐介）

【黄鶯兒】（生、旦）花酒會墳頭，占神仙第一籌，才情還讓黄泉友。（老生）他兩位呵，麗句探喉，新歡入手，守宫驗取依然又。（小旦、老旦）鬼凝眸，黑烟九點，遮莫是齊州。

（旦）不瞞公主、郎君，我在上元夫人統領十萬玉女之列，所以百千萬劫，死此生彼，人宿往事，皆能悉知。獨孤郎可知道公主就是劉崇，自己就是宋顥麽？（小旦沈吟介）元君不説，曾不憶持。忽然提破，覺道有些省悟也。（老旦）原來他的夫人冥配與我，他命終時，我反不容相見，所以令我死魂償他生債。却可憐他如今也做了鬼也！（老生）豈知世出世間，除了仙人，倒要算鬼快活？那人類千辛萬苦，如何比並得來？（生）常言道，功名付之志士，風調讓與才人。即如仕途險仄，怎及得致仕的快活逍遥。想我當初讀書，凌雲志氣。及牢騷失意，變爲詞人。以文采自見，使名留後世足矣。何期被薦入朝，頂冠束帶，變爲官人，終非所好。幸虧結此仙緣，自由自在，變爲仙人。須知除了弦超，獨孤穆即其次也。

【皂羅袍】（生、旦）世事雲翻雨覆，到如今，休問如脱鷹鞲。（小旦、老旦）直伸雙足恣遨遊，是非不令眉兒皺。（老生）便是在下，也只圖散誕的驊騮千里絲韁早收。鯤鵬四海，虞人罔求，英雄豈入尋常彀。

（旦）郎君做宋顥的時候，在冥府中曾與這孔先生相遇，還記得麽？（小旦）這是十分承情，恍惚依稀都想得出。（老生）非但弦公與在下蕭散安閒，就是賢夫妻在這所在平章風月，説得個死無官於上，比那生時也就無拘無束了許多哩！

【浣溪紗】花間蝶，水上鷗，偏生識得風波溜。（生、旦）鵁鷺班，争似鸞鳳偶。一任他朱衣紫綬，太古是行監坐守。（小旦、老旦）轉不如向虚空冥漠尋消受，私心情，願捧雙勾。

（旦）那世間，不但富貴功名猶如夢幻，即悲歡離合總是空花。求之太真，失之轉遠。怎如我和你無心作合，究竟相從，反如所願也。（老旦）正是哩！

【玉交枝】陰陽邂逅，頓圓成兩意相投。（生、旦）引紅絲，自結同心扣。詭行踪，遍界夷猶。（老生）天際真人且並頭，黄泉鶯燕須同宿。（合）甜睡鄉，欣傍温柔。地和天，總非凡偶。

（老旦）妾自遇郎之後，孤魂翹望，幸君搬柩而歸。後人心腸各别，猶未卜舊盟若何。今日果遂宿緣，豈非天也！

【玉抱肚】幽明分首，幸賢郎肯奉先猷。（衆合）看墳臺青碱朱欄，喜知音滿飲金甌。陰陽渺渺供冥搜，人鬼都宜與婦謀。

（旦）公主你看，哀蟬已息，落葉猶飄。人世間秋風蕭瑟，早一派凄凉到也。

【憶多嬌】春與秋，明與幽，今古機謀總請休，惟要佳人遂好逑。（合）夢破莊周，夢破莊周，真個其生若浮。

（老生）酒未三行，鼓已再擊，没有不散的筵席，俺們也就告别了罷！

【月上海棠】君知否，雲衣變幻如蒼狗。論神仙快意，應勝公侯。（合）幸多才得共衾裯，永同歸白首丹邱。從今後，誰不信這憐才一段緣由。

（老旦）此别之後，地老天荒，又不知待到何時，再得相遇也。佣奴快些秉燭照各位下山者。（雜持燭上）

【尾聲】良朋來酹墳邊酒，試打一齣新詞付善謳，只爲似水流年不可留。

下場詩

緋羅兩炬最傷情，同有奇情自合親。

聞説偕行暫猶好，况於故鬼得新魂。

第二十七齣　喻令

【繞池遊】（净女扮上）風流新展，薄宦從畿甸。縱襟期，調鶯跋燕。旅况浮沈，春光深淺。儘才情，娱人暮年。

粉香隨笑度，一笑獨奢妍。鏡照愁成水，愁容鏡亦憐。老身唐氏，開封縣令時天寶之母。二十歲便寡居了，今已花甲過頭。雖然一子，且喜聰明。有志讀書，登科獲選。受十年苦苦孜孜，博一任歡歡喜喜。吃的不少，穿的不少。比上不足，比下有餘。没有什麽怨天尤人了。就有件把别事，一向招著手掌過日，熬得住呀。不想到這署中，每夜進房之後，就見咱那亡過的阿嫂走來叙話。説有一位美貌少年和他相交已久了。聞得老身充博壯盛，要來拜認爲娘。伏侍咱上床下地，包咱終身受用，又没别人知覺。咱回他道，尊嫂你亡過了，和鬼相交的，未必和人近得。他説，姑娘你試一試，就知道哩！話猶未了，那少年已立在面前了。就是個女兒一般，面目十分可意。不由老身分説，就把咱抱起來哩！他脱裙哩，换鞋哩，捺在床沿上哩，咱一時間竟就昏昏迷迷了。覺道這一件事，此後斷乎少不得的。他那憐盤愛笄、倒鳳顛鸞的耍法，輕易的人夢裏也不想到，也就愛煞人了。誰知實在之處，又比長信君還强幾分。外人原不得知，咱也落得享用哩！無奈我兒知道，只顧勸咱拒絶他。休説咱不拚得，就不用他，也推他不去。這東西曉得遁法，人要來捉，他就不見了。近來兒子署中到了一個醫生遊客，姓李名常在。昨日老嬷嬷在屏後聽得他勸咱兒子道，自古高明之家，妖瞰其室。漢姜肱兄弟共被，不入内宿，感凱風而慰母心也。今後竟不必去捉他，又道他有法兒，使他不能遁去，待替咱兒子勸他，叫他往别處去哩，咱且看他是真是假。

【梧蓼金羅】（小生上）心事多般，甚嬌鬟盡稚年，教彼向誰言？玉童顔，狐心狗膽，敢倒潛踪秘跡，私入宦家園。帳裏春風盪，昔歡常飄忽。方悦羅襟解，誰念髮成絲？（揖介）太夫人唱喏。（净蹴福介）（末上）先生説是唤得鬼怪出來，就請試看。（小生敲桌介）快來，快來，快快來！（小旦背釘狐皮一片，丑蓋魂帕，仝上，跪起介）（狐旦）卸粧猶見濃花合。（魂丑）掃黛還飛遠岫長。（狐旦）爲道春消不得處。（魂丑）從來只有鬢邊霜。醫仙有何見諭？（小生）則把你的來意先説與我知道。（狐）則爲空床易厭，粉淡偷挺。杜宇聲殘，啼出武陵春怨。（丑）只怕生人薄命，無由締緣。怪我陳人薄德，無端代牽。千金一刻，忍把餘生賤。

（小生）那唐李氏，你生前欲心雖盛，却不曾做出甚邪事來，怎麼死後倒與這野狐纏擾？（丑）蓋因死後，一時未得托生。舊時血屬，輪回的輪回了，入獄的入獄了，無從相見。他不棄嫌，却來尋我，幸虧恁地解解寂寞哩！

【菊花新】名花遽謝向春先，無力同人鬥麗娟。憑遍石墳欄，誰識芳心一點。

（小生）自己如此也罷了，怎麼把個姑娘也贈了他呢？（丑）他説鬼魂交接，情意雖同，須讓生人氣血可採。賴在奴家身上，要尋個壯健堂客把他，不然就要絶交哩！奴家捨不的他，又知道俺姑娘常有不可奈何之意，所以就領來了。俺姑娘呵。

【梧蓼金羅】小巷迷香徑，紅樓鎖翠烟。車馬任喧闐，强熬煎，春愁自嘸。憎煞舞衫歌扇，長自擁衾眠。盼得伊眼兒穿也囉。（小生笑介）呵呵，浮萍逐浪，飛絮憑風，露水因緣，可是三生愛眷。他們自己會得尋人，何須要你於中多事？（丑）尋人他雖會得，多半在燒香看戲之處窺見邪心偶動，方纔乘機而入。俺姑娘深居不出，所以俺若不説，他不得知。（净）任憑你們胡説，咱是心已冷透了，兒子的體面更要緊。你來了千百回，咱理你一回兒没有？咱常笑才郎年少，虚費香奩錦箋。那怕紅顔傾國，冷却粧臺翠鈿也。比得那混帳堂客麽？穠華逝水，㨨得春纖倦。

（小生）則這胡老者原也可憐，你在洛陽時候鬢髩皓然，唱著『洛陽女兒多，無奈衰翁老去何』，常常放聲大哭。爲何到了開封，又妝得恁般少嫩呢？俺替你説破時，你就不去也厚顔哩！（小旦）則這一謎塗假面目，都被仙師看破了，羞死我也！

【懶畫眉】穿花度柳訪嬋娟，只見流水橋邊隱畫垣。墻頭閒架舊秋千。其中别有深深院，金屋嚴幃貯壯媛。

（末）本縣這裏本是一個幽雅所在，一簾花影，四壁圖書，全没半〔一〕點濁俗穢氣。看你似非人類，又是男妝。此後無許再來，如違，斷不輕貸。

〔一〕半，底本作『本』，據意改。

【前腔】筆床翡翠壓華氈，研匣琉璃墨浪鎸。牙籤錦軸富瑶編。（小旦笑介）俺再不來便了。則問你孜孜柔翰情何遠，偏禁蘐堂教悵然。

（净）老身是高年宅眷，這裏是皇帝官衙。咱官府又吩咐過，你以後休要逞妖作怪哩！咱呵，

【前腔】春眠香夢没絲牽，不覺花陰度玉磚。鸚哥休報客臨軒。（丑）俺姑娘呵，濃葩老去無人見，幾遍含羞不自前。

（小旦）則瞞不得神醫，只一點色情難壞耳。夫人年紀雖大，争奈血氣未衰呀！

【前腔】喜驚殊妙出高年，還似輕薄紅綃覆白蓮。（丑）人家既然不喜你，也只索罷休。終不然恃著官法管你不來，苦苦在這裏惹厭麽？只當是夢中擲果七香旋，相逢一笑非相善，不是夙世曾逢歡喜冤。

（末）便是你這舅母，也忒胡説！官法就管你不著？咱做外甥的待牒你下酆都哩！

【桂枝香】鬼魂燕婉，霎時酬願。怎又把妖魅狐狸，引近傍貞芳賢媛？（小旦）俺只見太夫人呵，秋波欲溜，秋波欲溜，腰肢嬌軟可人憐。任是年將耄，還餘幾日鮮。

（净）這樣人物世間自有。只咱這個所在是個正經所在，不許亂話。

【前腔】莫思歡忭，徒增腼腆。誰怕你柳絮多情，賺不出桃花數片。（小生）雖則夫子有言，未見好德如好色者。也休説你這狐魅老翁，就是我輩少年時呵，才高七步，才高七步，時名獨擅。乏良緣，

怎敢將貞烈蠻纏作錦鴛。

（丑）俺也知道你的本事，别的没奈你何。既然醫仙在此好好相勸，你也就好放手時須放手罷，横竪有俺伴著你哩！

【琥珀猫兒墜】冰輪初上，生死照團圓，舊有深杯今有筵。（末）俺這舅母真正可笑。解襦滅燭不知嫌。纏綿。共作鴛鴦，便當神仙。

（小旦）其實難以從命，奈這姓李的先生只顧把老翁叫我，好教我又羞又惱。太夫人問知就裏，待我自然也要薄了。坐一家，不如走三家。多謝多謝！我也不愁没别處哩！（小生扯介）説得有理，你快去罷！

【前腔】春深如海，該上五湖船。（丑）翠被剛熏婧鬐偏，轆轤聲斷莫俄延。（小旦摟丑介）留連。還向你舊墳深處，細數心肝。

（丑）姑姑，俺們去也！外甥不知堂客的苦，只怕你老人家還著實要憶我哩！

【尾聲】（小生）情魔淫癖相繾綣。（丑）這春心宛轉難詮。（小旦）莫把風流喚做顛。（先下）

（小生揖净介）恭喜太夫人，從今以後杳無蹤影。你老人家閒空只念念《金剛經》便了。

下場詩

一片春城化劫灰，哭聲未了笑聲催。
羡君游戲浮漚久，憐爾榮枯彈指隤。

第二十八齣　謁尼

（老旦抱琵琶上）但向平生説死生，撩衣便起是何人？此身不向今生度，更向何身度此身？空花身世兩無憑，百歲風前短焰燈。只恐爲尼尼不了，爲僧若了總輪僧。那個衆生誰是佛？南無阿彌陀佛。大家瞞殺可憐生，阿彌陀佛。老身阿來婆是也，在這崇仁坊下彈琵琶卜，那一日不朱紫盈門？近日到了一位西域師姑，寓在我處。問他近況，從荆州來，叫做什麽式叉摩羅。西域水土剛强，其人華色而肌肥。僧以民爲奴，民奉僧猶主。問他怎麽叫做式叉摩羅，説是留髮尼僧的總名，如中國的白雲宗一樣。他能舒足出香，照見千里外事。所以從前來問卜的，如今都來問法了。他一面回答，咱一面替他彈唱。他不要錢，人送的錢都送了咱，越發日富一日哩！據他對咱説道，只這五濁昏昏，三途擾擾，利障易消，名根難盡。多少有智慧奇男子，埋没在應舉登科；多少没結果小前程，破壞了生天成佛。待與指示迷途，同還覺路。争奈他識情流浪，緣業牽纏。熱嘬嘬講經説法，反添下人我幢高；虚飄飄因果輪迴，怎唤得繁華夢醒？直到那眼耳鼻舌俱歸寂寞，纔信山河大地立變虚空。道猶未了，阿姨出來也。（旦扮髮尼盤頭上）（升座坐桌介）色相供梵王，各殿香風滿。帝釋諸天，識得圓通真面目。縱横不離，脚根邊要知道。（合十介）解凡情累世愆尤，不但利窟名場，火坑萬丈，還有情絲欲網，苦海無邊。是以紫竹林邊微露出一輪水月，金沙灘上濃妝出兩鬟烟雲。今日有個孔豈然遠來相見。這人雲遊世上，有千年了，穿緑衣的便是！阿婆另眼看覷者。（老旦）這會子問法的人，還都在別處白相哩！

【雙調新水令】（坐彈介）宴櫻桃花柳曲江池，偶偷閒春城游屐。閒坊隨款段，風景愛招提。那怕他珮解龜携，單覷這緑衣郎可相識。

（老生公子巾上）這崇仁坊原來傍著卧佛寺，阿來婆住處倒好清幽也。這就是西域來的阿姨了麽？（合十介）弟子有緣，須問訊者。（老旦）咱聽足下語音，不是長安土著，肯到這古寺邊來耍子，難得難得！

【駐馬聽】（坐彈）寶鐸音吹，隔斷紅塵，三十里虚堂寥寂。蛛絲鳥跡篆烟微，遍迴廊風雨。卧荒碑，滿空階，苔蘚埋幽砌。步斜暉，讀殘經，翻落松風裏。

（生紫衣，外朱衣車上）（净青袍馬上）（末藍衫，丑圓帽步上）這位阿姨好齊整哩！那裏像吃菜根的人？怎不到洛陽東寺去坐方丈，却在這冷静場所作寓？（老旦）不説你們不知。咱這位阿姨呵，

【步步嬌】（坐彈）他只愛花木蕭疎清凉地。曲徑通禪室，暮鼓閒，晨鐘殢。挽好髻，無言獨掩扉。把身心覺後持，等世界浮漚寄。

（外）下官先年曾遇著一個朱悦，他有一個展地之術，能使人行百步，自辰至酉不能達。説是從西域得來的。阿姨既然神通廣大，可也曉得恁法兒麽？（旦）此乃下乘末法，非吾佛國所重。宰官若要試法，就請在這寺後轉一回者。（外）待下官緩步前去者。（左下右上）哎呀呀，真個妙！若不是阿姨方

便，忽然現出原形，便到明日休想回這坊下呢！（老旦）小法休驚，且待老身把這阿姨的西來大意唱出請教。

【殿前歡】（坐彈）你那裏慢踟蹰，就等到蒲團坐落雨花飛，還行不到三三里。似他這槁木寒灰，著袈裟住翠微。堪稽首，應投地，勝如半句曹溪偈。真做得今生寶筏，夙世金篦。

（生）有個周隱，曾從式叉學法。一日多自飲茶，叫下官替他小便，把下官弄一個頻起不休。阿姨若也會得，咱纔服你。（旦）周隱就是小徒，宰官不信，阿婆便取茶來。（老旦取碗遞旦）（旦連飲介）（生就隅便介）罷了，罷了！把旁光都急破了。（老旦）則這位阿姨呵，他也不募齋結緣，他也不登座説法。這些没要緊的事，越發不是他得意之筆了。

【攬箏琶】（坐彈）面慈悲，旃檀器。容真實，龍象圍。覷著這大海水浮萍，看破那未生前黑漆。護經簾，朝共夕。取茶杯漫飲，令閣下遺尿，小乘法都奇。大法鼓誰知印，雙趺肯踏門前地。悔招來紫陌紅塵騎。

（老生）則弟子聞得阿姨在荆州時，舒足出香，這倒是香嚴三昧。特來頂禮，不爲等閒。（旦）觀君道眼，有異常流。况出至誠，願呈白足。（老生跪脱右襪，捧視介）真正奇呀，真正奇呀！這香從五指出，各指香氣不同。休道耳聞，説也不信。（雜作兢前近覷介）（外）俺們也都是特來禮足的。這一縷好似旃檀，頃刻間遍虚空了。（生）這一縷有如龍麝，打從下官鼻管直冲入腦門去哩！（净張口諢介）鼻子吸氣不多，待卑職張開嘴來，都吞他進肚去，就不成佛也得成仙呀！（丑）咱們家裏的堂客，穿香睡鞋，用香水洗，還是帶著汗氣的。西域的脚，怎麽就恁妙呢？（老旦）豈不聞色荒見物皆成媚，吹嘘漸覺馨香出？不香謂香，名稱意香。咱們的睡鞋裝著凡香，所以與肉爲二。阿姨這脚自然微妙，是天香哩！

【沈醉東風】（坐彈）趺和趾，仙凡咫尺。麝和檀，仿佛依稀。休更怨面龐兒不斷親，已勝似耳朵裏徒聞説，終身聞氣。還説甚御鼎曾沾袖領衣，這裏的是香從玉出。

（老生）又聞得阿姨足掌照見千里外事，也要叩求一觀。（老旦）豈但千里外事，就是千年以後的事，都知道哩！你只塗些唾沫上去，就照得見。（老生跪脱左襪，捧視介）多謝阿姨！觀這脚中所現之象，俺纔知道地上行仙，不及西方净土也。（雜争前塗視介）（外）哎呀呀，下官數百年後，怎變做青衣小帽了？（生）哎呀呀，下官數百年後，還簪著花騎著馬，敢又中狀元哩！（净頓足介）壞哉，壞哉！俺又不曾作業，怎麽人頭猪身起來？（丑以袖掩面介）羞也，羞也！這是小子前年在江東地方幹下一件苟且之事，怎麽也來在你這脚裏？（老旦）如此説來，列位大人今日見了阿姨的脚，倒也知道些富貴空花的道理，省得時常費心要去毁仙謗佛了呢！

【折桂枝】（坐彈）呀，兀道是杏園紅到處光輝，都付與人静山空，猿笑鷗疑。説什麽御苑芳菲，玉堂名位，珂里門楣。自榮枯郗家仙桂，乾塗抹漢殿蛾眉。浪平章珠玉淋漓，漫驕奢魚罽天犀。只落得走名場，奪坐鶖筵，對山僧垂首支頤。

（生）則下官等倒也不是認定皮囊、毁仙謗佛的脚色。倒只怕《真誥》《傳燈》也就和俺每的《十七史》一樣空留其名，未必都真實耳！（老旦）上了《十七史》也罷了，還有許多不得上的一例乾忙。也就和那叢林大衆一樣，只添了普同塔裏一把骨灰呢！

【雁兒落】（彈唱）那紫耶朱，分明襤褸衣；那棘耶槐，分明兒童戲；那絲綸閣，分明短排場；那鳳凰池，分明虚筵席。

【得勝令】（坐彈）錯認個名姓列金緋，誰識是豪華憑傀儡，甫能彀喧闐車馬隊。又則索冷淡墓門扉休提，枉恃著進賢冠空，一世高低。只問這式叉摩知未知。

（老生爲旦襪履介）子房、釋之兩位張兄，怎比得俺姓孔的身爲佛屈？（旦）若論我佛之意，只要法輪常轉，並不爲要那名字長存。若只爲名，怎值得費許多力？這都是末學後生迷昧初祖之意，以致流弊如此。但問列位先生，未禮足時，曉得自己是個宰官；既照影後，還曉得自己是個宰官麽？若説曉得的是假，那不曉得的從何處來？若説不曉得是真，那曉得的從何處去？（老旦）列位，急須認取，便是無上菩提也。

【七弟兄】（坐彈）一霎時天竺界普皈依，永祝我塵世劫免輪迴。三生石長留清浄身，慈悲塔不種貪嗔智。

【收江南】（坐彈）呀，便到那畫麒麟，金印肘邊垂，願記取破衲伴禪栖。大官厨自有肉中虀，好風光只暗知。這的是蓮花寶座不霑泥。

（生）多承指教，言下豁然，俺每就此皈依者。（外）脚板勝如古鏡，倒也極妙。只是自古僧尼無不剃染，敢問阿姨出家爲何留著頭髮？（旦）斬除六根，原在心地，本與頭髮無干。把和尚剃了頭，是防他扮了俗人躲在俗家的意思。試問諸佛菩薩有髮無髮，就知道尼姑的頭髮可以剃，可以不剃了。我這一宗在那西域倒管了一大半哩！（衆拜介）休説西來大意，就是這些小言語，也都狠有理性。（各取錢撒地介）這是咱們的佈施，阿姨不取，阿婆代收便了。（老旦）則這一位緑衣郎君，爲何獨不撒錢？（老生摸囊介）今日囊中空乏，另日再送來罷！（老旦）也罷也罷！你專爲看脚而來，咱須把個另眼兒覷你。得了列位許多東西，且等老身彈唱一個好的，叫列位看一個暢快，聽一個暢快回去。（衆坐地介）有理有理。

【尾】報龕前塔影西，似去住暗中催。報枝頭春鳥啼，似衰盛景中移。從今後把莽才華、傻風流、喬甲第，齊向這空門收拾。過去的燈火寒雞，唤做望蜜争梅。現在的烏紗錦綈，總看破糞積泥堆。未來的得喪歡悲，總參到圓寂荼毗。怎扯得睡鄉游，莊非蝶非；怎托得武陵源，人迷路迷？原不消五湖舟，鱸歸菜歸；也不勞神武門，冠遺劍遺。何待哭北邙山，松纍柏纍；何待吊雲陽市，波危浪危。只這白雲堂風移日移，紫薇郎來遲去遲。尋常話心灰意灰，功名事驚誰嚷誰。泥金報泡兮幻兮，青衫淚悲癡恨癡。行脚緣炎宜冷宜，涅槃因閙持鬧持。呀，早了却夢黄粱許多興廢。

（雜）你看夕陽將下，啼烏還枝，俺們好去了也。（衆起行介）（老旦）則那孔先生下回賜顧，須把你那絶妙法兒盡數傳了老身纔抵得今日的佈施也。阿姨的脚，須不是叫你白看的。（隨旦俱下）（老生復上，吊場介）好奇怪呀！俺只待夾在大衆裏邊使個乖兒，早被他猜著名姓了也。正是雖未成佛，大有佛意。這婆子老尚多情，來和他相識相識，倒也使得。

下場詩

鏡中各自照蛾眉，留髮何妨唤阿姨？

却笑誰家扃綉户，正熏龍麝煖鴛池。

第二十九齣　絮影

【掛真兒】（小旦男扮上）相交至死猶歡好，幾年來墳樹枝交。幻夢千場，幽懷萬種，又是清明節到。

六朝瓊樹掌中春，春意盡歸無語處。鸞帳玉山人起來，秋風斜削春容去。俺潘章鬼魂是也，生於漳閩，葬於永嘉。生前頗知書史，琴棋書畫都精。更加極有風姿，潘衛張陳讓美。雖兼男子的才藝，却生婦女的肌容，所以批風抹月，温柔鄉里作生涯；也曾滆雨𩜾雲，脂粉叢中閒過遣。據那時的念頭，只要尋一個謝道韞、牛應貞做個對頭，就遂了平生之願哩！何曾想到如二人者女中絶少，男子庶幾。誰知杭州地方有一個蘇民詷，他的姿色與俺不甚相懸，他的才情比俺還高少許。何異穿鞋道韞，竟成戴帽應貞。原聘未婚而亡，他只娶了數妾，内中一個上半月爲女，替他生了兒子；下半月爲男，又與諸妾交歡，復幫民詷生子。只因他的天性過於兼愛好奇了，值俺表兄王仲先由杭歸楚，説起在下丰容天下無賽，竟就不遠千里之遥，帶了這妾來求爲友。云慕風姿而至，及寢便求抵足。俺見他才情透逸如習鑿齒，便即許之。豈知他那種纏綿之法，不但世上爲妻的待丈夫没恁長情，就是從古爲夫的待乃眷也没恁般持久。一時不見，就如喪國亡家；一刻不交，猶如鼻頭舔蜜。俺貪他的本事，感他的情意，竟也不復聘娶了，只守著他過日。世上的人，每每説是女人嫁夫，天生正理；男人爲妾，煞甚可羞。不知行那事時，情味本無纖異。何况他也有色，也肯與我爲妻。所以滿心足意，誓同生死了。可惜樂極生悲，傷精致殀，不到十年景光，我死，他也哭死。竟就吩咐兒子，待那妾乎壽盡，竟行另葬，只須與俺共穴同墳。俺要後人得知，兩雄可申情愛。把墳上的樹木，枝枝替他交結起來，兩個人的魂影常常一絲不著在那墳上行事。如今更加造化，遇著一位地仙在此經過，説俺每宅舍未壞，若得人與交精，便可復活。又教俺回生之後，用彼家法互相戰採，與採堂客的元氣無異，久之亦成地仙。俺每還怕回生之後要拆散了，遲疑未決。且等他復來墓上，再看説些甚的。（小生懸鏡背劍上）潘璋潘璋，你那蘇郎果然不俗，怪不得你肯把他睡也。（小旦）明人不做暗事，别人家换錢使，要瞞人鬼魂。得了恁個有才有貌的對頭，偏要誇誇别人，俺爲什麽怕他知道，倒只可惜緣短些兒哩。

【步步嬌】文采風流矜殊調，四海聞英妙。如今呵，只落得心坎自摹描，他苟令姿儀，兼謝家言笑。真個是好物不堅牢，生生葬送人年少。

（老旦男扮上）仙人又光降了，俺每快些叩頭。（同叩）（跪問介）鬼魂曾觀書史，一人回生的頗多，兩人回生的絶少，如之奈何？（小生）可憐你們二位，情懷雖還似舊，血氣到底不存。就是這墓上風景，怎比得人間熱鬧？兩位齊齊回生固然妙絶，就是回得一位也好。（小旦）鬼魂正怕如此，所以對墓躊躕也。

【山坡羊】冷清清雲封華表，静沈沈墻穿狐貉。颼颼颼松柏哀吟，亂紛紛白楊枯槁。（起介）咳，依稀認姓字没蓬蒿，綉模糊看不曉。石徑横斜，斷垣頹倒。風騷，俏靈兒何處抛。虚囂，恁相逢没下梢。

（生、旦上，遠坐桌上介）（老旦）呀，則那對面山頭來了一男一女，光景不似凡人，敢問仙師是何緣故？（小生）你也要知道這二位的名字麽？前日路途相遇，原是與我同來的。一位叫做弦超，本是凡人，有些官職。一個叫做瓊智，乃是天女，願嫁此公。因得天女的力，精神越用越有。他們頃刻千里，無處不游。自從曹魏時候，逍遥快活到如今了。因俺説起你們，知道墓上現影。説道他們那情與我們這情原一樣的深密，可憐凡胎俗骨，弄不上幾年就嗚呼哀哉了。却因他是一仙一凡的情人，你也是雖死如生的情人；他是一男一女的情人，你也是男兼女樂的情人。何聖何狂，皆爲情類。情之所至，一往而深。特特來此山頭，照證你一照證哩！（老旦、小旦遥拜介）天且如此，何况下民。原來恁齷齪事，天仙也不笑哩！

【五更轉】爲才情諧歡好，交品鳳鸞簫。千攔百縱相尋討，道世上無雙，人間絶少。盡綢繆妝窈窕，誇蓬島，三星耿耿將人照。高呼穠褻，貼身投抱。

（小生）須知潘章夙世本是吴郡陸渾，蘇民訶倒是渾妻。張氏寸步不離，號小比肩。所以千里相投，一見如故。只可惜好事多磨，總不能久哎！（小旦）這等看來，無論男婦，無論親疏，今世裏被他要的，原是前世裏要過他的。可憐後身亡故之後，還没處尋前身的踪影也。

【園林好】霎時間風雨漂揺，生拆散鴛鴦夢寂寥。待向碧落黄泉求遍了，奈多生不可搔，奈多生不可搔。

（小生）你那時候原説男色之妙，在兩雄聚處不怕嫌疑。即有旁人，不能防捉。所以直至如今，兀自現影墳上，則可惜百般做作，終是一個影兒。（小旦）况且這墳也不知到得何時哩！

【江兒水】難覓洪都客，誰傳續命膏？掩春光，雨葬梨花貌。殺風情，弦斷求凰操。憶多才，淚濺烏絲稿。三尺孤墳，且道百年難保。

（小生）你又説是男色之妙，妙在舟車水陸，總易相隨，休戚興衰，甘與相共。可惜這對影兒死煞在這所在，一切遊玩的去處都没你分，更不見興頭的時候呀！（老旦）則比那世上一生一死的好夫妻勝些罷了。（小旦）若做那未亡人呵，

【玉交枝】精靈縹緲似飛花，何處沾著悲風，怎與歸魂導？白叮嚀野鬼山魈。像俺每呵，生前俊臉浪輕佻，死後芳魂還繚繞。還好似想伊時花朝酒朝，夢伊時雲宵雨宵。

（小生）你又説是性有剛柔，力有强弱，命有貴賤。這柔軀弱質生於賤户的男子，遇著一位勢位富厚、强而有力知音，也和婦女于歸得所一樣。則這影兒交抱似夢如烟，不但富貴不見，連强弱也未必分了。若不更向陽間走一遭，怎得飽其所欲呢？（小旦）也强似那貞女寡婦呵。

【玉抱肚】衷腸誰剖，舊西樓，别樣豐標。婚姻簿註定孤辰，相思卦占了空爻。年年祭掃到墳澆，只當黄泉走一遭。

（小生）你又説是無論男色女色，一旦得其所天的，如寒得火，如飢得食，如禍得護，如病得醫。不知除了天仙地仙，有那如寒得火的時候，就有那火滅灰寒的時候。兀那人世夫妻，十個裏邊原有五個不會到頭的呢！（小旦）鬼魂在日，遇著寡婦上新墳，倒也就替他叫苦呀！

【玉山頹】則見他擎杯上告，淚珠兒添和香醪。酸辛並蹙春山黛，憔悴難開人面桃。香盟如昨，争易説相從偕老。落葉無人掃，任風飄。空向北邙原上認兒曹。

（小生）你又説是行那事時，情味毫無纖異。何況他也有色，也肯與我爲妻，所以竟不復聘娶了。可知世間的人，老婆還不算數。一肌一容他都道好，魚與熊掌必欲兼之。恨不得十個婦人娶了他八個來，又是什麽意思呢？（老旦）這不過爲人心不同，有如其面，情態形狀，萬有不齊。其實絶世佳人，形狀且隨年變，情態學無不能，得一已足。（小旦）就像俺每此際，寧可共此孤墳，何曾忽萌别念呢？

【三學士】蕙心蘭質，虎綉龍雕，生憎惹俗眼相嘲。色情休論男和女，開竅容歡即可鏖。若還死日都抛，却那貪愛淺而佻。

（小生）則那半男半女的人兒，也是你们伴侣，怎的就不相念了？（老旦）那是偶然嫁娶，原有人盡夫也之心。所以他雖年年上墳，俺也不要他同歸泉路。（小旦）那上墳時，倒也還有哀傷之意，比兒媳們悲切些。但未喻我輩情深之故，所以另開使得。

【解三酲】他痛煞煞一聲相叫，慘嗚咽不似枕邊嬌。恨俺每夜臺寂寞長眠悄，銷銀燭濕鮫綃。説道縱有生平佳句堪吟想，怎能見半點音容破鬱陶？心悲悼。煞强如嫡親骨肉，設醴陳肴。

（生、旦臺上灑花，繞場先下）（小生）恭喜恭喜！此乃智瓊天女道你們的説話，句句至理至情。天花一撒，你們不用交精，明日雙雙復活哩！（老旦）如此望空拜謝。（並拜介）（小旦）奇怪，奇怪！那樹枝兒開開合合，動一個不住呀！

【川撥棹】陰雲杳，拜神仙腸似搗。你捫心不負分毫，我捫心不負分毫，職此故野墓荒郊。連理樹長雙條，鶼鶼翼覆同巢。

（老旦）如今俺每無論活與不活，總只緊緊摟著，休要放手便了。（小旦）既然感得神仙憐念，却不怕不回生也。

【嘉慶子】生生死死種情苗，女女爹爹唤狎交。笑癡心似漆如膠，笑癡心似漆如膠，這是地下相思的榜標。勝男婦體加交，纔離腿，意迢迢。

（小生）則俺李常在又完了閻浮世上一重公案也，須别過者。（小旦）若果回生在即，師父便是重生父母哩！訪遍天涯，俺須來傳那妙道者。

【僥僥令】圓缺如眠覺，愚醒總鹿蕉，則這一點情根絲裊裊。憑著他骨化形銷不肯饒。（小生揮麈先下）（小旦）蘇君呵，

【尾聲】望夫臺希見真堆造，這事兒也合塑巫山廟。且拈取五色花箋，也爲襄成續敝貂。

下場詩　鄂君香被事難宣，綉被難分亦可憐。
留下可憐將不去，古人跡泯古心傳。

第三十齣　諍卿

【菊花新】（净青衣紅裙上）無端神鬼送春過，爲怕風流早起多。未肯補殘窠，生憎把綉衾包裹。盼盼疑魂失，深嫌氣力微。誰言可憐面，偏與鏡相宜？奴家李門張氏，丈夫南貨開張。年踰三十，從未傷情。卧起依時，罕侵風露。不但不曉得亂想，也從來不曉得做夢。不期一日，正待下床，忽見一個白鬚老人拉著咱的手直走。問他何故，只不喞聲。四顧無人，好生害怕。不知不覺已到了這所在了。一位官員紅袍象簡，叫大娘奉揖哩！脱了衣服，竟就把奴抱上床去。奴相相他年紀，敢比奴還小歲把，已居著恁大官哩。如醉如呆，如醒如睡。手也是軟的，脚也是酸的。春情却又頓起，算計横豎没人認得，喊起來也没用，只得一一依他了。天明了細問他，他道他是太常少卿張守一，坐在轎子裏邊常見咱站在門口的。也姓張哩，還不知同宗不同宗。吃的穿的，倒也樣樣可心。問他還是你弄甚巧取將我來的，還是那個老兒把咱拉來送你睡覺，他又不説。做官做府的，原來倒不怕厭。咱這大大的金蓮，他也捧著寶貝似的。不該用嘴舌的所在，他也嘴兒舌兒。實在本事，也比咱家裏强多哩！只是他鑄什麽劍，日演二次，夜演三次。雖説道三貞大典，算來那個爲真；七出明條，細按誰能不犯？俺只是心下有，俺終是面上羞。如今整七日哩！只怕家裹那個，不知令眷在此受用，四處找尋又焦又急，却不能彀，竟不掛念呀！

（旦朱衣、紗帽男扮上）人生得意且如此，何用强知元化心？陵谷滄桑終日事，不堪長作意中人。大娘，今日爲何不待下官，睡醒先起來了？（净）咱們向來從不對了日頭睡覺的。

【好事近】〖泣顔回〗生小睡無魔，擁著棉衾彈彈。冰清玉潔，自覺意兒偏可。（旦）自古道隨鄉入鄉，既在這裹，就學這裹行事。〖刷子序〗婀娜，管領春花秋月，日頭高正好研磨。（净）咱心上火急似的，咱要去哩！（旦）豈不聞一日生，兩日熟，大娘怎麽越熟識越生疎起來呢？〖普天樂〗你帖帖地把芳心鐵裹，恁祁頎孔曼，作甚消磨？

（旦）俗漢有好妻，是旁不忿的事；好女没好婿，是最不堪的事。我這所在，還是那一件不如别人？你若説得出來，我也讓你去了。（净）各人家有各人家的好處。你這裹便强煞了，終不然普天下人不到你家裹來，不要過活了不成？（旦）我看你交情通體心和諧，歡情溢出芙蓉面。不像個狠憶著家的，你只在鏡子裹照一照看。

〔正宫過曲〕【錦纏道】是因何拂菱花，如臨月窩，澹澹自生波。（净）啐，不信道咱這幾日只像睡裹夢裹似的，那一會兒有歡情，這一會兒就不知那去了。我猛回頭，還疑夢魘譫譪，不道那全身是我。（旦）據我看來，下官也還對得過你。在别處時，只怕久屈了你哩！俺須是兩家相賀，你難道好處未經晙？（净）借人家老婆熓脚不得熱。咱把一身到處，都叫你晙過，也就不過如此了。你還不叫咱去，只顧留著做驢？神驅鬼送，風情巧湊洎。粧罷熏香坐，些時狂縱自譏訶。

（旦）人生在世，只要這個肉身以後的受用勝似以前便罷了，只顧説那前頭的話做什麽？（浄）你不知道，别人在那裏著急亂尋哩！可是拋家廢業的，咱的肉身便受用了，須了不得這事。（旦）這般説時，放了你去，再不想來了。我越發不叫你去哩！（浄）呸，你不會又使神通？除非讓咱明白告訴了他，咱去去會得回來的，不消得尋。你就叫咱再來，咱也情願的。（旦）你直恁好待他，他未必恁體貼你。嚷個普天知道，倒連我也不妙哩！

【普天樂】不分明留一謎，還疑道没些個。思提破想再經過，待尋蹤嚷遍娑婆。（浄）似此咱心上總放不下，却怎麽處？心神欠妥，怎能彀珠光玉色日鮮瑳？

（旦）你自已若會去時，也就聽去罷了。若要我送你去，我倒不敢爲法自弊。（浄）咱又不知你家裏到咱家裏管多少路。却也不妨，咱只隨路問人去呀。（旦）那麽又被强盗凶神似的人拐了去，這纔永遠斷了歸路哩！（浄頓足介）這豈不是你這俊冤家害殺咱也！

【古輪臺】冷瞧科，才郎年少錦標奪。怎想居奇貨，憑空撮合，暗地摩挲？倒省得車邊投菓。（旦）下官原因平反折獄，得與大娘相會，却怎肯做那坑害别人的事？這叫做來時容易去時難。你只權且消停，待商量一個萬妥萬當的歸計便了。你且盡鉛華，省除閒嗑。休説冰心生怕惹情魔，名花一朵，則鬱重重護持他。（浄）月臨綉榻，風生翠幙，香生書閣。此處緊兜縛魂妥妥，算來莫受點兒錯。

今日天氣甚好，你又意興掂掂的，且待想出主意來，俺竟到明日去罷！

【隔尾】君前且省閒煩聒。（旦）單道今朝可可。（浄）受用陽光罩幅羅。

（内敲門介）（院子持帖上）外邊有位山人，特地遠來，要和老爺談什麽道哩！（旦看帖介）晚學生孔豈然拜。談道者，我從不拒。院子竟請進來。（雜應下）（浄避介）（旦）他不知你是誰，大娘竟不必避。（老生上）春心正浩蕩，無奈傷離别。身世雖一夢，畢竟情難歇。咳！（相見揖介）閤潭萬福。（旦）先生何來？（老生）只因學生小有道術，各處雲遊。聞得大人要學就爐鑄劍之術，特來奉教。（旦）極妙極妙！下官見過許多道者，正苦未得真傳。（老生）學生有緣得見，這回千真萬真了。敢問這位夫人，也是老先生的鼎器麽？（旦）正是小妾。要先生看看他的血氣如何，福澤壽年可好，所以不曾叫他迴避。（老生笑介）血氣十分壯盛，上等鼎器。只是老先生文而且秀，怎到尋恁一位魁梧奇偉的尊寵？

【醉扶歸】此生倚玉非無分，眼中不是意中人。綉衾珊枕用渠温，鸞長琨胖難安頓。雖則是百年佳會總前因，怎偏喜峨峨擺下風流陣？

（旦）這個叫做『姣冶之極，何必盛飾』。堂客只要膚骨滑糯，大小不拘。昔甘夫人裸卧帳中，如月下聚雪。雪自然是大堆的好。（老生）情人眼裏出西施，只此妙談已開茅塞。但據學生看相，這位夫人面上似有大難决處之事，却是爲何？

【前腔】民人難得把官人混，怎消磨風韵反勞魂？今朝幽恨長三分，愁苗透出眉尖暈。他可也知你精靈甫感意兒真，相思久向心頭印。

（旦）先生真是神相！實不敢瞞，這個小妾他還有丈夫在，如今要回去瞧瞧。下官又不便放他去哩咦！（老生笑介）呵呵，老先生倒不是捨不的放他，只怕放去倒要鬧個亂兒哩！當你平反折獄之時，那個囚父鬼魂問欲何報，老先生則要這位老娘。他道此極易耳，我以他物代取其身，只云將至天上可也。如今有根柱杖睡在李家床上，瞑然無知，身却不冷，他還不曾敢殯斂哩！你只叫聲囚父，那鬼自然出來，仍舊替你送去了。（净）原來如此！可憐咱怎得知。恁般說時，他那裏越發受累哩！兒女不知怎麽樣哭呀！快快叫出鬼來，咱今日還要過去。（老生）則怕此一去後，不宜再會。張老先生的盛意，却是萬分真切的。大娘再陪他一日兒也罷！

【皂羅袍】瞥見天然嬌俊，似屋梁初日，照耀華裀。須臾取到擬朝雲，豈知已受風流孕。玉顔瑩潤，令人眼新。吐芬蘭，若移人鼻根。也怪不的他精魂摇蕩無憑準。

（旦）先生既是半仙，下官還掉甚謊。仍舊著鬼送去倒也容易，只是下官不合把官銜名姓竟和這小妾説明了。他翻過無情臉來，把這話去奉承丈夫，豈不於我有損？（净趄踢介）好不害羞，誰是小妾？狐狸尾巴都出來也，還搗什麽鬼哩！（旦）須知道百歲爲妻，一日爲妾，賴是賴不去了呢！（净）慢些拉天，且看你後來怎樣。倒要請教這位先生，怎麽叫做不宜再會？（老生）如今只説城隍菩薩叫你去做干證了，他見屍骸現在床上有甚不信。（净）這個奴家會得。（老生）倒是老先生既然平反折獄，又奪生人妻室，便就功不掩過了。要煉劍時，只可秦樓楚館中去，或是用錢明買明雇。若把人家不願的勉强取來，非徒無益，所以説道不宜再會。

【前腔】你是同宗嬌胤，問金蓮玉蝶，可許人聞。含諸依稀尚未分，體疎意密空相趁。俺們這一道呵，就是素臺形景，長居上真。那靈蕭匹偶，有前生夙因，終須占不得他人分。

（净）四親六鄰都只道咱是病昏的，咱男人也就不消禁咱了。待咱慢慢和他説通，叫他只當咱是做夢。他也落得告告假兒。（老生）説得通也就不妨，倒只怕説不通呢！

【前腔】我看你眼角流波一瞬，似幽輝入室，新月初痕。盈盈延視若穿雲，則愁身在巫山隕。還記否相親未許，薄言怒嗔。如今怎鳴鸞摇珮，遷延引身，將行反蹜教儂哂？

（旦）不去，事終不了，明日決意送你去也。通與不通，你總休説著我就是哩！（净）咱倒不肯叫你討了便宜便丢開手哩！（老生）貴人肯聽忠言，不愁學道不精矣！

【僥僥令】歸欸心既肯，再會便難分。休要喪膽銷魂空惆悵，拚學個留仙擘皺裙。

（旦）先生且在小園便飯，住他半年三個月去。這個人去了時，下官倒覺寂寞哩！（老生）老先生聽我説：

【尾聲】何能消盡平生恨？只好略見他人宅眷身。問世上風流那個真？

下場詩

豪吞勢奪空勞力，萬貴千奢已没踪。
不比情疎看笑淺，及時一笑有誰供？

第三十一齣　戲湜

【仙呂賞花時】（小生上）笠屐曾分四海春，揭來却令笑山神。索賄放孤魂，生人作婦，難怪欠芳馨。

看官們只知道世上的人有許多可笑的事，却不知道神鬼裏邊也有許多可笑的事。即如人的生死都是東嶽所司，只因岱取代謝之意。惟其發生萬物，所以考校死魂。致令明理的人，説道死即生也。無奈人神之際，原要讓人王主持幾分。自從開元皇帝封西嶽華山，爲金天王以近駕故，開了一個大大的金天府。泰山主者若要拘人，就必要先牒金天，方纔關得長安人動。叵耐這位大王，全全仗著當今的勢，又好嫖來又好賭，把許多生人婦女都占爲妻妾了。叫人家不死不活，迷迷癡癡的困在床上，直待他厭棄了纔得重生。近日更加可笑，與南嶽博輸了二十餘萬。甚被逼迫打個關節與俺這李常在，某人某人泰山有牒，著燒元寶若干即免關提前去。雖則冥差收捕，常有得錢移改之事，却也甚屬不公。貧道查查那人，也還没甚大惡，只得把這關節替他通了。到他門上，又聞得趙郡有個李湜，偉於器用。他那些妃子要趁大王出去賭博了，誘此人來作樂哩！敝友孔豈然説是孺子可教，約定在此埋伏，等姓李的出來驚他一驚，弄個笑話。且等他到，商量則個。

【么】（老生上）周齊晉宋總微塵，妓妾賓朋亦浪因。四海若比鄰，詩瓢社甕，不説姓名真。

常在兄先到了麽，俺和你且躲在山谷落者。（暫下）

【仙吕點絳唇】（生面傅紅粉，花衣、朱履上）天付妍華，香奩有志窺騷雅。無數名花，肯逐東風嫁。

小生李湜，趙郡人也。高齊皇后是俺高曾祖姑。義府權臣，未許聯宗買譜。天才透逸，姿性强明。偏工選色爲歡，慣解憐香惜玉。年年麗製，濕北里之羅裙；夜夜香詞，灑東鄰之粉壁。女爲悦己容，寧必解江皋之佩；禮豈爲我設，何妨投折齒之梭。不知者謂登徒好色。我原等於阮之屐、稽之琴。知我者道叔寶情深，要不過是空中花、水中影。人知道的是臉上光華，人不知的是腰間玉具。所以衍衍中有幾句口號，説道『不願穿綾羅，願偎李湜哥』『不願君王召，願得李湜叫』『不願千黄金，願入李湜心』『不願神仙見，願識李湜面』。前日忽然走一個媒婆進來，向不相認。説有幾個王侯宅眷，聞咱本事，約去談心，叫我在這林子邊伺候。溪那一邊，好似一處花園哩。俺是没膽的鹿，竟竟走過這獨木橋，去看怎麽的。（場上横設床帳介。如場面朝南則帳門東向）（生作到介）呀，呀，有趣！怎麽纔跨進門，就是内室呢？（旦、小旦、老旦上）（旦）麗質徒相比。（小旦）鮮彩兩難同。（老旦）多才難自持。（旦）有情寧不極。（生作遥覷介）

【混江龍】連窺羅襪，勝蘭臺芸閣，吸露餐霞。則見他風開裙幅，影動裩紗。敢真要學偷香青瑣識韓郎，聽鳴琴寅夜奔司馬。只這冰雪姿，難怪自憐多。莫説謝班才，定合知音寡。呀，早來到神仙窟宅，卿相尊衙。

（老旦）你就是張媒婆叫來的麽？　快些隨我到床上去。（生揖介）連諸位奶奶的尊姓還没請教，怎敢輕易放肆？（老旦扯生右手介）奴家姓蕭。　你莫管他蕭不蕭，（低介）千金一刻快些嫖。（小旦扯生左手介）奴家姓杜。　你莫管他杜不杜，（低介）趁他公出無人醋。（旦雙手扯生裾介）奴家姓王。　你莫管他王不王，（低介）只要腰身別有香。（生笑介）自古幽期密約，不可勝數。　必先吟咏談心，或用管弦引興。　從未見有初次相會，就幾位一齊來的。　也没曾聽見恁般急色的。　請問夫人到底是何緣故？（老旦）秀才少見多怪！　那富貴人家難得主翁公出，約個把人進去，都是一到就幹正經，不叫通名問姓的。　須不比平等人家，文搊搊的做頭。　自從西晋賈后創此妙法，沿習到如今哩！　你們做男人的，也只要這件不同，直截痛快罷了。　終不然爲著管弦吟咏，就肯冒這個險呀！（生）原來如此！　極合小生的脾胃哩！　在下平生也最不喜先説別話的。（小旦）則你如今休要亂扯。　一身難充兩役，須等他挨了來。（旦）大王跟前須推我去回話，先讓我罷！（小旦）張媒婆是我吩咐他的，還該讓我！（老旦咳介）你兩個小也小我幾歲，怎倒占起我的先來？（生摟老旦介）序齒公道，序齒公道！（旦）也罷，也罷！　不濟的便占點先，味也有限，真本事越弄越凶哩！（老旦）何况先看別人更加有興呢！（小旦與旦左右攙介）則俺每先扶蕭姐姐上床便了。　秀才你快些來。（老旦分足坐對帳門）（生立帳前向唱）（旦、小旦作覷聽介）

【油葫蘆】你似樹秋千合自誇，道横陳多伴佳。　俺風流學士興偏奢，則這藤床小閣書千架，焚香掃地多清暇。　似蓬瀛謫降仙，豈尋常閒調法？　萬千生爲他相斫撻，斷難云同嚼蠟。

（老旦忽下床介）秀才真好狠也。（小旦推旦上床介）如今王姐姐來。（生仍照前立唱）（二旦作覰聽介）

【天下樂】俺未敢光身禮大家，你床上喬坐衙，色聲香和蕭無甚差。疑日邊紅杏枝，豈風前楊柳花？則此刻若不恁地狂言，便一似減却趣味了。豈容伊粧聾做啞？

（旦下床立）（小旦急推開旦，自上床介）這一會兒也輪著老娘哩！（旦閉目欠伸介）俺今朝待死呀！

（老旦）誰還活得成哩？（生仍照前立唱）（二旦作覰聽介）

【那吒令】則怕無媒徑路差，又怕一場閒磕牙。還道尋常一女娃，聊向先生閒絮雜。誰知道指門楣王謝奢，揀人材潘宋家？逞風情少者佳。儘著俺叩龍門親結納，這緣由堪自嗟呀。

（小旦下床，摟旦、老旦，欠伸諢介）蕭姨、王姨，怎麼咱們一個一個說要死了，如今都還活著呢？（生連揖，摸二旦鞋介）這都是小生不是，聽憑逐出便了。（老旦）真個死了，也便罷休！如今既都活在，須再想活人的受用纔是。（旦）俺想迭與情洽，雖也暢所欲言，那容態蕩越殆難形容的光景，還比互不出來。如今有一妙法在此，俺每三位一並橫陳，叫他頻頻更迭。有竅之處，一個也莫放他閒空。看看是誰會就，是誰會喊，是誰會浪，請教如何？（老旦）妙絶，妙絶！妙絶之談！（小旦）不必多言，就睡就睡。（三旦相摟，同上床介）（生振袖大笑介）哈哈哈哈，若不是俺李湜，倒也要吃諸位考倒了呢！

（仍照前立唱介）

【鵲踏枝】奇而法，正而葩。則比那誰浪誰騷，興致誰奢。肉秋千幾人齊打，榻前夫瀟灑風華。

（旦床上云）秀才你太逞强，須是弱入强出。你若知道俺們善玄素養生之術，略强一强就要輸哩！（生）原來如此，小生幾乎送了命也。（旦）男人講究玄素，必須爐鼎極熯；堂客講究玄素，先要寶杵極大。俺每愛你這件，不但人而不知，竟比神鬼還勝，却捨不得斷送你命，你但放心。（生）多謝夫人可憐見呵！

【寄生草】從無面一似舊有芽，則怕的輕生送命因緣乍。書名佛號皆虛話，三生石上精魂化。才郎無數掩黄沙，紅顔未老傷心大。

（老旦下床介）歇哩，歇哩！也儘彀哩！（小旦次下）主公敢就到哩！快放秀才去罷！（旦又次下）得饒人處且饒人，你還敢來也否？（生逐位揖介）想是想得狠呀！只可惜事前不得談心，事後又没別話，雖然滿心足意，如醉如夢了些。（老旦）非是不説別的，只圖幹事。主公就到，没閒工夫哩！

（生）小生不敢稍停，只得告辭去也。夫人若還呼唤，只叫張媒婆來就是。

【煞尾】未同言，則是關情話，你莫作尋常應答。只要玉樹蒹葭，是人豪不因媒嫁。又何妨且自撐達。想你那主公呵，《白頭吟》辜負殺文君寡。愛裙釵一晌喧譁，費三番兜搭，長記取敖曹曾到列仙家。

（三旦先下）（生隨下）（老生、小生從後揪介）李湜走那裏去？這是華山主者金天大王的府門，你進來做什麼？吼，你進來做什麼？（生跪介）節級饒命。（小生）奸一民間婦女已不可當，三位娌娘娘你都奸了，剁做肉醬，罪還在哩！叫我饒命，敢還想活著麽？（生連叩頭介）雖是罪大惡極，螻蟻尚且貪生。大王既未覺察，虞侯總好做情的。（老生）既許賄賂，你且起來。（生起作抖戰介）（小生扇擊生帽介）我的傻角，俺騙你呀！金天大王管人到底費力，何况他這些選侍，也都是白占來的，怎怪別人？俺叫做李八百，他叫做孔豈然，有名地上行仙。曉得你有學道之器，特來取你做個伴當哩！（生頓足介）李湜却見了鬼也。（老生扯生袖介）你且跟我來著。

下場詩　春風日日閉長門，摇蕩春心自夢魂。
　　　　消得香閨憐幾日，蟬翼羅衣白玉人。

第三十二齣　談屍

（小旦扮男上）吴人沈友有三豪，何似崔家筆舌刀。天寶年間才具士，相州城裏出名祆。小生崔成，表字無敗，清河舊族，流寓相州。只因俺有三件過絶於人，所以人人畏愛。咳咳，人生世上這三件事，端的少不得一件哩！若問那個三件：一曰筆，不數終賈；二曰舌，賽過儀秦；三曰刀，目無荆聶。所以俺要做官，也不愁没得做；俺不做官，也不怕行不開。妻兒學了我，從來不去倒求人。財帛送將來，萬事必須吾酌量。况俺素憎誇誕，性頗深沈，居家應世，也就無往不宜起來了。近來出了三位高興富翁，都是田疇彌望，别業相次，家僮精算術者萬人。州郡都會之處，皆立有宅的。一位叫做李閒，一位叫做劉逸，一位叫做衛曠。他要實如其名，所以極會做樂。每到五六七月，就把各處妓女都接了來，四方詞客留下，多少禰一個，若固有之，做一個避暑勝會。因俺三件都强，没曾敢偏背我。好酒好菜，俺也擾的他多了。別人請了百來次，俺也要復禮一遭兒。所以今日起得早些，等他們好來哩！（丑女扮上）銘華久御向人閒，欲別銘華更慘顔。燈昏鏡暗粧無様，世間何事不潸然。（作跳過墻介）（小旦驚起介）呀呀呀，這是誰？（丑坐地摇頭介）哎唷哎唷！（小旦用力扶起介）老娘是誰家的？從來不曾斷認。（丑）聞聲相思，那在斷認。（小旦）你且説受了誰人的氣，要俺怎麼様替你處分？（丑摇頭介）俺不爲此，俺只要到你那床上去睡一覺兒。（小旦笑介）原來如此！這就更容易了！爲這件事竟就跳墻，你的膽兒倒也去得哩！

【雙調新水令】（丑）斷魂和夢醉初醒，最傷情，深宫闗定。百年三尺土，長夜六如亭。世世生生使人間嘆短命。

（小旦）雞啼過三遍了，不信鬼還敢來。你這老娘敢是鬼麽，怎麽説的一派鬼話？（丑）則奴家真正肉身，並不是鬼。只因眼前的人，大半行尸走肉。想俺也難久存，趁這未死，尋個妙人哩！（小旦）這便是了，尊庚幾何呢？（丑）四十過了。（小旦）呀呀，比小生大十幾歲。也罷也罷！有心賜教，俺也不好推辭的。

【步步嬌】（丑）自覰肌膚，自害心疼。我死呵，兀的不寂寞了菱花妝鏡。小小寒魂影，孤幃悄彈指三生。姑向爾房行，則怕元陽也駐不得千年景。

（小旦擁行介）既是你來尋我，又不是我來尋你。别人便要三思，俺崔成也還擔得住的，則這花園廳後，便是小生的書房也。

【落梅風】想是你寂寞支單枕，矇矓對短檠。可憐人玉孤香冷，同心一曲彈易成。用不著兩三聲斷腸悲哽。

（丑）郎君説得恁好，就是奴造化哩！

【喬木查】俺低佪自省，怎酩子裏胡遮掩，終是害嬌羞難將心自明。因此上葫蘆提畫個影，待後來親與供稱。

（小旦）如今且完了你的心願要緊。姓甚名誰，俺也且别問你了。

【攪箏琶】就是同鄉井怎厮撞便呼名。幸没有鸚鵡知情，又何用青鸞造請。（丑）世上的緣法，只要耳朵裏有，眼睛裏有，心窩裏有，夢魂裏有的，無論全生全死，半生半死總要遂了一遂纔罷休呀！　相遇也轉綿藤，外户還扃，心期接引。且惜惺惺，不枉俺特地尋盟。

（相摟右下）（小丑女扮，末、小生同上）（末）先生説在這家園裏，叫把門擲下來。萬一錯了，却怎麽處？（小生）在下的六壬數，再不得錯的。待到午時便見分曉。

【錦上花】午距寅辰，幾同夜永。小院虚亭，原非異境。那裏面的崔生呵，探不破機關，將心暗盟。你令堂呵，掩不得真身，因人來復瞑。（小丑）奴家不信世間有這樣的奇事。騰空聽死屍，投奔似萍梗。（末）閃閃屍屍，來去怎憑？（小生）爲雨爲雲，等閒便經。只要你寬著些兒，消停片影。

（小旦摟丑上）老娘可好？（丑）怎的不好？（忽然跌倒，四肢挺直介）（小丑）哥哥快向前去，那倘在地下的不是娘麼？（末跪屍抱哭介）我的親娘呀，你兒子女兒都在這裏，你甦醒甦醒，再吩咐幾句兒。（小丑）我剛轉身解一解手，小伢兒說你直跑出去了。快活得我直跳，娘又活哩！怎麼直挺挺的在這誰家？（小旦）各位就是這死人的親屬麼？正要察訪了，來和你理論理論。爲何把個藥得快死的堂客，送到舍間？叫他直驀進來，跌倒就死。因何仇恨，造謀詐害呢？（末揖介）先生休要錯怪！地下就是先慈。待含殮哩，忽然不見了。又不知是復活，又不知是僵屍。（指小生介）恰好有這位李常在先生在街上趕集，出賣六壬神課。只得求他一卜，先生一口咬定去在嶺北崔家。晚弟恐怕錯了，反惹其禍，要屈先生同來。先生說是管輅斷法，再不會錯，所以就同來了。驚動府上，實出無心。尚容禮醮安居，稽顙謝罪。（小旦）既然足下說話也頗文雅，就不必驚惶了。幽明之事，無所不有，休叫閒人得知。等我叫幾個心腹家僮出來，就把我的架床連帳子扛了令堂回去就是哩！（小丑福介）謝了先生。

【清江引】悄書堂一屍長自橫，今日呵，幸許親質證。（小旦向末介）這就是令妹麼？怪道龐兒有些和令堂相似。咳咳，若是個活堂客在此，小生這會倒要引嫌哩！因緣空作成，顯俺還僥倖。（小生笑介）倒只怕他的令堂還不肯去哩！和你魆魆扛抬看是怎。

（雜上裝扛，作移不動介）（小生）何如何如？這也是課上有的。崔兄須逐段撫屍，奠酒入口，親自抱上床去，纔肯去哩！（小丑）李先生倒是一張鐵嘴哩！不依他的就不濟事。如今兩邊都說不得了。崔先生要他去時，竟請試一試看。（小旦撫奠抱臥，雜抬動介）（小生）奇麽，奇麽！

【慶宣和】是分明有個人兒入畫屏，萬福先生，又與你厮抱傷情話茗艼。（小旦）呸，却原來是夢境夢境！

只問李先生的六壬，怎麽就精微到這田地？小生雖以筆、舌、刀著名，若無此數，怎知趨吉避凶？明日就要備禮過來拜在門下了。（小生）豈敢，豈敢！本非奇特。只因他前世曾發一願，要得文武才貌女爲妻。今世既已爲女，來世又恐錯過。魂飛出殼之際，始知近在咫尺。所以在這前後交界之時，特來認一認去哩！（向末介）既經別手撫摩，令堂不必與令尊合葬。自今以後，當事崔君以繼父之禮。

（末揖小生，復揖小旦介）既遇神仙，敢不遵教。

【喬牌兒】問心心未省，和誰去相質證。（小生）因緣不似他僥倖。（小丑）也只算相思成畫餅。

（小生握小旦手介）老拙也權告别。倘不見棄，同出外去遊遊，還有許多趣人叫郎君看見看見哩！

（末）天布濃陰渾似夢。（小丑）花如薄命不逢辰。（小旦）此别斷無重見日。（小生）故應秉燭話來生。

（末）假如白日果不落。（小丑）只恐紅塵應更深。（小旦）安得蒼蒼知有恨。（小生）汝身成鶴彼成精。

（雜扛床行）（末、小生、小丑隨下）

【甜水令】（末）想起他風度飄蕭，言詞委宛，送迎詳整，儘自寸心傾。（小丑）早難道土木形骸，圭璋體質，許成匹並。（小生）人世浮浪，因緣百年如夢。令堂遇人如此，便相依一日，勝似三生。不過似飛絮浮萍。

（外、生、老生扮富子）（净、旦、老旦扮妓同上）（外）請看金翠映瓊腴。（生）最愛雪肌凝素肪。（净）熏骨濃香無處覓。（旦）身是人間旖旎芳。（老生）由來事過即前世。（老旦）白玉無人自冷香。（净）安得東君常作主。（旦）朱顔緑鬢並留將。（小旦）今日小弟作東，諸兄爲何到得恁遲？（生）約一位冒生朋友同來，等了好一大會。今日六月十六，凉月甚佳。有此歡場，以夜作晝便了。（外）則方纔扛出去的什麽東西，爲何一男一女跟著哭了出去？（小旦）不要説起，可是悔氣。舍親中一位老太婆來舍下住了幾天，忽然中風了，十有九死哩！所以他的兒媳來扛回去了，若竟息了舍間，就要禳星解厭哩！（老生）不消禳甚麽星，安什麽宅？只俺每今日許多才子佳人鬧他一日一夜去，任你什麽穢惡都解了呢！（小旦）倒也有理。請問衛兄，那位冒生朋友是何處的，可也就來？（外）這是劉逸官的令親，俺門的馬先到，他坐轎也就來了。（生）不是，不是！原是李閒兄的表弟。（丑傅粉男扮上，作下轎介）衆位年兄奉揖。（小旦就面細覰介）見鬼，見鬼！原來就是倩扶。（作代脱帽露髻介）快到宅子裏去，拿奶奶們的裙衫鞋脚來與他换了。（雜應携物上）（丑脱换介）

【折桂令】（外、生、老生、小旦合）看他每整新粧小綴香瓊，説什麽傾國名花配就輕盈。（旦、老旦、净、丑合）則問你紅葉誰憑，鏡臺誰聘，玉杵誰擎。只有芳心自領，誰承望錦片前程。（小旦携净手介）這一位雖然充博非貌覺道，狂逸特甚，從來不曾會過，請問大名。（净）奴家叫做鄭舉舉，向在江湖趕集。聞得貴處有此勝會，雇上長驢三日三夜趕來的。（外、生、老生、小旦合）宜喜翻憎，這的是花爲人魔，人爲花疼。

（外）小弟年紀癡長幾歲，興頭倒還在諸公之上。休要閒言絮語，就請袒裼裸裎起來。（生）官客連鞋也不要穿，除了單紗浴裙之外，寸絲不許存留。女客鞋兒緩脱，也要脱去搭鞋膝褲。（丑）俺每浴裙之外，一個單紗抹胸兒是要留的。（各脱穿介）（旦）奴家只和劉先生畫幾筆蘭花耍子罷！（老旦）奴家是要和衛老相公彈彈琴兒。（丑）只有個對牛彈琴，怎麽對起黑白衛來？（外踢丑介）放屁。（小旦摟丑介）還是我和你著棋點眼罷。（净）奴家一些不懂。不拘那一位來，只賭他一大盤貊炙，一百碗火酒便了。（老生）這個原要各適其適。（净獨持杯，餘各琴棋書畫，口啣烟筒介）

【碧玉簫】（净、丑、旦、老旦合）你蓋世香名，恰賦憐香命。（外、生、老生、小旦合）你絶世才情，恰具憐才性。似俺每這種樂法呵，誰作證，恁悲傷没一星。（净、丑、旦、老旦合）憐才幾曾，知心幾曾。那梁鴻、孟光呵，須不似恁般欽敬。

（丑）罷了，罷了！你會偷子，咱不與你著了。依奴家説，既要時款，索性時款到底。這琴棋書畫四家古得狠了。生今之時，爲今之人，還是馬吊通衆。（外）女客裏邊有不公道的，罰他打扇裝烟遞尿壺。男人有不公道的，罰他當個脚凳，替較書抗脚。（净）别的罷了，夜壺我倒提不慣。（小旦坐地抗净脚，諢介）我們連你的脚都肯抗了，你若不提夜壺，就叫做歡場害馬，要大大議罰哩！（丑亦以足加小旦肩介）你不該贏我的棋，先罰你替老娘抗抗再講。（衆大笑介）怎麽二位的金蓮，都是六寸八分？差一寸半寸兒，也不稀罕。（丑）别要嚼蛆，俺的瘦一半哩！（净）錮尺裁量減四分，正是金蓮的古製。短的叫人駡蹄子呀。（末上）月光上了，各廊的燈也都點了。這裏有四衙巡街，請相公們到後面去鬥牌罷！（老生）知竅，知竅！（小旦起介）我聞得世上有三件勸不得，一妒婦駡妾，二講道學，三俗漢作詩。我們如今既戒的是面貌粗豪，語言下俚，今後連詩也不要做他。（老生）此出新才子李義山特創酒令。任你千般酒令，不如把這式樣來做酒令好，四海萬年都該遵用的。（外）他雖説是世上有三不祥，一護子弟過失，二笑人家儉嗇，三聽奴婢攙嘴。放談却是觴容不習，迂板過了一生，也救不得夢幻泡影哩。（旦）諸位先生東道都遍了。八月是百穀先生大壽，待小妹出脱幾錠，請他一百位姊妹來，也做一東，賭賽賭賽。（生）月生有此高興，不愧士女班頭。只莫把那生色骷髏、風流骸骨邀在裏邊，也必須邀王威寧、康得涵。

【鴛鴦煞】（外、生、老生、小旦合）夢中人似花中影，景中人吊人中景。（净、丑、旦、老旦合）到那閻王來請呵，猛聽了一驚，不分明，難打當，總飄零。（通場合）那都是前生欠下的多，今世賠償的冷。萬年春要人管領。今夜裏遇雲英，莫教輕易醒。

下場詩

君莫笑荒亡，黄泉人笑汝。
夜臺倏已閉，千春永不開。

第三十三齣　誡尹

【鬥鵪鶉】（外冠帶上）世事茫茫，年華又改。遠沼荷香，餘霖淅灑。管理都城，威權侈汰。俺且戲窮坯，耍拙才，戲戲哈哈，廳頭搖擺。

下官楊伯成，本京人氏，新拜京兆少尹。寫胡桃大的帖子，坐八人轎。拜節度，官兒不小哩！些小紳衿到門，不朝著俺管家拱手作揖，休想替他收帖上簿，只好棍頭轎夫和他搭搭嘴兒。且喜目下承平日久，咱又才情有餘，公事之暇不妨游戲。俺蜀中有一遠族叫做楊諍，好故作醜穢詩取人笑玩，比畫春宮還俗氣哩！　誰知今之節鎮都是老兵出身，曉得什麽風雅？　只要説來淫蕩，是以投於王侯雄藩，大幕爭馳車馬迎之。　偏郡小邑，慮其謗毁，益發承事尤精。　四方藝士咸集其門，請不得次者以爲快快。比俺這斗大金印倒還行得開些。　常常在下官面前賣弄各處都有相與送他小老婆哩！　咱專惱他貪心不足，口口聲聲要繼娶一位端妍絶倫的女子纔罷。　神策軍裏有幾個標致後生呀，被咱備了盛席請他們來。　只説武家有位閨女，替他備辦六禮，竟迎娶到咱家裏來。　等他進房之後，賞他一個惡耍，叫他一走出去就吃人笑。　如今該進房哩！　也等老堂們來張張，只當是下官的斑衣之舞。　吼，豈不勝斑衣之舞。

【紫花兒序】男扮女呵，只似畫張紙裝的五彩，冷面皮意氣雄赳，何必要竪劍眉闊口髯鬛。賞他個

揪騎跨踢，拳脚彭排，須不怕遍街人驚駭。也等他知道咱龐兒古怪，滿腹精神，倜儻胸懷。（暫下）

（老旦、小旦隨旦上）（旦正坐介）（丑方巾上，揭面紗介）容質異常端麗，不愧勳戚世家。（老旦揪丑耳旋介）俺小姐天邊貴族，你不曾跪下磕頭，就敢精在臉上去麽？（丑）呀呀，又來哩！幾曾見新娘子進門，新郎君就下跪的？（净女扮上，作向窗眼聽覷介）（丑相老旦、小旦臉介）你這兩位伴娘相貌倒也去得，過三五日，等我一個一個伏侍的你妥妥貼貼，慢些作怪。（小旦打丑嘴巴介）好不識羞，我要你這村漢伏侍呀？（丑摸面介）哎唷，好疼！連小姐也要俺伏侍了，你不要俺伏侍，我倒看你插了翅膀往那飛去？没閒工夫和你搭嘴，須替俺小姐寬衣要緊。（爲旦解衣）（旦雙手一推）（丑跌倒介）（旦）快遠開些。（丑起摩腿介）將門將種哩！古語有之曰『結親如結義』，令堂令叔既把小姐許親，小姐如此這般，難道好罷休的？（小旦揪丑眼皮介）你睁開狗眼來瞧瞧，俺每是什麽樣人物？肯和你一處過日？媒人説你子建、潘安，是恁個麞頭鼠目不成？（丑抱小旦腰介）既來之，則安之。你打是打，俺睡總是要睡的了。（老旦抽丑後脚）（丑撲地介）（老旦）你要睡我還要遲兩日兒，且把我當個驢兒騎一騎再處。（作騎丑打嘴介）你再敢説要和我睡麽？（丑亂動介）有趣，有趣！褲襠裏的香氣，都鑽進背皮去了。（小旦）既然懂得香臭，且放這狗頭起來罷！（老旦放丑起，抹丑面介）羞也不羞！（丑）休要如此鬼纏，且待俺替小姐换鞋脱脚。（作摸旦脚）（旦一脚踢翻）（大紅弓履踹丑胸介）换脚，换脚，叫你認得奴家的脚。（丑）呀，呀，奇怪！兩位攙扶穿上筆尖高底，長有尺二也罷了。怎麽小姐的金蓮一般無二呢？（小旦）那董賢丞相的金蓮，難道没有尺二？ 只要你消受得起，金蓮不金蓮都是一樣哩！（内雞鳴）（外上推門入房介）雞已三號，還不成親，鬧得合家都睡不穩，是何道理？（相丑面介）對是對不來些，如今看下官之面，饒了他罷。 他會做句把歪詩，叫他補一首催粧佳句，明夜與他合了巹罷！

【金蕉葉】俺眼偷瞧新人好乖，那戴頭巾新郎忒呆。 幾番上剥落了顔色，甚滋味全無退悔。

（雜急上）禀大老爺，外邊來了一位戴方巾的，身長八尺，大得怕人，不容門公攔阻，一直上廳坐著，要會老爺説話哩！（外）必有事故，看茶伺候。（下）（旦）咱們也走他娘。（小旦）走他娘。（老旦推丑跌介）走他娘。（俱下）（副净面具，背釘狐皮一片，上坐介）（外復上對坐介）有何急務，特來賜教呢！（副）急是没有甚急，恐怕貴人公冗，所以早來。（外）吭，這就奇了！ 今日是誰司閽，記責三十大板。（旦、老旦、小旦繞堂下）（副）請教這都是誰？（外）家下婢媼，何勞動問？（副大笑介）咦，休要瞞我！ 在下不爲别事，正爲老先生善於執柯，有一喜事要求作伐。（外）這也可笑！ 且説你是何等之人，所求誰氏之女？（副）在下行不更名，叫做胡鬧。 錢財唾手可得，生平不屑爲官。（外冷笑介）呵呵呵，不屑爲官！（副）聞得令愛賢淑，意欲贅居尊府。（外驟起，掀髯介）胡説得狠。

【小桃紅】你且將苕帚刷去塵埃。 俺待把你這活喪門摔破，把肺腸兒挖出，碎剁揚灰。 非俺没面情挈帶，你若知道俺風光過來，威權齼齘，迴避也該該。

（副）你也讀過書麽？ 豈不知上自春秋戰國，下至魏晋齊隋，那一家不是强而有力，便把别人婦女摟來睡覺呢？（外）果然强而有力，也就只得依他了。你身雖長大，一頂方巾，非霸非王，無官無爵，太平盛世用你不著。力在那裏？强在那裏？（副）自古道『知幾其神，識時爲傑』。事各有勢，物各有時。再過些年，只怕滿陜城豪家鉅室的太太，都是俺每的老婆哩！恁般一位堂堂丈夫，和你這髭鬚帶白，臉有皺紋的人打做一家，難道不抬舉了你麽？（外）氣煞我也！

【踏陣馬】（背唱）他倒要傳説與老三台，不想俺貪圖則甚，腌臢無賴，反笑人骨瘦枯柴。赤髭鬚行變雪白，只争些門面在。百事阢聵，萬口哈哈。

（向副介）我不是好惹的，你休輕捋虎鬚者。

【天净沙】多年當道老狼豺，張的爪牙無對，恃神通布擺，興妖作乖。不比那雪獅子倒頭歪。

（副）不必多言，只問你那女兒肯把我睡不肯？（外）不肯，不肯！（副）只要有潘驢，不愁雌硬漢。俺便要你的娘，也不愁你不依。你捨不的女兒，俺只尋你的娘去也！（起身遽下）（外隨下）快叫家人、衙役，帶了長槍短棍、刑具鎖條都進宅門來哎！（净女扮）（副摟净右上）（丑女扮）（旦、小旦隨上）（副、净等繞場齊念介）阿彌陀，阿彌陀佛。（外領末、生、雜等自右趕上）快拿快拿！（净）我兒休要囉唣！他見你娘日日念佛，特來領我去見佛哩！餘事不多，一會只叫念佛要緊哩！（旦）不是爲覷結親，這會兒還都在被窩裏，他越發省力哩！他把婆婆磕住，還要拉著我瞧，相公你須扎掙。（外搥胸介）閉門家裏坐，這事那裏起。

【調笑令】崔巍掌三臺，則日日氣色葳蕤門扇開，往來出入人誰耐。引五道瘟進家宅，把凌雲甲第都狼狽，説什麼祖傳的九棘三槐。（丑走就外耳語介）公公試看此人，只怕有些妖氣。那媳婦已叫你兒子去請括蒼葉法善道士去了。（副摟净繞場，一手趕扯丑裾介）你和公公説得好話，俺不把你搗成肉醬，也不姓胡了。（雜作器械墮地，足不能前介）哎呀呀，不好哩！面前都是枳棘碍住，怎麼趕得他上？（外）哎呀呀，不好了，宅子都震動了。（小旦）爹爹，這怎麼處？他身上東西，處處是長大的，女兒是上不得他手哩！（雜齊頓足，作欲倒介）（外）可憐我的嬌兒！再過一會，屋敢攤哩！滿家都做了肉泥。也罷也罷！還好似把他搗成肉醬哩！

【聖藥王】俺也算雀羅門塵滿腮，家居冷淡守清齋。只不該自没才慣妒才，久妨賢路苦徘徊。高聳膊，傲岨崍。

（副、净等仍繞場念介）阿彌陀佛，阿彌陀佛，阿彌陀佛。（末扮土地上，跪介）本里社神不知大王到來，有失遠迎，死罪死罪！（副摟净，小扶末介）社公免禮，外廂伺候。俺正喜事重重，不及問你别務哩！（外恨介）社神合是正神，怎麼倒與這妖人施禮？敢也是假充的麼？（末）京兆差矣！不見《西遊記》上孫行者常唤該方土地麼？這神位也不是霸得定的，這邪正也是隨時轉變的。（外）原來也和俺每一樣。

【麻兒郎】常年價輪賽，這座頭消停待。却不許抵死踞當街，乞態支吾，道奉旨宣差。

（末）結識了這位大王尊府，永保富貴。誠恐一旦去職，便要受别人欺壓哩！（外）可嘆可嘆！

【么】那菩薩退位自在，無奈手段神出賣。風雷心腸毒，難當蜂蠆。狹路逢，都會擠排。則欺壓到妻女不保的地位，也就貧賤之不如了。（末）愛你女娘，留你富貴，還算前世有緣的。前日的元載有樣。到那化爲虀粉之時，就恭恭敬敬的獻與他，他還嫌醜惡，不希罕哩！（外）幸喜復睹太平，未必遽至於此！

【東原樂】俺自有順風耳打聽乖，内裏關通遮捕快。不到得賊闖來無攔吠，把門神誰睬睬，破落門桯可修改。

就是罷官回去，還比百姓高强。新到官府定有個把門生故吏呢！

【絡絲娘】鬼怕的鍾馗請來，併安上神荼鬱壘。歲久年深偶沙汰，少不得新添幾隊。

（副净）來神且自方便，不必與這癡人絮聒。（末打躬下）謹領鈞旨。（副等仍前摟扯，繞場念介）阿彌陀佛。（外頓足介）世間有這等淫穢的妖人，以後連俺母親也難入家廟了。

【送遠行】只有個廝神稱後帝，婀娜裙釵，便廣樂鈞天等大槐。難道不分香穢，莫非是紫姑神請交代。

（内報介）葉法師進衙哩！（副摟净下）哈哈哈哈，葉公其如我何？且和你們到房裏去行起房來者。（丑、旦、小旦隨下）（雜作移動介）好哩，好哩！法師一到，咱們都動得哩！各人且顧各人命，休管他家女和娘。（並下）（小生長髯執拂上）少尹一向安康，何事呼喚貧道？（外跪捧其鬚介）下官膝爲母屈。舍間天大橫禍，千古笑端，非常醜事，小兒想已奉聞了，不堪一一重述。這個妖人捕之則如碍枳棘，宅皆震動。官府的伎倆窮了，朝廷的威靈損了。老先生人天總管，當代國師。自必哀憫蟻官，仁慈錫類，所以要求一個符兒。（小生扶外起坐介）不敢不敢！請起來説！此物非人非鬼、非怪非神，只他方纔一跳，不但宅皆震動，連竈君都嚇得蹴踆倒哩！皆因尊府家法，既講鑽謀名利，又斥怪力亂神，所以特特尋來，逞其侮嫚，要你知道世間無所不有的意思。（外摇頭介）若果竈神如此，那些白吃我飯的長隨幕客，就難怪他不能向前了。

【綿搭絮】司竈神先輩，身命處炲煤。享三餐茶飯，知煖燭寒灰，臘月升天講是非。早難道只騙俺棗脯膠飴酒一杯，干係誰推。還説甚祀黄羊，有福來。

法師且説出他的履歷來，也好商量斟酌。（小生）熊百歲化爲狐羆，即熊之雌者。狼百歲化爲女，狐百歲亦化爲人。此狐本態所化，狼女是他髮妻。近捷上界之科，能禍福中國，符籙吾所不及也。（外）饒他上界狀元，也不得凌侮下界京兆至於此極呢！

【眉兒彎】俺軀幹矮，福量大。慣調劑的五味鹽梅，堪救時的宰相才。居鼎鼐的我，讓他張主張主，也要答拜。上界狀元，安能吾罪？

却也古怪，社神都來跪著叫他大王哩！（小生）天狐已學法者，社神來朝，稱以大王，這是老規矩了。（外）他又叫人跟著念佛，此是何意？（小生）那狐家看得强寢弱皮渾如常例，不知什麽羞耻的。他這念佛，就叫做野狐禪。全憑以欲勾牽，引入佛智，况且佛口狐心，又是如今時派。編《廣記》的也不過絶世雄才，不逞所志，借題抒寫。所以隨物感興，往往調笑而成，不比那槁衷瀝血、精神瘁盡的戲曲。

（外頓足，哭介）不想楊伯成威風半世，今日受這老狐的氣。

【古竹馬】俺喉嚨忒撮，舌尖忒鋭，半生氣概，親捧出十二金牌。包身胆，拈管筆兒，天神般大。人見時，唯唯喏喏，簇簇捱捱。今日呵，喘吁吁，似倒綳著嬰孩，向個物低首沈埋。

恁般説時，難道連老母也不顧了，好惱好惱！

【前腔】他烈性懡懶，這榜樣如何寧耐。怎等得及萬象回春，三陽交泰，物換星移兩一載。（提帶搖擺介）又不曾一旦無常，眼光落地，土崩瓦解，居然是蟒玉喬才。

他既有家，可好畫符遣將，把他那狼妻取來耍他一耍，報一報仇呢？（小生）這個他並不怪，只可惜將不能取。就取來時，他和老狐一般長大，你也上不得他的手。（外）如今也算上了騎墻勢，拔了出鞘刀了。還是遣了將來，且和他併個我死你活。法師休得推辭者！

【酒旗兒】可是拔鞘刀難收，騎墻勢終礙。寧可刃向外，血凝胚。法師休想就去呵，依傍著門墻，決不放回。天崩塌，自有人兒遮蓋。我清夜捫心，曾無芥帶。恁爹娘深怨，甚麼解。

（小生）迷而不悟，惹禍愈深。你只當是燕太子丹父事蘇秦罷了。倒只怕虎兕同眠，不及與狐狸爲難了呢！（外）嚇殺我也！

【青山口】你爲我計非瞞昧，洞然肝肺。我只怕身退呵，惹灾危。你道百尺梯須踏著地，譬喻上名途宦海。也曾見先朝名宰，些須高視便疑猜，一朝失勢終葅醢。倘早見機，那討禍胎。不能者止，莫據這捨身崖。天家事任去廝壞，少什麼仰藥歐刀須自裁。三公灾異，冊免宜哉。

何如退步，替者當灾。

（小生）貧道的符，倒趕不得他去。兀那上東門口，新來的一位相宅先生，招牌上是『孔豈然宅相』。一張利嘴，倒可以勸得去哩！你只順著老狐，千萬莫與惡識，姓孔的就可以建功了。貧道效此微勞，轉傳臺命，替京兆去唤來罷！（竟下）（旦立屏後探身喊介）相公快來則個。俺每一家，逐個毛孔都吃他摸看過了。嘴舌又凶，擯子又凶，一個一個癱在那裏哼哩！（外搥胸頓足介）俺若是個堂客，就來替替你每。氣殺了我，有何益處？（老生携紙招上）大人，這裏誰看陽宅，山人特來伺候。（外整冠介）没有别的要相，只得一位狐王。不知他要你相，不要你相呀！（老生）原來如此，極乎容易！山人一到，管情他就出來哩！（副摟浄）（丑、旦、小旦隨念佛上）（副）孔豈然好高興，你幾時拜了蘇秦爲師，會做説客了麽？（老生）我與胡大人無親，與楊大人也無故，爲什麽做起説客來？只是一個平心，天上天下去得。（外背介）這些話都混帳！

【賽兒令】他只道和合神主和諧，兩邊有誰偏憎愛。胡兄未回，楊家怎捱，你眷戀亦堪哀。却不道旄頭星，不畏你機械。惡天蓬，難當他搶白。勸老狐回心意，教官舍仍康泰。哎，誰要他雌黄口，對平臺。

（副）令祖也説如好好色，俺只曉得做一日和尚撞一日鐘，憑你説的天花亂墜，俺老主意摇扤不動哩！呵呵呵呵！老葉不中用，你就中用？（老生）你做一齣，也要容别人做一齣。都是江湖朋友，都要掙些臉面。世事認什麽真，不過戲而已矣！（外背介）越發不著力了。

【三臺印】説非咱攘伊地位，公評跋，討便宜的先退。早跋陣，寂啣枚，讓當場傀儡。聽盤鈴響處，舞一迴上天梯，教玉女喝聲采。吾就笑他，一解不如一解。

（副）你若留俺爲婿，俺怎好得隴望蜀？則爲你不知天地，只曉得身是高官，所以著實叨擾了，真是感激不盡！（老生）『好色者不可諫』，雖是古書。足下既知念佛，就該曉得『了空無過，執實成非』之説，略存貪戀就不是哩！（外背介）好不知痛癢的話！

【梅花引】何不道上帝尊神他怎差，監察人間功過來。掛招牌，上橫街，機鋒何在，非關俺説背。

（副）你只問這幾位堂客，他捨的放我去，我就去了。（净）你只蹾在房裏念佛，休要望著衆人説那村話。便再住住也不怪你。（旦）脚生在你肚下，怎問别人？（丑）又不是堂客請你來的，怎麽要討堂客口氣呢？（小旦）何所聞而來，何所見而去。你既爲我一個，害俺一家苦，我不著跟了你去罷！（老生笑介）這叫做鐵怕落爐。天之驕子，帝之弄臣，固宜有此婉孌之福也。要曉得『造物忌盈，主恩難恃』的舊話。（外背介）這兩句話，還有些像吃人飯的，也像那朝中物呵！

【雪中梅】伎倆本輿儓，福過反生灾。趁驪龍方睡，摘下珠纇。自忘蟲豸呵殿上天街，催命鬼當招財。不想到日出天開，漏船重載，到江心怎擺劃。（副）一見解語花，萬事若畫餅。這是天上的詩。三界之中，事事罷得，只有這美人美事少不得。若並此罷得，不消念佛，倒都成佛了。如今被你走來説得冰冷，只不要觀人則明、自知則慢纔好哩！（連揖介）非是在下薄情。列位，只怪這姓孔的。罷了，俺去了也！（下）（老生）他本來想趕第二家了，只因尊府惡做母直恁利害。（丑楊諍上）老叔受了人的騙了，誰知一個新娘、兩個伴婆齊奔出府，就上店去吃酒，换了衣服都是男人。（老生）男人只要標致，並不讓過女人，你就把他當當新娘也好。（丑）不爲他巴掌脚尖利害，咱倒也要跪他幾百跪，弄他一兩回哩！（外）愚叔的把戲，比你更勝萬分，只好慢慢告訴你哩！天有不測風雲，從今已後都不要誇嘴了。

【小絡絲娘】都只爲機深禍大，巧拙的一般兩敗。

（老生）苟富者，苟且之富，謂不從勤儉得來，乃用多少機關，壞多少心術，以得此富也。若操榮辱之柄，黷貨任情，不動鬼神之怒者，尤無是理。蓋事有隱中極苦，身名所關，家道所係，理涉兩岐，情介兩可，而官或偏於一時之喜怒，或誤用一己之聰明，或曲狥鄉紳上司之意旨，或聽信奴隸書役之讒言，縱未婁贓，猶傷惻隱，天地鬼神亦所共嫉。况官長耳目有限，事權大半操之牙門中人，其間狐假虎威、舞文弄法，奸弊豈能殫述。况又率意鹵莽，顛倒曲直乎。如今窩賊名捕，名賊皆其鷹犬，賊案都不了結，比則以外來小賊塞責，亦是一端。故腹中有痞則思消，而不知福之難消甚於痞；倉中無粟則思積，而不思福之宜積倍於粟。世變實繁，人情叵測。懷刺而升堂者，盡懷機智；握手而示款者，各具肺腸。欲結納以成歡，則求者不以無厭爲慙，而應者必以不繼成怨。欲杜門以謝客，則暗投者不耻爲無因之前而斂迹者，亦難爲踰垣之避。親仇無定局，而戈矛或伏於肘腋之中；常變無定形，而釁隙或生於意量之表。或彌縫其東，而起於西；或捍禦其前，而潰於後。既冤且家，必累世宿因，天爲發機矣！大人但記取此一卷經，包管禍來稍緩，就不枉葉法善舉薦一場也。（外揖介）天賜高人，敢不遵教。

【尾聲】鄙夫患失寧無殆，雖賜肩輿木枴，怕見畫簷厓，則恐鬼門關一下海。（先下）

（丑）爲何做了狐狸，就會體貼女眷？（老生）半仙哩！

下場詩

直到如今都不管，東君何似莫教芳。
惟有深閨憔悴質，不堪端坐細思量。

第三十四齣　說牟

（末上）家庭生禍變，老娘忽不見。那怕你關門閉在深墻院，自己會歸來，難向他埋怨。終久有疑心，恐妨同鬼串。用上好符籙，反被風敲面。嬌妻依舊去，全家空抖顫。道友薦人來，誇他法尤善。且待下回看，幾時得安宴。自家牛之弁，洛陽人也。田園不多，糧食彀吃。鋪面雖小，日進千文。母親鄒氏，六旬而血氣方剛，無灾無病；房下姓吳，四十而端妍可喜，有女有男。也算得個小小福人了。不意去年六月，老娘忽然不見了。家裏的人只道他不曾起床，街上的人並不曾見他出去。都說又不相爭，又不受氣，斷没有出去投河之事；從不粧嬌，從不賣俏，也没有私奔密約之疑。敲小鑼，粘報帖，那一個偏僻場所不曾尋到，影也不見。過了七八日，自己倒回來哩！問他怎麽樣的，説是後邊恰像有人拿著火把，趕的飄飄而行，不可自制。忽然天昏地黑，不分日夜，鬼影也没一個在旁。眼睛一亮，却在巷口了，自然走回來哩！若親若鄰都説這位大娘從不撒謊的，也就罷了。叵耐過不得三日，又不見了，倒要過七八日纔得走回。街坊上人幫我在四邊路口去伺候，看他在何處現形，從何處走起。忙上一年並不瞧見，偶然怠惰了，有一邊不曾去抄，他倒又回來哩。思量道理，必是精怪攝去，只得尋張法官來畫符。誰知貼起符來，倒一會家飛沙走石起來了，一宅通是黑的，少刻復明。符籙禁約之物，一時如掃，那裏去尋他呀？都道此番攝去，再不得放回來了，他又歸哩！張道士説，精怪攝人的有多半攝了魂去，就是連肉身去的，不見肯放回來。我的法術淺薄，有個游方敝友李常在，技藝甚多，年年八月到我廟裏安單幾日。待他再到這邊，我叫他來奉拜，就有個商量了。没奈何，只得候著呢！

【一江風】（旦上）鏡慵拈，則强整雙鴛繫，忽地心如醉。静悠悠，一點香魂，似不共形骸會。生小住深閨，尋常妖怎迷，飄忽去因風墜。

（末）大娘，大娘！我和你做了半世夫妻，百依百順，從不曾傷觸你半句。你若受了妖怪的氣，也不索瞞你丈夫。爲著人做烏龜，便怕人笑。老娘被妖怪侮弄了，也還算不得真正烏龜哩！（旦）我見過妖怪也好説，不曾見甚妖怪，難道好造出來不成？

【楚江情】（低唱）我神魂化蝶飛，飄飄失依，憑誰唤轉甜黑迷。霎時光起，依舊奔歸也。羅衣嫌重，金釵半欹。蘇蘇雨汗浮玉肌。（作力怯坐介）脚酸得狠。（末捧起高底紅弓鞋摩介）你素日歡嬉，難道禁魔魅？（旦作靠椅睡著介）（末）酣酣睡境飴，呆呆病態奇，又不爲多情泥。

（旦慢醒介）（净女扮上）媳婦，你實告我，婆婆不是别人。被妖吸了精氣的人，肌膚黄瘦。你的面孔倒更加豐艷了，作嘔喜酸。（摩腹介）肚皮也大了些，敢倒又有了喜哩！咱們做堂客的自己要尋野漢，自然不是。若被妖人所攝，也怪不得你我。便把那件事情細細説説，只當講小説、看戲文也不妨事。（旦）婆婆喜歡講這件事，媳婦若有得講，就講與婆婆聽了。這喜事原是你兒子的，難道也説怎麽樣纔有的呀？

【浣溪紗】莫執迷，休猜謎。縱不是倩女離魂，我走來了了雖無異。正去眯眯難自持。（净）模糊記，定有個來蹤與去迹，則不必分明難别東西。

（丑上）阿太休聒噪！我娘想來去的時候，也只和亂夢一樣，那裏有邯鄲、南柯一直到底的事。（旦）何曾有個離床的夢？

【東甌令】從無夢是耶非。（丑）便是哩，夢境應須有盡期，如何恍惚無端委。（末）想似夢欲來猶未，一癡一醒半迷離。（旦）此景自家知。

【隔尾】人間百事非同類。（末、丑合）斷不及南柯一睡。（净）怕只怕楚雨巫雲帶了歸。

（小生執拂上）人間萬事總前因，因若真時夢亦真。白日青天渾是夢，想因交處見真身。牛大郎在宅麽？我是張道士處叫來奉候的。（净）媳婦，你不必避他，就是爲你這事來看的呢！（小生進見）（末揖）（净等各福介）（净）先生既是張法官處薦來的，想不消細説哩，就請掐訣舞劍，尋出這鬼祟的根由來。（小生）貧道這家法術不用如此，只問那位大娘去的時候，實在見何景致，便知就裏。（净）吃藥不可瞞醫。媳婦快説，做婆的作了主，怕閒人笑了你麼？（旦作羞介）叫人怎麼様説呀？

【北門鶴鶉】舊影新魔，風花一朵。晝院無譁，清宵静可。被擁餘香，鐙挑剩火。睡也麼，醒也麼，强勉騰那，何時是妥？

（净）何如何如？來了來了！（小生）據此景致，就不是精怪，不是神鬼，竟是個人。（末）人人？人人？人怎麼不看見他進來，就帶得敝房出去？倒底還是鬼怪！

【紫花兒序】他幾慣得懨懨僵卧，死守著點點香窩。這些時倒底是著了邪魔。初猶較可，近更乖譌。委佗早冷落，朱顔暗裏過。想眠些個，倚定香篝，骨軟如酡。

（小生）敢問大娘去的時候，大都是何時辰，從那個門巷進去？（旦）好絮叨呀！只到半夜，就像背後有一個人撮著我的胜胋去了。奴家看見人家，想要借躲一躲纔好，倒是自己跨過墻的。（小生笑介）你一跨過，他就把頸膊把你騎著，拿住你鞋弓走哩！看來人世情根，都是前生業識。業重者，顛倒愛河，纏綿累劫；業淺者，勾消夙障，解釋冤愆。所以氤氲使者，隨方顯化，到處了緣。咳，都從鏡裏拈花，豈向癡人説夢。則那個人文武上才，美如冠玉，綽號水月觀音，又並不是邪人。俺雖不能移他身體，倒可以追得他的魂靈來。只須一番責備，就不敢尋你了。大娘臉放老些，證他一證。休叫他東遮西掩，堅不吐實者。（旦欲走介）我是不認的他。（净扯住介）就認得又何妨呀！

【金蕉葉】一聲去魂靈蕩摩，獨自個何能定奪。須比不得肉身來扯呵，竟就把花容劃破，只好胡亂價由人指蹤。

（小生念咒，指空畫符）（小旦男扮，作鬼聲上，中立介）思惟不是夢，此會勝高唐。（小生）牟景遂兄請了，便請叙叙親情。（旦掩面側向）（魂四顧介）牟穎没有親眷在此。（小生笑介）就是没有親眷，也有鄰居。（魂愧低頭介）倒不知足下何人，要把小生盤詰？（小生坐，拍案介）在下是個陰官，這立的是你魂靈。俺這地方，須用不著公子性氣也。（魂驚跪介）也要求看家兄之面。（小生）人見遺棄小兒，父母仍欲識認，不肯收養。葉吴興使父母不得復認，所全無限孤子。閲歷未深，易爲匪類所誘。胆力未壯，易爲强暴所欺。更當戒其慎交，勸其節費。你育遺嬰葬暴骨，本是好事。那强盜陰魂，感你埋身之德，現形説道：俺生爲凶勇之人，死爲凶勇之鬼。君但祭我足，得令君所求稱意。但呼赤丁，財物應聲至矣。也是愚人愚鬼，背公死黨的常情。你叫他只取非義之財，那忠厚成家的物件，一毛也不許動，這也極是。（指旦介）怎麽又就叫他來取這位娘子呢？（末背吐舌介）原來竟就是他。（净踢介）少年亡的，没好死的！爲這没要緊事，害得人家晝夜不安。（小生）見他色美，起心私之。太上老君尚且要怪，何况恁地受用！

【調笑令】聽波眼邊過，倒不比奉詔旨求婚禮數苛。無端惹下飛來禍，弄得這大娘呵，見伊魂望風倒躲。如今待尋方賺脱，困懵騰又擔不起弓梭。

（魂）自古拿奸拿雙，若非奸所捕獲，就是證據人多，也問不得風流的罪。何况小生與牛宅鄰居老娘、大娘常常相見説話，安有此事？（小生）你只知道陽法，誰知陰法不同。既然一向熟識，越發難以相見呀！（末）俺家這癡大娘，想是只當真個做了夫人也！

【小桃紅】蘢葱佳氣日笙歌，惟有香閨卧。五色花燈照，簾幙喜如何。問誰首把夫人賀？（净）只不曾忙修黛蛾，添些花朵，重兜幅，俏紅羅。

（魂）則爲我眼中不見意中人，包藏著四海三江悶，花前許死，做鬼風流。既然陰法倍苛，俺就冒昧認罪，不失爲豪邁之士。倒是年大娘，叫我賴他害的他見人没趣，小生便當不起。（小生）你與大娘詐謀，令其自歸，只説不知何怪，並無男女等情。大娘也甚歡喜，依計而行，這就算他的不是，所以也要報他知道。（旦）並不是這們的。（丑）就是恁的，也只怪得牟公子，我娘不走倒釘在牟家罷。

【秃厮兒】死安排金枷玉鎖，眼睁睁倒拽横駝。昌儀聲勢天來大，俺娘呵倒似個没頭鵝如何。

（内飛砂走石介）（小生又擊案介）有李八百在此，赤丁不得無禮。俺不根究到你，只因你與豫讓、聶政相似，只知報恩爲義，不論是非可否，另是一家道理。况俺好勸公子，又使不著你蠻力，你快去波。（内）師爺吩咐，小的去也。（魂起介）原來不是陰官。李八百，這名字耳朵裹熟得狠哩，正要請教些玄素養生之術，白白跪了你了。（小生）就算不是陰官，也能使你魂魄不歸，休得輕覷。夫萬惡淫爲首者，以機械心、嗔怒心、妒毒心、殺害心必隨其後，甚且乘勢燄熏灼時，逼亂良家。因其窘急之際，又挾以不得不從之勢。如王天與館富家，主婦就求種焉。問君數游妓家，何獨拒我。回報彼人盡夫，豈汝比哉。致婦不勝情，噛其臂去者。鮮矣！

【聖藥王】你就被訶未折磨，肉身粘處度南柯。色界非魔，空界非佛，因緣遠勝夢中譌，醒看差多。

只是相見搭話的人，不該泩想他那裙門裏面。況且有福不可享盡。常言道『虛飄飄離亂人，穩拍拍太平身』。父作高官，兄登科甲，侍姆嫗監、美婢幸僮都有你分，也罷得了。

【麻郎兒】宮花帽低嚲，錦綉體婀娜。似住在大羅天閣，詎希罕市井姣娥。

咳，大凡僮僕出入内房，傭工進退不禁，表親長成不避，鄰兒穿房入闥，叔嫂、姐弟閒聚，始必彬彬，漸至熟識，必有長談，有長談必有笑語，有笑語必有戲謔。以爲至微至賤斷不敢也，而誰知竟敢矣！以爲至親至戚斷不爲也，而誰知竟爲矣！以爲至卑至幼斷不能也，而誰知竟能矣！以爲至厚至好斷不忍也，而誰知竟忍矣！（旦）我早知道男人㦃懶，也不和四鄰八舍、三親六眷相見説話了。

【么】那時呵，聽得旁人撮掇，前日呵，急煎煎皺了雙蛾。今日呵，撲簌簌拋殘淚顆，明日呵，羞答答添些顔涴。

（小生）有時天意摧折，悉在豪强才智之家，其故何也？以彼困窮時抑鬱無聊，抱多少牢騷，含幾許眼淚。一朝得志，未免將向日所受炎凉世態一齊發洩，誇己能以笑人拙。要皆爲不能持滿之相。又在彼有我而多欲，我欲富則人宜貧，我欲貴則人宜賤，我欲壽則人宜殀。天曰：爾之自奉其我者足矣。彼曰：未也。天曰：我之所以供爾之欲者，厚矣。彼曰：請益。又其子弟少年意氣，率意譏評，積之久而天不能堪，故爲疾掃其一己之障。忽然無故而更張之，使强弱無定勢，禍福無定形，成敗無定局，如登忽墮，如夢忽醒。學道者知毒無實性，激發則强。天之赫濯，萬倍權吏。故敬其父母，以安不以榮；教其子弟，以德不以福。畏天之法，如畏國法；感天之恩，如感親恩。將一切不足心、等待心、人急我緩心、我智人愚心、外下内高心、成就我便心、應得受用心，朗朗照燭，凈凈掃除耳。足下幸還有矜孤一事，若只葬埋暴骨、施藥施衣等事，便與此事拽不得個直也。（魂）小生細想，别没調停之法。幸得此番質訊，乃某神魂李君之外四知而已。看他這位姑娘説話，倒甚伶俐，不知十幾歲了？（凈）十六歲哩！（魂）如此，我那長男今年十三，便即娶去爲媳。我的女兒有八歲了，聞得大娘還有一個三歲兒子，也結了親，請到我家去上學。孩子長成之日，聽憑婚娶，或者可以相忘也未見得。（凈）閥閲高門肯與咱們鋪户重親叠戚往來，這還怕誰笑哩？將來呵，

【絡絲娘】碧澄澄雙星渡河，明耿耿銀蟾入座。幾世良緣一時妥，直恁光輝煞我。

（小生）此法也通得去。李常在便是媒人。大娘與公子竟就拜了親家，俾無後悔纔好。（末同拜介）大娘也先來福福，明日再進宅去拜親家母便了。

【東原樂】看金面睹玉珂，乞得先生一聲可，抵尋常媒妁多，敢兑了風流座。（扯旦蹴介）不枉了你二年功過。

（凈）公子宅内不止一位親母，媳婦進去，只不要像戲臺上的鄉下親家纔好。（丑背介）但願他兒子呵，

【綿搭絮】似他先祖早歲登科，連元會狀，首唱鸞坡。便是俺母親呵，寂寞梅花不著魔，忽逐香風到錦窩。日後相逢，不知還恁麽。

（魂）趁李先生未去，俺過三日就來迎娶媳婦便了。（凈）一言既定，悉聽如何。（旦執丑手，拭淚介）

【拙魯速】羞殺我没包彈的女嬌娥，驚殺你没搓挪的小心窩。迎親誰判合，送親誰撒和。硬扐上

黄金跳脱，就要罩紅錦兜羅。似這等耳邊閒聒，眼底摩挲，笑癡了春夢婆。（小生向空指畫介）牟穎神魂快去。（小旦作鬼聲下）（末）鋪中貨物賣不下來，没有什麽厚禮謝得先生，却怎麽好？（小生）俺每江湖方士，只做好事不受謝的。請了請了，就别過了。（净蹴介）既是這等，待老身先蹴個福兒。（携旦手下）

【尾聲】今朝病祟饒些個。（旦）漸覺得神情是我。（末、丑）乍醒尚模糊。（小生）香衾加意裹。

下場詩

癡想只教魂孟浪，閒情空對影留連。
家貧夫婦歡不足，何年瓊樹一枝遷。

第三十五齣　誨鄭

（净冠帶，花白鬚上）下官鄭有名，表德友衞，會昌進士，歷官刺史。母親周門之女，先室王宦之姑。向來憂國憂民，近日憂家憂室。（内）爲什麽呢？（净）只因繼娶吴氏年纔十四，結縭之日精神恍惚，延醫服藥不見功勞。過三五日，越發可笑起來了。忽學先慈説話，忽作前妻口氣，忽是亡女聲音，滿口胡柴，一味譫語。巫卜慣用詐誣，極不可信，只有一位孔豈然先生，向曾相會，道術頗高。聞在通州王居士處，所以差了人去星夜請來，待他察聽一番，定然知其端的。咳咳！怎了？（丑女扮，上坐介）

〔正宫引子〕【破齊陣】怎把藼親擎，倒頻頻擾黷。無拘轉想，前時門閭病倚，枉費千番愁思。

目斷天涯雲山遠，人背高堂雪鬢疎。緣何書也無。（老生上側聽介）

（丑）有名過來，快快跪下。你到任並不携家，致我思念而死，也罷了。怎麽在任守制，並不奔喪？及至我趕將來與你說話，置若罔聞，没半字兒回答。只把我摟摟摸摸，竟做那無耻之事。致我猛然掙脱，飄蕩無依，試說你這窟豚，該敲幾百？（揪净髮打，下）（復上，坐介）

〔仙吕入雙調〕【風雲會四朝元】官憑催赴，亡兒入土。初嘆陽關聲斷，送别南浦，早已成阻。漫羅襟淚漬，漫羅襟淚漬，待俺此刻尋來，始共歡愉。倒鳳顛鸞，雕床朱户，空把靈犀度。嗏，瞑子裏自尋思，妾意君情，豈但如朝露。君行萬里途，妾心萬般苦。君真念妾，生前死日，已當回顧。（净旁立）

（丑起介）鄭有名，你這個人只算得個混帳。郎君官爲刺史，也不算小。說是携家多費，待後遣人迎接。俺嫁了你廿年，只生一女，十八而亡。婆婆見你書信稀少，愁悶死了。支靈謝吊都是奴家，自然勞碌死哩！直趕到這裏來，許多要緊話不見你說，倒比初做親時還高興，終日把人戲弄。這是做什麽呢？哎，這是做什麽呢？（捋净鬚趕踼，下，復上，立唱）

【前腔】形骸非故，緑雲枉自梳。問畫眉誰子，父捨奴去，斷魂空似舞。我跟娘至府，我跟娘至府，怎的不管尊卑，嫚褻豪粗。受孕春宵，待生孩孺。嗏，你嗜欲便無拘，終日纏綿，教我遁向黄泉路。覷身雖異己，豈宜任我父。其間就裏千千萬萬，有誰堪訴？

爹爹你狠！不是我跟著娘遠遠地來投你，看見這一段肉像個軀殼，阿太和娘進進出出。娘離開了，俺也附一附兒，你怎麼不分皂白一味戲耍。憑我喊得應天價響，爹是我哩，須使不得，你理也不理，只叫有趣。（抹净面介）大官大府，羞也不羞。你不容我在這裏，我仍舊轉去就是了。（下）（净撚鬚介）真正胡柴，都是甚話？（老生）遠聽多時，吾知之矣！（净就揖介）先生知道了？好呀好呀！（老生）趙縣李令，即夫人前身也。初病且死，以平生爲善得冥祐，過期九十餘矣！故夫人神不足，令堂、令正、令愛遠來，欺他精神不足，争傅其身。此離彼附，轉輾無休，本身神氣懨然似寐，反作不得主了。俗諺云：『老太婆嫁了孫子，老太公煮在鑵裏。』都是説這人畜輪迴，不可思議的道理。難道居士不曾聞得？（净）既然如此，爲之奈何？萬望高明代爲斟酌。繼室賤荆破瓜未久，終不然因有此等異事，就和他分離隔别了麽？（老生）山人不敏，獻一小符，可貼正寢之内。當令尊府諸魂，日則相聚依符，夜則輪流附體。依符於日，免致訛傳；附體於宵，團欒可保。足下但至夜分，相機而作。母言，即母事之；女言，則女撫之。又可以免於瀆亂。這會兒諸魂離殼，繼夫人真身出來也。（丑緩步上）

【前腔】輕移蓮步，堂前没舅姑。只得俺丈夫呵，道食缺須進，衣綻須補，要眠時須與扶。奈西山景暮，奈西山景暮，教我望著親翁，叫唤兒夫。咳，我生下兒孫，只怕君歸黄土，彼時候枉然多囑付。嗏，老些個意孜孜，怎及那少小兒郎，貪戀著妻房知趣。幸虧呵，日連宵，不空奴。嫪侯似玉搗杵，還須説與，稍凄凄冷冷，已成辜負。

相公怎不回房去？奴這幾天恰像夢魘之中，鬥人不過似的。方纔猛力一挣，纔清脱了。魘鬥時候，也不知是你摸弄我也不是？（净）這是你婆婆陰魂，和前頭夫人、小姐，大家附著你哩！不是這位孔先生説，我那得知。延醫打醮，白白花費了多少。夫人福福孔先生者。（丑福介）恁地可惡！怎不學王道士斬妖，趕他們走？（浄掩丑口介）了不得了，快快噤聲！如今難得孔先生大力，夜裏你睡著了，聽他們去輪流依附。日裏還你個明白，好管家務。他既據了你的要害之處，若趕他時，你的性命就不保了。（丑嘆介）填房恁做不得，要叫普天下人知道纔好。（又笑介）日裏看著叫唤，倒比夜裏頑兒，瞎子對啞子好些。

【前腔】君娘並婦，看來都是無趣徒。管什麽枕分鸞鳳，都要附依腸肚。多半伊將奴誤。也不索氣苦，也不索氣苦。既代替了蘋蘩，且勿相嫌，索性做個孝婦賢姨，博得個名標青史，也不枉受了些閒羈阻。若不和他分個晝夜，雖復未殞，豈日生年，你伴我睡又不便，不伴我睡又不忍。嗏，俺日裏自支吾，休污了他的名兒，左右與他相回護。相公呵，你欲絆親娘與嬌女，將塊肉溲和兩裙布。一身三影，魂魂魄魄，妙戲難做。

（老生）人世界裏，一股是行尸走肉，半人半鬼，能得幾個有真精神的。老爺、夫人，今晚皆須齋戒，不得寬衣。搭起高臺，焚香點燭。三更時分好待我畫符者。

下場詩
一種嬌慵如夢寐，坐久暗生惆悵事。
鬟鬆無力縱猖狂，轉羞人問因何致。

第三十六齣　證祇

【醉花陰】（老旦珠絡嚴粧上）春氣喧妍宫漏永，早已落紅糝徑。好風日繞花，行底裏須明，今日爲那人叫醒。

雲鬟方自照，玉腕更呈鮮。婉孌人間事，飄颻世外緣。小聖地祇夫人是也，管數百里間葬事。長須在會城中，作生人妻，無自居也。貞元初年，化爲醫媪，嫁與縣丞虞珮。珮母疑之，小聖就改頭换面，不回他家去了。聞得此間李諮議爲人頗有膽略，曾學李靖《告西楚》爲文，諷喻廟中神。却又膏肓慕色，痼癖多情。第吟《静女》之章，輒有虚生之恨。閒覽詩詞所載，往時奇艷，多屬荒唐。每訪遠近所傳，當代殊尤，頻爲絶倒。每遇風清月明，蕭齋閒静，不免情根生動，意蕊紛開，宛如若個拉渠，好生惝怳。竟就賃了一邸，使人引他來寓。彼見我寡，即請爲姻。三日之後，我也不説假話了，竟説我是地祇。難得李不比虞，無論神人，只須尤物。與彼相處，亦已久矣。可憐虞生不慧，未知我是神靈。睹物懷人，常思復見。小聖見他亦易，到底啼笑兩難。天殺的地行仙李常在、孔豈然傾蓋相告，今日領他來哩！索性和他説明了，倒也省得他妄想。（正旦男扮上）（老旦）李郎來得恰好。

【喜遷鶯】你看嬌鳥不停聲，青海燕，穿簾體勢輕。尋壘遍雕梁藻井，挾雙飛周十二城。愛的是斜日闌干花幙静。抵我們錦窠巢裏，美滿恩情。

(旦)我與夫人緣分恁深，爲那些來？(老旦)則爲你刁鑽得好。(旦)怎麼叫做刁鑽？(老旦)做親甫過三朝，我倒老實告你。你説既是神祇，必能變化。李言生平常有一願，願得人長丈許，肥如白雪，足如芽笋，和他交媾一番。夫人若能如此，方敢相留。没奈你何，俺只得變了。你又説更有一願，願得神仙將我陰器變成嫪毐之形，要我替你變化，我又替你做了。你方信我真有本事，真是神靈。豈不是恒河沙界百千萬劫的人，没有你刁鑽呢？

【出隊子】不道你丰姿閒麗，解温存，帶至誠。那時呵聲如花底滑流鶯，嫪毐喪門應手成，只爲鴛鴦圖並頸。

(旦)都來此事人間天上，無計相迴避。神祇裏面，既有夫人這一家。色欲之中就該有我這兩請。遇了神祇，不問他要這兩件，豈不是枉然了。(老旦)今日却有兩個異人、一個癡人同來此地，故此説你來得恰好哩！(旦)這三個人姓甚名誰？(老旦)兩個異人是李常在、孔豈然，一個癡人叫做虞珮。(旦)就是夫人先前嫁過的虞郎了。李某正想會他一會，問他膽量怎麼恁小。(老旦)老婆到了別人身邊，還要來三面議論，和娶了別個老婆，又要和原人厮覷的，倒也癡得相稱。

【刮地風】自家人他人共裸裎，終日價手掌奇擎好聰俊。還要來相證，儘著你輕薄誇能。明瞧向花裀綉毯，鑽研到肺腑囊縢。見前官，怎證明？兩癡人談心雕影，俺居中争自名，難得的是内家粧龐兒越整。

(旦)大丈夫看得自己老婆，也只是世界裏一個婦人。何况你本神趣，豈可與凡同論？(老旦)那孔李二君還不曾和姓虞的説破神祇的話，你我也且慢説。（老生、小生同上）（老）仙子含羞下綉幃。（小）道人憔悴春窗底。（老）不知蘊藉幾多香。（小）但見包藏無限意。這就是李衙麽？（旦跨出門介）李諮議就是下官，二位何來，問他怎的？（老生）貧道之來不爲諮議，爲求拜見夫人。（旦）夫人怎麽輕易好見？（小生）只因看見宅裏一股黄烟直冲霄漢，單主宅母上仙，所以必須一見。（旦）俺夫人倒也不是怕見人的，竟請進來便了。（仝跨入門介）李夫人稽首了。（老旦）請問道人所來何事？（老生）千聞不如一見，素知不如親看，這就是來意了。（末冠帶扮虞，冲上）前世剛修半面緣，黄金難鑄百年歡。（旦）這又是誰，如此冒失？（末）趕來尋道士的。呀呀呀呀！這位夫人怎麽面善得緊？（作中立，向前介）臺下看官快些近前細聽，堂客反做朱買臣，是戲臺上難得唱演的。（回向老旦叩頭介）夫人休喬不認，虞珮知罪就是。雖然鬚髮已白，不似夫人越老越少，五官四肢却原是當時故物。（老旦）知罪便怎麽樣？此地不能留你了。（末）自古妃主命婦，原配不能消受，後歸有福之人者不可勝數。虞珮亦曾讀書，難道恁看不破？况且自己不是敢怪夫人，只恨分離之後，遍訪無蹤。今既復得一見，死瞑目矣！（老旦）你不知我蹤跡，我却知你近況。仍舊有妻有妾，也就罷了。爲著何事，復想見我？你説出來，我也好信你呀！（末）只夫人在舍之日，與我藥服。虞珮越和别人房室，越有精神。如今提不得了，一個半個都費招架，這樣作業的人不死還做驢呢？（老旦笑介）我到人家，爲要人家歡喜，倒害人家憂慮就不是了，所以决意撒開哩！那時候呵，

【四門子】剔深缸，熡鋪流蘇映。惱香魂夢不成，爲窗前百舌催人醒。晝奇謀來嬌倩，調妙藥

助真精。賣聰明，勾引得人家先動情，顧盼些常端正。你就是煩難缺乏呵，縱廣費百萬金錢何病。

（旦扶末起介）辛苦虞君，可憐了也！既認過罪，許你起來説罷。就跪到晚，也跪不出別好處了。若只爲夫人藥好，我姓李的轉送，用完了又來取。（末復叩介）君言乃爾，義薄雲天，雖爲執鞭，所欣慕焉！（老旦大笑介）我特特賠辛賠苦把你母親救活，不惜自卑自屈小心伏侍堂前。誰知你娘，婦人難饜。急則思命，緩復思財。生怕我損了你神，敗了你家。並不想著没我醫治，他久已死了，還管得什麼哩？説到要藥，值個什麼？你若留吾，你不死矣！

【水仙子】我學娉婷，新梳裹，喬喬怯怯衣衫靚，扮個醫婆導引。進鮮湯，使香餌，賠恭敬。俏設設纖手擎，斟滿玉觥，偎倚著風屏，誰不憐。傾國傾城笑吟吟，馨顫花枝，常只傍母行。竟不識人，滿懷疑慮，憂喪孩兒命。吾於是別覓居停。

（老生）虞君問之於我，命該復見夫人。李君許分奇藥，可見非相背負。在下今日同來却不爲此，只要縣丞公問問，這藥何以便能如此之妙？省得生前被昧，死後還要含糊哩！（末復跪介）尤其妙！若非道兄提掇，非惟下官見不及此，正恐諮議亦未得知。夫人千萬休吝教者。（老旦）他既知道，何必裝喬。竟就叫他説與你聽便了。（小生拉末起，大笑介）我只知道一切勝境界欲火焰熾。然此火無遠近，常燒愛衆生。以意想薪，力邪憶念，所使都未免背覺合塵，轉作能心，則地符摩訶薩，自無宅舍，常須在城作生人妻，向來没人曉得，今日做了戲文，遍傳天下也。（末）原來如此！怪不得有好方藥！

今日說明就裏，也省得愚夫虞珮追害相思也。（老旦）孔李二君之藥，比我尤奇。遇諸道途，一見如故，也就是虞郎的佳兆了。自今以後，再勿交臂失之，則大椿之壽，直等尋常。諮議不足慕耳。只小聖回思往事，倒不覺自笑也。

【賽令兒】爲卿卿幾許經營，裝設些圈套自應承。自喝采自猜評，自扭捻自硬挣。

【神仗兒】白綃緑舄，玉導珠纓。兩捻弓彎，一握酥瑩。褰裙見雪，卸褲窺瓊，畢此生孰妨高興。登時飛向别窠鳴，實有些自由性。

（末）虞珮這事，恰似《會真記》張君瑞不了因緣，此刻方有出路也。（老旦）休錯過了異人者。（老生）夫人被人勒掯，變作大身。那時更加好看。孔豈然、李常在真正見多識廣，今番夾袋之中，又描畫了一種佳人去也。（老旦）只休叫天打者。（老生、小生、末先下介）（老旦攜旦手介）開元中，亳州開河得龍堂狀如新築，净潔周廣，俺每倒好住的。將來和你搬了去罷。

【尾聲】不論神人共心性，有色欲天生地成，休把俺事情當謊聽。

下場詩

東王西母各居天，不聞夜夜連床卧。
粧罷春濃不奈行，却捉凡夫督私課。

第三十七齣　醒源

【步步嬌】（旦男扮上）半載鴛衾，心醉柔鄉矣。儘粉香花氣，風流次第宜。（小旦男扮上）甫觳歡娱，怎禁勞悴，無事兩眉低。（旦）問妻容爭似夫容麗。

〔更漏子〕（旦）綉衾融，香枕膩，春占暮秋天氣。（小旦）零夢斷，曉粧遲，花冠方午啼。（旦）襄成樣，莊辛蕩，渾似越人情況。（小旦）愁脉脉，思依依，周仁當日知。（旦）唐閨兄，我與你年紀雖殊，美貌相若，相逢陌路，遽共衾裯。不但韵合人同，燈闌月轉，彼此神彩相映。你既膚如熊肪，我亦面如傅粉。你雖童真甫斲，我亦髭鬚未生。偎酥倚玉，並非夢裏陽臺。暮樂朝淫，豈羡天邊瑶闕。忽而女粧相對，忽而男相交歡。休説健兒欺少艾，比你不來。就是卓女嫁相如，也還比俺不上。也算得浮生濁世兩不易得之事了。你却歡前困後，飯罷茶餘，慽慽如有所思，忽忽如有所失，端的是何意也？

【忒忒令】合歡枝雙雙穩栖，惜花心星星做美。將你恭敬，没些兒失意。因甚的斂眉峰，褪腰圍，寬衣帶，將畫欄遍倚。

（小旦）李源兄，豈不聞人勤則剛，人懶則柔。俺們福建少年，心性和女兒家相似，你怎有許多猜疑？

【玉交枝】支愁無計，女兒心帶水拖泥。應由父母容驕恣，慣了明珠，掌上擎奇。（旦）就是寓在寺中，紅欄暖閣也還可以安歇。（小旦）爲厭紅樓礙夢飛。（旦）除了這打蓬蓬，没事品品簫兒，也不落寞。（小旦）生憎紫玉將心碎。（各背唱）薄姻緣憐香這回，舊根苗疼人那裏。
（小旦）還有一言相問。前日同你在廊下閒步的那人，一向相與的麽？（旦）向不相識。他出賣字畫，就寓在寺隔壁玉虚觀裏。叫做孔豈然，是山東人。偶然扳話閒談而已。（小旦）他還來看你也弗？（旦）約定今日到我這裏吃晚飯的，此刻不來，敢失信了。江湖上人，没甚緊要。（小旦）既然如此，我和你要暫别了。（老生急遽冲上）（作連連倒退介）壞了，壞了！遇著鬼也！（旦作趕出執袖介）先生向來無恙，爲何言語不倫？（老生）非不倫也，非不倫也！你這裏有鬼哩！（旦）只得小弟一人和唐敝友在此促膝，不知先生所見厥狀如何？（老生指介）兀那一個就是個鬼哩！（小旦忽披魂帕，作鬼聲介）不敢相瞞，唐閩還有一分是鬼哩！地仙妙人，恕不回避了也。（老生拉椅介）且坐了説。（各坐介）（老生）足下既然是鬼，爲何迷惑李兄？還是夙世有冤？還是夙世有緣呢？（小旦）鬼魂本無迷人之意，與這李兄並没前緣，却有一點後緣，所以現形一見。不意李兄僻於色欲，逼勒同眠。鬼魂被他染心所觸，生前欲念陡地復萌了，一住半年，甚覺可笑哩！
【前腔】濽粧濃綴，助情歡，霜葉披離。貫一尊持向秋山酹，願世世生生雙飛。（老生）紅蔻梢頭任爾劙，緋羅解處千般麗。笑郎君閒將鬼妻，蒲柳姿今番休矣。
則問李兄，既已知君是鬼，還有眷戀之情否？（旦）小弟生平僻好，只爲人是肉身。知是魂影，膽汁受傷。即欲留戀，陽道也不起了。
【園林好】自今宵，蕭郎路岐。近伊人，伊人已非。始信道陰陽深邃，敢投下雨雲批，請銷去雨雲批。

（老生）呵呵呵！若是人鬼無拘，仍存渴愛。他生相遇，還要相爲牝牡。今既如此，也就省了許多糾纏哩！（小旦）不瞞地上仙説，唐閩亡時年纔十九，老母在堂，生妻去幃。今得冥司勅牒，已許依牒投胎。在此耽延，孕母已經過月了。即彼多情，亦難從命矣！

【好姐姐】轉思那時嬉遊下里，剗地裏分離兄妹。新娘子大我三歲，摽梅及時，正當偕伉儷。誰知道歸冥駛，道遇李君爲佳婿，魂影無媒浪拍扉。

（旦）世間没有不散的筵席！就是唐兄非鬼，到那鬍鬚拉撒的時候，我們也要分手了。既然兄已轉生，我仍未死。到要問個明白。做齣《尋夢》戲文，萬一姿容不醜，怕不叙叙舊情麽？

【尹令】是伊蔦羅親誼，怎容做外人迴避。若投個女胎更好，傳言綺窗姝麗，説來尋是伊專俟你，笑蹴湘裙步步移。

（小旦）天機不可泄漏。受生某處父母何名，是斷斷不敢説的。所投不是女體，而且姓張。這倒説也不妨。我想這過去、現在、未來呵，

【品令】支離病軀，憔悴雨中梨。從君遇後，豐肥與艷肌。兀自匆匆無力，向菱花羞起。（旦）正説你忒害羞了，如今好哩！緣君腼腆，因此暫容偷避。（老生）且抵張家，趕向夜月筵前醉緑醅。十餘年後，同官異國。今作此語，人必不信。李君但記斯言，便知孔子先見也。（小旦）怎麽把這些話都先和他説了，地仙不怕天譴，鬼魂須擔干係呀！

【川撥棹】仙人意，却教兒擔干係。（旦）官與不官，別要管他。國與不國，也不值得問他。只問遇著你時，還儘俺受用否？（小旦）説甚呵，風月提携。説甚呵，風月提携。恨漫漫藍橋路迷。畫眉郎伊是伊，薄情人誰是誰。

（老生）據著在下愚見，唐兄、李兄都不須較量及此。那時的緣法，雖得終日相聚，那時的面目，未必如此可親了。（扯魂旦推介）先走你清路罷！（小旦作鬼聲倏下）（旦連揖介）小弟肉眼凡夫，實不知老長兄。先生如此道高德重，以後遊學一事，竟要一步一趨了。（老生）却休把小唐這事忒看詫異了。大凡摟黑兔弄苦春的，便算活鬼爲緣。就是和那少年亡虚損壞做交易的，也都和小唐仿佛。曾幾何時，他倒又去別處托生了。還是和我們這寒梅翠柏抵足而談，今古之事有些進益呢！

【尾聲】相逢慢道輕歸去。（旦）償不了別離情味。（老生）今夜便翦燭西窗聽漏催。

下場詩

新歡到手難辭冗，尤物當前命可輕。
知爾心魂幽絶處，全然不在楮毫精。

第三十八齣　得蘇

【鬥鵪鶉】（雜扮軍健，刀槍旗幟，開中門）（内吹打三升砲）（凈珠翠高髻、大紅倭緞補衫蟒裙、高底紅弓屐，自中門出，坐介）咱雖止一路軍州，俺須和三公師友。不讓他都護將軍，則便了參謀祭酒。兒女家人材，怎見一筆勾。只爲他軟款温柔，受盡了寵異優遊。但是他出手呵，一般樣玲瓏剔透。

本府蘇尚娘是也。前世聞經隨喜，今生面不狹長。容貌甚偉，俺笑男兒慣裝門面。明是個鬚眉短氣，倒推開説此輩都是婦人。女娘怕下排場，怎見得眼額輸人。偏修澁道，也有多少秦李斯。讀書漢子，不顧戴髮含牙；抱笏男兒，忘却官箴臣節。也有多少漢文姬忍恥包羞，不爲匹婦之亮；一生萬死，希垂烈女之名。難道三搭梳頭、兩截穿衣的就一些没用麽？譬如我這蘇氏，本是踈勒南三千里女國頭領，今蒙中國大世界田地主拜爲臨州刺史。謝聖恩可憐，給印章聽發六州兵馬，便宜行事。仍開幕府，置長史以下官屬。那幾個不伏氣秀士酸徠，看告示上大辣辣填著記室參軍，急忙裏鑽官討缺。便算是慣打硬的强弁悍帥，見令旗邊明晃晃懸著銅鍘勢劍，一納地乂手低頭止坐。君等無人，會須咸出吾下。昨日新下詔書，給鼓吹一部，令我巡視諸邊，威風也不小哩！昨日有位商人帶了家眷來此臨州販貨，敢不先見本府麽？就送了多少珍珠錦綉。俺那邊外罕見這些東西，這就見他的情了，即日發帖請他便飯。他知道本府是個雌的，就同了娘子進來。雪面淡眉天上女，好標致哩！皇帝宫裏也未必有這樣人。叙叙寒温，方知他是商人弦高之後。説起先夫秦良玉亡故已經十年，道我血氣方剛，最忌肝經鬱結，勸我急急續弦。咳咳，那得一個當得起這名的，隨意混混罷了。他自家又現有老婆，决不是要我爲妾，故發是言。吃我回他『咱不要了』。飯纔用畢，且聽他們花園閒步。本府了些公事，再去換席也不遲。不是我誇口說，弦娘子雖可愛，也不及俺。

【上小樓】俺東閣看花，西園射柳。早則是軟玉籠腰，鸞靴踹蹬，寶馬輕裘。比似你擁羅綢，護衣篝，幾聲咳嗽。看了這張軟弰弓，添些僝僽。饒你吟詩作賦，所事聰明，這弓馬上邊，須折些氣分與我。

【么篇】折莫是擘箜篌，打宮毬。雙陸圍棋，卷白迴波，射覆探鬮。信口搊，信手投，將無作有。教扶上那轡頭兒，須已落後。

（小生上）似鶴如雲不繫身，不憂家國不憂貧。願將三丈日高睡，賣與世間榮貴人。（雜稟介）外邊有一生員，自稱大唐高宗之後，特投手本要見大人。（净）帝子王孫哩！叱，此刻閒暇，就見他一見也罷！（雜應出對）（小生華服入參，揖介）蜀國生員李常在頓首頓首。（净）哦哦，你是生員，到俺地方做什麽呢？（小生）做了生員，不過遊學。（净笑介）遊學也好！本府却難得閒工夫與你講貫，况且爲人直截，你只說今日之來，却爲何事便了。（小生笑介）夫人既喜直截，生員也就直截了。今日齋戒沐浴，特來晋謁，至誠專壹，只想來替官府做個兒夫。（净）哇，别的好做，老公也好做别人的？不爲你臉蛋兒還看得，牽在驢棚裏去叫驢子搗死你。（小生）生員細想，堂客裏面除了先高祖母，就要算大人奪趣了。件件都强似人，若没有這樣一個同眠共起，便萬般適意，都是虛花哩！（净）叱，倒是蘇秦家裏拜過門生的，只差别事，好做説客。自從盤古開天以至殘唐五代，從没有不論門風、不煩媒妁，要做老公，説得人動的。幸虧本府肚裏還好撑船。你且説，想做我的老公，却爲愛我那件？

【脱布衫】豈爲著宫樣梳頭，不像個生在邊州。馬三花翦鬃兒瓣凑，消得俺笋芽般使鞭馳驟。

（小生）大人只説了一半，還有下截不曾説到哩！（净）哦，你説我雖生外國，不像外國女流，脚無男大，又不學中國，怪做短小如蹄，束足纖長，合古宫制。

【小梁州】又爲他雌藥師般女鄭侯，粉將軍綉襪貂裘。（舉足介）男兒結束女兒羞，紅袍笏，羅襪掩雙勾。

（小生）只因女人刺州絶無僅有，須得個自薦爲夫、絶無僅有的來做個無奇不耦。所以想近這玉洞天，至於芽笋香勾，還是人愛亦愛的事，未見生員俊處。（净）寄語飛來新燕子，移巢别處覓雕梁。本府自斷弦之後，連宰相尚書、總兵提督也不希罕他，肯配個生員麽？

【么篇】垂螺拂黛連城守，古桃源陽艷花稠，泛漲的藍橋波濤溜。（指小生介）豈生員貢舉，便許占風流。

（小生）則我秀才們，胸捲江湖。若配了尚書提督，他便要占你面子，自己坐堂，把你關在房裏去了。生員來時鞠躬盡瘁，專幹一件，朝纏夕踼，决不告勞。别的事情一毫也不干預，爲君之計，豈不妙乎？宰相總兵，疑心極重，就是親族進謁，都要親監。若有優僕皎童，不容入内。生員來時，豁達大度，聊擅其名，技勇高强，復加於衆，百方隨順，無非使你快心。爲君之計，豈不妙乎？（净大笑介）原來你是恁個妙人！一妙就妙到這個地位，不枉把你恁個好臉了。

【快活三】男兒們也酢酬，連女伴結綢繆。原當做君臣雜坐錯鞣頭，低低道夫人壽。

你若是高才雄筆、精華富麗、内心剛烈如古張良，連套禮也不必行，咱今夜就和你睡便了。

【四邊静】黄虀酸臭，秀才們都該遞流。則問那子房呵，你搭著可知羞。一腿當君肘，知他是誰，唤你做鴛鴦囿。

（生上）一爐龍麝錦帷旁，龍麝熏多骨亦香。天涯何處消魂少，雙彎纖直絳羅幫。（旦上）心許凌烟名不滅，年年錦字傷離别。繞身孫武美人兵，自得張郎眉似月。愚夫婦倒替他想了兩首催粧，不知得邀高聽否。（小生）人能深入禪那，則文從妙悟中流出，筆墨都化逸氣。高情藻思成鏗韵，特餘技耳！（净）呀呀！可愧就被客人知道了。便飯换了喜酒，索性屈留一醉。本府説話前後互異，尊客老娘千萬休笑呢！

【耍孩兒】俺不過湘娥含笑相抛鬥，豈羨彼陳王八斗。正笑那兔園高會柏梁遊，甚詩兒笑傲糟邱。妄説道翰林風月三千首，抵得來都護關河十二州。（旦）觀此行爲，聆此議論，乃知四海内外真有倜儻非常之人也！（生、旦合）君知否，只爲你山明水秀，惹得我酒病詩愁。

（净）俺那疎勒以南，雖以弓刀取勝，婦人皆勇，俗氣是脱不全哩！

【三煞】春纖揎絳袖，珠鬟插石榴。屏山六扇横波溜，敢學伊瓊窗抱瑟抛紅豆。只曉得玉帳分弓映碧油。（生）大人一貌堂堂，越看越有光彩，便宜了這位酸丁了。（生、旦合）端詳久，笑殺那明經學究，認不出織女牽牛。

（小生）老商人是舊相與，怎遇這非常好事，不帮著人家歡喜，倒笑起小生來了。（净）奇哉，怪事哩！

原來你們是一夥兒，這是甚的意思？（旦）拙夫有了拙婦，何敢妄想天鵝？早辰説話，原是爲李而設。不想媒人輕微，舌尖無力，還是毛遂自己出頭的好！（净大笑，摟旦撫背介）可惡，可惡！本府倒入了你們彀中了。大丈夫一言既出，駟馬難追，如今也不改口了。你要笑時聽你去笑波。（小生）要曉得自古英雄倉卒自達，都和李常在尋老婆一樣做法。休説一言之下，蒙許千金之軀，今古希逢人間罕有。只今日這番光景，佳人萃止，春意嬉和，李常在一千年未發的詩興，倒也和曹唐極肥，偏要做遊仙詩一樣，亂做起來了呢！

【二煞】背蘭缸好句搜，踞銀床吟未休。落紅滿地如鋪綉。（生）那一篇蔔蔔小賦邊愁入，這一首芍藥新詞宫體收，名非謬。（旦）難爲他獸環鴛甃，又尋思金騎長鞦。

（净放旦介）難得許多尤物都聚集在咱這臨州。你們休要販什麽行貨罷，竟也在臨州住了。咱們時刻相會，暮樂朝歡，怕不把這浮生快活過了呀！

【一煞】向花前把手揉，悵分攜獨自留，寒山暝色添眉皺。今日裏笑容歡面看交媾，明日裏弦北蘇南復遠遊。何時又重會面，駢頭聚首，再休提桂楫蘭舟。

（旦）明日的事明日再商，如今且吃喜酒，休説閒話。（净）有理有理。

【尾】生員配郡侯，茶商斟喜酒，道不得是俺主人情厚。則惜的兩佳人，折江頭數行柳。

下場詩

晚妝人倦嬌相向，自多情態竟誰憐。
坐來只覺情無極，逼出風騷態轉妍。

第三十九齣　玃狗

【點絳唇】（老生上）四海成家，青袍布襪。西風乍落木寒鴉，一道哀湍下。

俺孔岦然纔離了玉虚家草千年不妄青，難將莊語寄優伶。欲翻《列女》《匈奴傳》，别刻天山勇婦銘。久之相與寢處，佞以大王，觀裏，爲何又到這渭水灘頭？只因利州賣飯人子婦入山樵菜，爲虎所取。久之相與寢處，佞以大王，遂以爲妻。經十二載，其虎更有婦人，又常外宿，遂得逃歸。仍開飯店，過客無不狎之。監軍魚朝禋特進，自京搬家，憇漢源驛。其孀嫂方税駕，即嚴妝倚驛門，復爲此虎所取，久之亦被寢處。恐怕他又脱逃，倒把他帶往麥積山去住了。這麥積山跨此渭水，其間千房萬室，緣空跨虚，雕樑畫棟，並就石成，積薪以登，秦時所爲也。越杜修已業醫，他的老娘是趙州富人薛贇之女，性本淫泆，一夜也不肯饒丈夫的。大白日裏，還要叫丈夫行一回房。家裏養個壯狗，有桌面高，常登其身。他就説道，爾欲奸我耶。懼而就焉，争勝於人。每修已出，即奸淫無度。五月端節，忽然把那狗身鑽在薛氏胯下，要他騎了，一直奔入此山。夜裏背了一袋就出山來，偷了人家菜蔬果子，駝回與薛氏吃，自己倒吃薛氏的糞。日裏從辰至酉，片刻不停的奸淫，生了一個兒子，十五歲了，又要與娘淫亂，今已去爲盗魁。俺每雖然戒殺，又在閻羅妹處親見發遣甄深爲薛氏女，却是受報已足。若被畜生覷了人竅，連俺地仙也不足貴了。因李常在贅在臨州，有的是兵馬鷹犬。寫字寄去，叫他帶領前來取此二畜。只殺這一遭兒，想也不妨。約定在此候，他想必也就到也。

【凑混江】（小生領衆吶喊上）秦山如畫，堆薪走上攬烟霞。好一座麥積山！可惜爲畜輩所據。萬房千室，就石兒雕華。漢室官家閒退院，反不及長安縣令放晨衙。惟有烏孫公主故事，越發不忍卒讀。呼韓帳上連聲耍，劉漢家門萬里遐。享用的滿盤酥酪，消受的撲鬢風沙。合歡炕，虎皮兼豹褥，送情杯羯鼓雜胡笳。那裹是珠簾捲閣，止不過氊帳排衙。這們樣婦女呵，一生埋没半世波查。

憑著你我道術斃此二畜，何勞人力？不過做做關目，與衆棄之，纔好送那婦人回去。則那兩個畜生正在那裏受用，俺每臂鷹牽犬，竟趕上山去者。（老生）常在兒止知此山是漢武帝重修，還不知石室裏面刻有梁武帝容像。（小生）可見大丈夫仙釋無成，古今同盡。那尋常人生，呆鈍鈍享些福，到不消説起了。爲什麽蕭公苦行修持，漢武雄心瀟灑，還不如你我的結果？若説梁武，更不濟了。那壁廂千秋節，美甘甘排列的鳳脯麟膏，這壁廂瘦巖巖受用些葵羹蒲饌。那壁廂尹夫人、李夫人三十六宫長陪遊幸，這壁廂阮修容、丁貴嬪四十餘載不近房帷。一壁廂嬰兒姹女簇擁著一位大羅仙，一壁廂餓鬼修羅捏弄殺我窮居士，倒令我旁人傷感也。

【那吒令】你看他用的粗糲，没上尊瓊斝；看他住的低亞，没長楊廣厦；看他擺的頭踏，没龍媒泛駕。那裏有乖韓嫣，卧起風流暇。可曉得麽，生前萬歲虚脾話。叽，苦苦的一世官家。

【鵲踏枝】（老生）他每日裏誦楞伽，誰識起禍根芽。乾折了幾尺腰圍，終不了一衲袈裟。起首兒玄圃園齋時鐘鼓，收場時永福省酒後琵琶。

【寄生草】（小生）李甫遭天罰，張忙把日拿。開基創業昂昂大，傾家亡國睁睁嗄，君公俊及都亡化。病維摩誰點趙州茶，幼王孫斫做了潯陽鲊。（老生）若説到那些青史，薛贇女兒就把狗弄，倒也不奇哩！可是不如你我麽？

【前腔】枉坐中朝駕，虚生帝子家。女山陰生扭做閼氏嫁，小宣城折倒了公孫架。更不及老烏孫只顧把親孫駕，也不減契丹親擎酒侑金賓，免了他苦頭陀來世人王罷。（雜放銃射箭介）（狗面具奔上）

（老生）既然做了衆生，便該守分，爲何倒把人中雌竅盡力欺凌。你説是一生僥倖，俺却要你立地亡身呢！（狗）天下事那一樣不是僥倖？却不道豺狼當道，安問狐狸？那裏還有個臙脂虎，慣睡婦人。知道小畜也在此山，就想吃我當酒，占我女人。不是潛藏曲洞，已做了他的酒肉了。你倒不敢尋他，僅僅欺我狗輩。（小生）先除你這鷹犬，然後去縛虎狼。

【天下樂】好教我把酒掀髯仰面嗟，你差也不差。怎的呀，做天公這等粧聾啞。人髀湫伊抽插，畜和人没勘查，難道是儘意兒糊塗罷。

箭射不著，快用刀槍圍殺者。（雜喊逐介）

【金盞兒】俺這裏鼓兒撾，逢著他影兒拿。臨州將士全披掛，馬前縛到頸先叉。叫聲聲將頭拉，忽地裏委泥沙。拍手兒童投礫瓦，狗血肉當遼靶。

（净女扮上）團團明月面，冉冉柳枝腰。未入鴛鴦帳，心常似火燒。（雜）好了，好了！趙氏已尋著了。

（小生拽净手，同立介）快休隨狗奔者。

【聖藥王】你香已拋粉已銷，燕支山色臉餘霞。似這般首也毛，身也毛，可惜煞石榴裙衩牡丹芽，快伴俺回家。（雜復持槍趕逐）（狗中箭奔去介）

（老生）杜老娘既已在此，狗又中了藥箭，死雖未必，永不能跑了。饒他一命，當造浮屠罷呢！

【綿搭絮】好似他黃皮碧眼，腥臭咆哮，雕題鑿齒，鼻凹尻窪。把你夜射陰山日射丫，枉了高髻雲鬟稱六珈。咳，世間配錯了的也不少。幾何人伉儷婺騢，當糕糜是屎渣。

（小生）竟依哥哥，饒了狗命。那老虎須難饒放，左右與我快尋者。（雜又放銃打圍介）（虎面具跳上）李先生好不通，你們先年在西高山和猿舍親談道，非惟不奪所愛，反著他換個人形。他是畜我也是畜，何厚於彼而薄於此？（老生）那猿狐二物，心極通靈。希害物命，神仙有分。你是下愚蠢類，吞噬爲心，如何比得他上？快些下網，理合翦除。（雜又喊圍）（虎跪訴介）不瞞二位大仙，虎實涪州裨將蘭庭雍妹。因盜寺物，身變爲虎。銀纏金釧，宛然在足。常爲山魈鬼神所役，不勝厭煩。形骸雖虎身，歷歷然人也。（小生）既爲畜類，就不宜强奸人類。既是女變，怎麼又好女色？（虎）因是生時飽諳牡味，清宵白晝極不能忘。每得人身不欲輒食，相與偎依，往往縱去。時以後窺承筭，覺遜前味之佳。既而撫躬自喜，儼然雄也，何不乘雌？自得男歡，不復思女樂矣！如今情願把這魚門龍氏獻與仙師，以贖微命。（老生）咄，胡說。（雜復圍逐介）（小生）看你只餐禽獸，不食生人面上姑貸一死。快把龍氏放出，待我送還魚家。此後戒之在色，方許日變爲姨，遍遊民家，戒民爲惡。夜復爲虎，食不受教，爲惡甚堅者。功成行滿，仍復原身。（丑女扮上）只因疎寵日，轉憶合歡時。啼痕姑自掩，羞遣侍兒知。（小生放净手介）呀。

【油葫蘆】中年顔色尚如花，豈但比鳳隨鴉。嫁了村夫俗子尚且擔驚怕。道他酒肉經聲聲慣，不向緑窗裏將眉畫。便彈琴呵，道是黑漆板響些些；題筆呵，道是紙頭上亂畫黑丫叉。本是個驢牛輩，狠狠把花枝跨。像這虎似的風流婿東床下榻，敢不及做詩文名士家。

（老生）薛贇近來遷家在此，先把其女送去可也。快敲軍鼓攢行者。（雜應吶喊行介）

【么】嗯喇喇西風緊，虚飄飄過水涯。看他魂驚胆怯高頭馬，只落得脱離虎口無拘掛。早望見衣冠人物莽趨蹌，可可的茅簷村舍兩三家。

薛員外在家麽？（外急上）哎呀呀，親女兒多年不見，老許多了。老子和你丈夫那一州一府不尋到，怎麽跟著這二位來，又有兵馬隨著？（雜）你女兒遭了難，也是這二位帶領軍馬劫搶回來的。（外哭介）原來如此，可憐可憐！那邊一位堂客，他又是誰？（丑）也是一同遭難的。（外揖謝介）如此殺羊宰豬，二位歇兩日去。則問所遭之難，是何盗賊之徒？（小生）此事不忍出口，只問令愛便知。（净）爹只問娘便了，我就和娘説去。（外隨净左下）（净隨外右上）舍間有何惡業，就受這般慘報呢？（老生）須知事從情起。休説人能勝天，一道情光頓使花狂月笑，幾行癡淚空令霧慘雲迷。所幸羅刹夜叉，不能加害於美人；月姊花姨，還應獻媚於才子。這般結局也就算好哩！

【賺煞尾】女女和爹姆，今夜裏同茅舍。休更説好花無主，美玉微瑕。淚溶溶瓊腮盈臉，亂鬆鬆雲鬢堆鴉。簪幾朶草染紅花，取幾杯薄酒淘牙。重燒銀燭照嬌兒，低聲相問休驚詫。勝如這魚大嫂呵，巫陽雲雨，自此後，無心活憎殺。

（小生）員外若問因由，只令婿行醫索財，不遂不盡其術。老翁天性幹了，既以爲吏得財，又還開南貨店，重入輕出。或陰行其惡，於王法之所不及；或巧於自飾，而人不知其奸。便得此報，已不爲過了。其他隱瀆，非吾所知也。（脱去風帽腰刀，只穿箭衣介）我們送了人來，見此風景，還要立向門外憑吊一番。你且請進團欒，休管閒事。這位堂客也就等他進去，權與令愛作伴，可不好麽？（净、丑、外先下）（老生、小生跨出門限介）

【前腔】則想那山繞故宫寒，潮向空城打。杜鵑血，揀南枝直下。經幾位，立盡西風搔白髮。只落得哭向天涯，傷心地付與啼鴉。誰向微蟲奪敗花，盼不到九蓮池沼，俺且傍蓬壺嬉耍。記取今宵，同此聽悲笳。

下場詩

有國有家都是夢，爲龍爲虎一般休。
只笑情來不可限，春心鬱極畏紅榴。

第四十齣　勸隱

【新水令】（生傅粉乘馬，人從上）一天春思亂鶯啼，借紅顏去年殘醉。古今橫短徑，來往憶瀛磯。帽子斜欹，芳草斷魂地。

情隨年少暗驚疑，賣與何人剩有癡。殘夢不須愁未竟，留將一半待醒時。下官尚衣奉御韋隱是也，表字登徒，與孫登爲徒之意，胄實逍遥之後。賤異桃奴，手擘五雲之箋。世多令婢，早依宸極侍中。應用玉人，特近天顔，提虎寧嫌褻器。男子生成艷骨，前身種下癡腸。古今書部部皆窺，才俠士人人願友。偶遇一方外之客，授余以嫁夢之符。但得毛髮趾甲，納向枕函裏，將秘戲諸圖加之，貫想其人。夢裏時時有我交歡，漸至鏡中；刻刻逢吾作過，恨未即時。親見覿面，誰不忘羞。纔曉得人生世上，原有一種魂做夫妻、齊眉偕老的。東鄰柳道吉，本是下惠公九十九世侄孫。天性刻害，做了淮陰縣二十二年正印，專削高堆。甫中舉時，便能挾勢牢籠，當事謂其必貴。凡所請托，順風而呼。爲幕客則迎合東君之意，徇其昏贖；爲下屬則逢迎上司之旨，畏首畏尾。世間忍心害理之事，多因視黄白爲性命，則以鬼神爲幽渺。審斷必紊，强判必工。陷害良善，如爐燎毛。孀有産厚而子幼者，族利其有，指婦與某私，非其種。吉竟詐財，枉斷不思。李進士盜妹夫錢，被冥司攝。長樂民强取兄錢五百，罰作猪償孤寡之人。大丈夫不忍欺，大奸雄又不屑欺。惟有一種猥瑣齷齪小人，遇强梁則縮頭帖耳，見孤寡則伸爪張牙，專以凌逼爲長技。骨肉至親，謀財占産，是狗鼠不食其餘者也。空裏得來，當巧裏去耳。况且詐了被告，復詐原告，阿誰賂少，阿誰就輸。無賄則有文有職，横受欺凌；有賄則窩賭窩娼，縱容恣惡。豈惜欺君賣友，却更寵妾停妻；致令怨望形言，並疑還有外婦。不想厥妃韓氏倒是將作少匠韓晋卿之女，頗有姿容。下官少年狂謬之見，既已憎彼頑夫，殊復憐其永巷，竟就不惜多金，買囑他家一位老媪，偷了主婦三件信物來依法行事。妙哩，妙哩！他鏡裏我也去，我夢裏他也來哩！豈知大曆紀元，點俺新羅副使。下官剛剛睡下，韓氏已立帳前。問其何自而來，他倒唱道：『想才郎天與聰明，又忒志誠，更外才相稱，見了他不由人不動情。』志願相從，無人知者。只得詐言將妓侍寢，同行人衆也不爲怪。比至新羅，即生一子。新羅女王請他進宫相會，彼此綢繆。他倒長我好幾歲兒，識頗堅卓。只下官中夜尋思，初意不過神交，怎麽把别人家内眷肉身都賺來了，豈不自悔輕舉。將來還是藏匿住好，還是送還人好，大費商量。見他行路飄飄，又疑心還是魂夢。却是魂夢，斷不生兒，况且魂若來了，他那裏久已死哩，更加抱歉。不好問他是形是影，且等抵家，再行探問則個。（老旦坐車抱子上）花月動春心，紅顔不我再。趁郎恩愛深，作盡妖嬈態。前面城墻樓閣，恰像是家中了。（生）不是韋隱家中，也没有恁般野趣。

【駐馬聽】暗裏鬚眉自許，曹劉識者希。街坊上倒静悄悄絶無一人。（老旦）這些高軒華蓋遠遠來的不是人是什麽？（生）這也難道眼前蛙輩，僅如蠅蟻任相隨。（老旦）家看得見了，不上一二里河岸哩。（生）詩人恰住浣花溪，茅簷遠映修篁内。（老旦）你那大小老娘，也不知都康健否？（生）門末

啓，紅塵遠向階前避。（左下）

（老生上）從來幽恨自難伸，妖魄才魂幻復真。劫火不燒雲雨地，罡風難壞有情身。自從混沌初分，便討下個夢幻種子。我皇祖夢周公也要一番介紹，楚襄王夢神女也要於中撮連。人生何處非夢，夢處未必非真。算來日食萬錢，不若黄粱高枕；儘他位登八座，無過蟻穴乘車。利達的須與他一個惡夢，蹭蹬的只與他一個好夢，這就世界均平了。只爲天地間有許多恨事，女媧煉石補不完離恨天，莫邪鑄劍割不斷相思洞。君王雙眼不瞎，何至全憑畫圖；畫工一筆糊塗，斷令沈埋沙漠。所以配偶差錯的，便做個好夢，也就算得一世哩！刑法不能禁夢想。若説夢與親夫一處，便説不妨；夢與别人，只好隱起，却又大錯。晋秘書監太原温敬林亡一年，婦柏氏夜見林還共寢處，他人密窺却是鄰家一老黄狗。何况夢裏活在的親夫，還怕是冤家。夢裏的親夫，何必分彼此。俺孔豈然十年前在韋奉御家，極承款厚，又被苦嬲，偶然高興給了他一個符兒。不料，了其因果衍出螽斯，都在這片符上。他今海外歸來，俺恐他誤了大事，特特到此伺候，指破他的前程。（生、老旦等上，下馬揖介）孔先生違教許久，怎麽直到如今纔來敝地？（老生）奉訪不遇，正待去哩！不意台旌適返，欣快何窮！（生）許久不來，人皆相傳其已死。（老生）終身落拓，吾亦自厭其餘生。

【沈醉東風】（生）看又是迎青帝椒花欲蕊，俺儘有傲東皇栢子新醅。漫説道人琴已並亡，還則是臭味當年。未擬招魂，硯北樓西。僥幸極萬里關山。手又携，冷淡煞雲鴻片鯉。

（老生）奉御奉使辛苦，官臣乏權，可知不忘故舊哩！

【鳳將雛】（生）雖然是面時稀，却不道醒狂意氣，意緊相依。醇交醋友吾儕味。太古裏傲骨難灰，恰正好吟魂送落暉。索强如長安道思鱸膾，洛陽街尋燕壘。（老生）且請教，這車裏的就是令郎令閣麽？（生）這是先生的符兒有靈。也不見那桃花面映，却不是倩女魂離。

（老生）如今一到，就同寶眷進府去麽？（生）海外風濤震蕩，魄散魂飛，尤覺歸鄉之樂。只今夜故人對酌，論志言情，就是美景良宵了。

【掛玉勾】我只道那朝市紅塵没馬蹄，到處人如沸，原來北郭青山碧水湄，别有個清涼地。則這懶性兒趕不上那白駒忙，瘦腰兒支不過這人情碎，儘仗著醉鄉餘論，猛可裏抹去玉樓題。

（老生）富貴如眼中石火，耳邊爆竹，豈落豪傑胸中。不過七尺易灰，寸心難死，不朽擔兒還歇不下耳。

（生）詞人嘔盡心血，不遇知己。若非冥冥把聰明懵懂一概勾消，便十世百世還要化作杜鵑啼血哩！

【雁兒落】只爲那筆尖花未吐奇，還恐怕腕中鬼空成祟。大家一齊死却，也就罷了。那裏有碎鍾琴流水悲，那裏有泣和玉荒山淚。

（老生）雖曰世上癡人倒占盡了癡福，幸得四大空時，同此一番受用。（生）别的癡福，越發不去羡他。僅僅東家之子，不易忘情而已。

【得勝令】若復容長閉白雲扉，高捧住粉柔荑。怕不就揭起了翠微鄉裏浮名障，椎碎了委宛山前慧業碑。何悲，忽撒手騎鯨尾。愉怡，任空粱落燕泥。

（老生）據在下看，這一點點事倒也不難。只是若同令閣一徑回宅，將來緣法就不能久了。（生）先生之言自然不錯，這倒是有家難歸了，却往那裏去好哩？（老生）爲今之計，竟入柳宅爲妙。（生）久蒙台愛，焉忍相瞞。則這一位賤内，就是柳家的人。若在此刻送還，豈不弄一場命案？却把風花雪月，做了笞杖徒流呢！（老生）但請放心，那道吉明府久已身故了，决不把漢相如錯斬了也。君如不信，小弟引導如何？（生）敢不如命。（作行到介）（老生）門公快進去稟，你韓氏夫人回來也。（雜應進稟）（浄、丑女扮，探身一看即下）（旦出迎介）（生）呀呀，怎麽那裏面出來的堂客，與俺車子裏下來的一樣？面目手足、肥白修長一般無二，毫髮不差呢！

【沽美酒】則見他溜秋波一點癡，抬鞋脚千分媚，可正是纔下眉梢心又泥。怎能多月痕花蒂，偏令想燕鶯期。（老旦近旦，忽然合體）（老旦瞑坐，旦暗下介）

（生）呀呀呀呀，這就令人不解了。（老生）只叫方纔那兩個女人來問，便知端的也。（生）鴉頭們快來。（浄、丑笑上）（老生）快尋覓你家那位奶奶那裏去了。（浄）老爺歸天，俺奶奶埋墳穿孝，堂中宛存。雖似半醉憨情，懨懨欲倦，原舊管理家務。剛纔在床上盹盹兒，門公進稟韓氏夫人回來了。奶奶快活不過，説道：『只我是你夫人，怎麽又來一個夫人？惜春、陳姥快些出去瞧瞧，是個甚的人物？』我們瞧了，笑將進去：『外邊那位奶奶，和奶奶一個印兒哩！』奶奶道：『這等我索自去迎他。』嘻嘻哈哈，口張不合的出迎。怎麽這會只得一位了？還是你們的走了呢，還是我們的走了呢？

【太平令】（生）若問起長安佳麗有多少，虚名下過眼空迷。他兩位忽然合成一位呵，則當他寄春風柔腸互倚，酬夜月香魂逐隊。都説那地非事非影非，怎恁地逢迎投契。

（老旦作開眼起立介）則奴家坐在屋裏，原有些疑心。覺道一個身體雖在家裏辦事，原在别處取樂一樣。方纔走將出來，翕然合體，纔曉得他就是我的他，我就是他的我哩！（老生）則在下的符兒如何？（老旦）原來奴這些年亂夢顛倒，已不由身，好像鼻子上面有舔不著的糖，又像熱鍋子邊那走不及的蟻，都是此人之害。若非今日事會適然，坑害奴家倒不淺呢！説將出來，使人切恨；想將轉去，纔方深感呀！

【賣花聲】（生）今日裏親膚貼肉成知己，非是那抱影携魂當玉肌。不復道斜陽有恨映寒梅，並不説紅顔無主，青衫欲濕，只合把夢乾坤一杯相酹。

請問奶奶，此日柳氏門中，應得何人作主呢？（老旦）他家並無親族，一切皆奴作主。（生）如此便請奶奶同到我家去罷！（老旦）你那邊還有大娘、二娘，且説明白，再去同居。如今就住在我這裏也是一樣。

【落梅風】（生）休問那飄洋路自遠，回恨蒼茫，亂山凝翠。則俺這好色深情猶可道，勝彼貪污，因是營生無智。

只是兼室盜嫂，猶是有情之過。貪財苟得，便真愚鄙之夫。柳族雖無人在此，不妨尋一個來。只要姓柳，人又妥當，便可以承淮陰之後。將此田房交代給他，專爲祀墓之費。

【甜水令】猛提起骨化魂銷，鬢枯腸斷，形憔神悴。下官和娘子呵，也要防携手夜臺歸。則今日了當前官，消磨殘夢，支持新歲，始敢去一笑玉山頹。

（老生）這也是不能自已之至情。雖難説型家表俗，也還是因物賦形，理主其生甚繁，繩繩不絕。就是手裏這位令郎，必從科甲出身，官至翰林承旨。要曉得氤氲使者，雖專主人世私情，亦因才色合符。譬之風虎雲龍，騰嘯相感，方敢代爲牽引。韓夫人只當是文君、紅拂，韋奉御只當是相如、藥師，俺孔豈然也只當是崑崙、髯客便了。（老旦）若果如此，便謝了天，謝了你，忘了哀，忘了怨也。（生擁老旦介）人間癡夢總是癡人做，盡付與舊陵新冢。却是你的魂魄甫能合身，我的性靈倒又了悟了也。

【雙鴛鴦煞尾】走天涯，何處把騷魂瘞。覓仙方，無計把癡腸替。一任他繁華夢，鶯聲喚起。黑漆漆夢中朝，密排排皇家曆，急促促愁人晷。收拾夢花盟，猜破雕蟲謎。（放旦舞介）對東風舞一回，則他那韓陵石土一堆。（指旦介）蒲東寺難問崔。（指空介）鸚鵡洲誰姓禰？從此呵，提破了生天墮地因，懺過了綺語今生罪。（老生）則賢伉儷今日如夢得呼，俺孔豈然在此聞琴妒瑟。速謀一醉，酬彼夢符，大肆談諧，聳君歡興可矣！（生）醉次第今宵第一，還待夢兒中翦燭話春宵，（携老旦行介）只要你向秘戲圖邊認顛韋。

下場詩

古今如夢何曾覺，只剩新歡和舊怨。
困迷無語思猶濃，争忍相思不相見。

第四十一齣　負冉

【新水令】(丑青裙、翠衫、布素，傅粉，女扮上)唵綠池荷，滿曬人天，老鶯聲三分啞喘。饞雲烏片片，渴雨白連連。貌醜情妍，試一思合歡殿。

花胡不向金谷開，却弄春光向茅屋。並無高燭照紅粧，但有短垣遮粉肉。奴家趙氏，爲冉遂妻。聞因石趙之難，逃來住在此間。尚嫌矬陋，人偏贊我姣長。小有性靈，不免至於輕蕩。年紀已四十歲，出閣纔十四年。從做閨女時候，早已設一癡想。做了一個婦人，便該盡其雌樂。也還身長七尺，豈可作配侏儒。濫不濟，揀個高聲亮氣、利喙贍詞、文武才辨、剛鷙無憚，又復瞻視艶泆、天性狂俊、能調悦人耳目的嫁，庶幾福樂難言。不枉天公雅意，賜我女身一回也，和做了男子便慕潘驢一樣。無奈所適之夫，才行庸猥，風神鈍濁。算命的説他多學少成、忘前失後、作事疑慮、一相識易疎，只因立性不定，幾番進退咨趄，不能深思遠慮，以致有始無終，被人當面相誤，因此改變重重。初年燥健，精神中限，灰心懶意。作事重重退悔，行坐步步躊躕。性情緊慢不調，利名成敗不一。省力處變出一場愁，現成處尋出不自在。又説他硬追陪强施設，却會陪錢，不知省用。草屋下要設琴棋書畫，布衣上要繫金玉犀環。不自度量，只圖好看。因其不知命，現成變不足。景况如急風行船，營求似拗驢推磨。未遂平生之願，所以水邊林下，時來濯足浣衣，撫隱捫私，不禁火升面熱。咳，似此捺又捺不住，説又説不得，何

時是了，甚日方休呢？（作倚石卧介）

【駐馬聽】咱生小修妍，愛壯的雄心自靦然。天教分淺，只遣向武松哥子趁漁船。俺雖然是六寸的大金蓮，等閒怎捨得教消遣。可知道常娥伴是吴剛，伏侍的非笨頋。

（净巍冠高履，廣袖寬袍，大摺扇上）今日天氣十分炎熱，不免就這林子裏面閒坐片時。（作遥窺介）呀，呀，山西女兒帕勒頭，猩紅衫子葡萄紬。面上堆粉鬢堆油，笑問南妝如此否？先有一位老娘在此，俺們做漢子的只索遠一丢兒。（丑起行介）這林子裏從無士商經過，怎恁一位貴人，容服高貴，聲音雄大，視瞻非凡，顔色鮮發。（作近身介）請問這位老爺，可是本地人氏？（净）叫舜若多，遠得狠哩！敢問娘子，原是這裏人麽？（丑指介）則那朱門白屋便是寒家。（净）好呀，好呀！今雖白屋，原是朱門，大娘可謂嫁得其所了。（丑）那裏見得。

【喬牌兒】女孩兒只自憐，賣不出尚書面。便教他儘力把寒灰煽，不是我輕彈他光説健。

（净）原來不狠慊意，這也没挽回哩！（丑）老爺既好遠游，自然見的不少了。

【雁兒落】則記起妝好鏡兒前，合德勝飛燕。俺不合小可解情篇，你却也是處留青盼。

（蹴福介）可惜舍下窮忙，不便久留陪話哩！（背行低唱介）想奴家呵，

【得勝令】一會的孤笑顫花鈿，一會的顧影垂金釧。一會的睹月抛紈扇，一會的裁雲銜玉翦，一會的冰弦俺撥弄個仙翁善，一會的花箋俺安排個筆硯全。

可憐只恁地了！若得此夫，亦無恨矣！（净遥招手介）大娘子快轉來，你方纔説什麽？

（丑回就蹴福介）俺瞧見你雖則長大於我，年紀還小似我。説若得你恁個老公，俺就死也瞑目了。

（净）長爲汝夫，是不能彀。就是此刻替你做做老公，俺倒也肯。却不知你意下如何？（丑）哦。

【慶東原】並没的第二個鶯花伴索權，做朋友般忘年，處雅意能忘賤。雖然個替不的交頸鴛，又何妨挨幾個柳三眠，等幾個銅壺箭，瞧幾載鳳頭珠楦，看幾個鵲駕星牽。

（又蹴福介）君若暫爲我夫，我亦懷君恩也。如今看你怎麽樣替我做老公呀！

【喬木查】只怕你殺人的手軟，倒分外行方便。雖是鶯鶯當第一件，未必到紅娘不值錢，只要你撑好硬頭船。

（净自脱袍靴履帽，復爲丑脱衫裙介）只這就是新郎君頭一夜的做法。（丑）奴家昨夜還在鄰舍家看鬧房。那新郎只好打齊你腰，也是一些不得人憐的。

【攪箏琶】自瞧那東床開宴，並不曾捉空代嬋娟。詆他直睡横眠，等個星回斗轉。一憑風露滿，豈曾道脚兒酸，竟不見飢涎嚥。自誇道拳頭兒走馬，臂膊上立人，清頭白面。終不然只一回兒，真就罷了。你葬送人兒總不管，可頂上不是青天。

（净紅短襖，緑袴，赤足）（丑紫短襖，銀紅袴，行纏弓屣）（相摟坐介）（净）這一件事不宜太忙，俺每且坐一處，大家捫捫再動。（丑）是我一時嘴快輕出口了，我却不是容易跌倒的。你却休要把奴太看輕賤，纔是真知己呢！

【沈醉東風】婚姻事，太古裏憑人取便。没揣的强合了，到老没緣。便做婢、作夫人，也不愁少門面。若猥瑣闒庸，非奴之願。設令相從，叫母也天，就死了咱心不轉。

（净抱丑同卧地介）似此炎天白晝纔好，寸絲不掛。樹林子裏芳草成裀，緑陰如幄。行起房來，比那錦衾綉褥、黑夜深閨景致，就勝萬倍不止哩！（丑卧答）奴家心裏，倒也是恁個想頭。

【落梅花】譬如飛虎將，赤日兵威展。瞧了精身，雪肉如白練。管甚子不辱其身真烈媛。就是舍家雞尋野鴨呵，使萬古傳揚，也只似不肯從鄭恒的好風流宅眷。

（小生公子巾上）（净忽起介）那邊有個會嘲笑的人來了，俺須是避了也。（急下）（小生）趙姑娘做的好事。（丑跪執小生雙手介）相公周旋則個。（小生）方纔那個大漢那裏去了？青天白日，剥得恁光光的，羞也不羞？（丑起穿裙衫、膝褲介）古怪，古怪！怎麽靴袍冠履，並没見他拿去，都不見了？只剩我的在此。（小生）則問大娘，此番回宅，怎麽樣見人呢？（丑蹴福介）只先生莫到我那村裏去説就是了。你要怎的，我也依你罷哩！（小生）可惜小生没那漢子長大呀！

【甜水令】將儂當做骨肉，無文直要周旋。只靠著春風撲面，笑臉迎前。問《關雎》《溱洧》，果否相同。再問個使天争見，怎的狠謙恭故故歪纏。

（丑）你雖不狠長大，也是十分齊整的人。不信道就不肯替我周旋了。（小生）冉老娘呀，休輕覷我！

【折桂令】我自從離關中一簇聯駢。見了些上國佳人，他馬首争先那其間。没些回盼，都説道那假道學，只合孤眠。怎知俺戀殺人，真心一片？見他們對别的，却未情牽。薄倖皆然，煞没甚因緣。你今日如斯，也只怕要斷初弦。

（丑）上國便怎麼樣？這裏便怎麼樣？豈不聞『最愛寒姝欲傍人，且將村酒煖精神』，青波俏原有別致呢！（小生）也未見得就煖。

【雁兒落】這村酒莫想添，即世誰曾見。怎亂説寒姝們，否者予天厭。

（丑）既然恁好，也不强你。你只閉口藏舌，就算行了一件大大的好事了。（小生）這樣好事，却又難做麼？

【得勝令】叫狂生莫上管民箋，也只要再顧傾人面。孰知吾筆喜撰雙飛傳，只愁趙姑將調寡鵠弦。若就去説，你的命就難保了，我也不忍。此話誰宣，撩斷長生線。此意姑原，全因伊乞憐。

（丑）先生自不希罕，奴孝順你的意思到了。雖則假清高喝退了楚巫雲，却不比人前面古怪剛直假撇欠，背地裏荒淫愚濫。看你作事沈吟，爲人的實，堪作棟樑大器，可爲領袖高人，決不閒管亂説的。就此告辭了罷！（小生）辭却還辭不得。

【落梅花】看見你陡送風雲便，俺何嘗私拈雨露偏。誰道你一丸泥閉關謝款，因爲是時辰到後情方現。姑漫應，將來纔見。

（丑）一切醜態，已瞞不過了，俺也不必害羞哩！饒你百般都做到，則是一夜短恩情。據先生量度，那個人還來麼？（小生）不來了也！你還是守著冉遂是個正理！倒是冉遂將來不肯要你，一切人等又不敢娶你，却怎麼處？

【沽美酒】癡心的夢欲圓，負心的他不然。從此嫡骨的親，莫做門外漢。馬兒一鞍，單愁他倒臉翻變。

（丑）怎麽是不肯要？怎麽是不敢娶？倒要請教要緊。（小生）則你肚裏已有了胎，冉遂知是私胎，要出你了。方纔那人是個神道，又不是人。因爲女人染心所觸，及因相顧而生愛，著將來必生一兒，神頭鬼臉。衆人傳説你是鬼妻，誰敢娶你，倒把淫訛病引到家裏去罷。（丑作怕介）原來他不是人，偏你曉得。則怕你也不是個人哩！（小生笑介）我是人麽，則比一切庸人又略强些。

【太平令】只你福書生願叨歡眷，似我赴私期也愛伊憐，只好待晴空雲斂。莫提起迎風户半，合著個嫂溺從權，却不許即時淫緬。

（丑）恁地就决撒了，越發要求你哩！（小生）你若丢我不下，須待七年之後，伊子忽長一丈，復補東方擒惡將軍。那時没人敢娶，惟我李常在不怕，我竟來娶可也。（丑）這將軍駐扎那裏，奴家不是太太了麽？（小生）此是神道官職。你那兒子又是一神也。和纔受封典，夫子旋故，或是死後勅贈的一樣。叫他鬼太太，却没甚意趣哩！（丑）你來，好是好了。七年太遠些兒，可好移的近些呢？

【錦上花】（合）禪裏參玄，淫坊佛殿。林間得婦，奸詭神仙。筆墨縱横，改移輕便。影戲談論，新婚舊眷。奇炎苦熱天，肌肉更堪羡。調笑鏖兵，千迴萬轉。褻勝思凡，真堪搬演。變局下山，尼姑輸艷。

（丑）前日溪邊唱戲，演了一齣《思凡》。俺見尼姑是和尚馱下山的。你既約定娶我，我的金蓮痛了，也要你背過這水去，纔信你真有我心哩！（小生）那和尚是花面扮，所以該馱。俺是小生，脚色須不合體呢！（丑大笑介）世上多少生、旦愛做净、丑勾當。你講道學，也怎的就恁迂闊。况且花面所駄是大脚的尼姑，小生所駄是弓鞋的宅眷。誰説不該，那個敢笑？（小生）只有昔優陁王將諸宫人詣鬱坡陀，純女無男，裸體舞戲。五百仙人虚空經過，見色聞聲，遂失神足，猶無翼鳥墮彼林中。鹿角大仙同女入城，女滑躃地，遂令騎頸。出於《大藏》，是兩件正經古典，等我學他一學，倒還使得。（騎作諸醜態介）

【清江引】（合）誰將太平千數卷，摹寫盡前件。女媧坐黼扆，道子携長絹。則待奮凡心，去引下阿羅漢。

【隨尾】趙娘適冉多幽恨，遇仙郎常在差妍，若講到獨脚五通尤劣譾。

下場詩

辛苦無歡容不理，欲説春心無所似。
輕風入裙春可遊，佳期難道須來世。

第四十二齣　訊穢

【點絳唇】（外扮僧上）廿載蒲團，白雲無恙。單惆悵，銀海茫茫，瀉不盡冤業相。

性乃生氣物，雖知法門空。誓以心畫績，莊嚴此虚空。持戒但束身，非身何所束。根浮觀復淺，信解焉能速。貧道唐僧彦先，本是玄奘法嗣。聞得不變隨緣名爲心，隨緣不變名爲性。處世之門，事由心造；　出世之道，理由心成。理怕是心，故不動心相；　心怕是理，故不得心相。非比凡夫，全心俗境。惟是因緣，鬼人各異。常笑外道如儒，熒光析智。從前世心，生今世身。或推理未盡，而偏見分明，令無著著，或全無妙觀，而無證者死。據文者生業，飄其識焰，報以障礙。土見暗爲暗，此特無明。如狗咬雷，何有得理。如牛羊眼，不辨方隅，實不可信。如向病狂人説眼前無鬼，徒費言語。反説須彌芥子，以空納空。謂超情至教，辨兔角之大小。説龜毛之短長，理事俱虛，可取笑於天下。若有無雙取，未免相違；　若互泯雙非，寧逃戲論。不知佛心植種於空，光見已面，以無緣之智，照無相之境。空不以不見爲空，以其無實用言空。若只見空而不見不空，如疑夢得眠。鏡外之空，非同鏡内。色相宛然，求不可得，是名真空，方是無無。空宗以有我爲妄，無我爲真；　性宗以無我爲妄，有我爲真。以心附事則狹劣，以事從心則廣大。一切衆生，有佛藏識，如睡心中；　有覺悟性，如人惡夢。但抖擻覺，即一切無知是空花。即無輪轉，何須壞相。本性無故，既了惟心，諸境自滅。復以幻力，建立境界。欲顯真空之理，先明幻有之端。觀實衆生，爲非衆生；　觀非衆生，爲實衆生。將所信之虛，破所信之實；　令所信之實，同所信之虛。如地依空住，空不依於地。既言無常，防其常執；　復言常住，防人斷執。遇不融執有，則説空門。遇拙度但空即談有，教住於法相，即是凡夫。計有生死，滅智灰身，以憎愛故，心器被壞。現無形質法，即爲夜視二乘。貪於空境，假立壽命，即爲無色界天。既離諸外道，虛妄我戲論；　又離聲聞，愚無我戲論。以世界實無邊際，故知此理的確也。如古冥室，一旦燃燈，誰因久住，不欲去耶？　一回病的狼狽，魂魄都已離身。鎖赴森羅殿前，判爺喝叫查簿，難得全無殺心。判爺説道戒殺，是佛教都門。世間勉强戒住的，有忽然念頭一動，甚至不可收拾。若任他憎他妒，我惟代懺代消；饒他欲鳖欲吞，我只念經念佛也。就算百千萬億之中，數一數二的好人了。即如物之被人食者，皆因巧不如人。由人智掩，術取而得。蚩蚩蠢蠢者，貌雖爲人，實與羊豕無異。亦欲竊理一分殊之説，以相傲禽獸，焉肯甘心也。若以賢當食愚，論之若輩，且將免禽獸之食，而不暇觀其驚惶逃竄。與人之畏怖王法，魄散魂飛，合門駭泣，六親踊哭，宛轉悲鳴，望人救赦，努目引首，猶冀回生者何異？人歡物慘，於心惻然，故宜見不殺者，心生歡喜。又躊躕了一會，道無奈外雖信道，隱穢頗多，却也就死得著，也罷也罷！邪穢這事，非仝戕害，實無傷損，只因污了人的聲名，使其夫不齒人群，子女耻懸眉睫。穢褻之言，最易動聽。故談及香閨，已當醜報。若以竊玉偷香爲麗字，必視敗倫傷化爲尋常。細查汝之所犯，都還名微人輕。本判司作主，竟放你去回生便了。只把我這鏡兒與你一照，使你知道隱微之處，俺這裏都繪圖列鼎似的，絲毫不得掩藏。非比陽間法度，拙敗巧逃。貧道不照猶可，照了汗出不休，舌伸三寸。羞呀，羞呀！時有一醫自言，每至人家，見可意婦，心摇摇不能自禁。念已山積，往往借題摹擬，也在那裏仝照。他又與了我一面錢大小鏡，賫帶回陽，如有不信者，以此示之。活將轉來，懷中果有圓紙一片。只消貼在壁上，俺那幾樁醜事都在壁裏邊了。若是别人，自然掩其不善，而著其善了。貧道却自受過驚怕的，惟判官之命是聽。遇人必就細述説了，不信必把鏡照與他看。咳，咳！莫道不耕不織，飽食暖衣；無子無妻，争名奪利。被窩斑是人種參禪，參出睡魔。生爲暗愎之人，死遭杻械之束。就是這没要緊、最要緊的齷齪事，做過就不見了。何名色艷情香？陽刑陰譴，即使可逃，細一思惟，有何好處呀？

【混江龍】詩魔情瘴，孜孜汲汲總堪傷。止不過紅顔一擲，好煞是白髮收場。明知是些些泡幻留空影，却羨慕種種温柔老是鄉。一似那山河巢蝶枕，樓殿鎖蜂房。高低禾黍，六代冠裳。連綿丘隴，三生面龐。假粉黛自誇瓊樹，真眉目鬢早秋霜。蠅頭利榆錢難買，蝸角名蟻陣乾忙。抛殘香履，歷遍滄桑。泉臺滋味，梅窟風光。鬼模糊，大槐宫裏勾情緣；死淋浸，長生殿角風流謊。端的是生前黑漆，夢覺黄粱。

只因貧僧地獄回來之後，戒行精嚴，延州大彌陀寺就來請去講經。收拾經擔正待出門哩，又有一個什麽孔姓公孫遊藝於此，寄個字兒要來看鏡，只得候他一候。比不得未遊地獄以前，好説出厭煩二字。（老生上）鐵索要看能解脱，鏗刀還可代超昇。彈指須超無量劫，殷勤漫奉百年身。（合十介）阿彌陀佛。（外合十答）阿彌陀佛，聞得你自稱是《楞嚴經》上精行仙，今日光降，山門生色。（老生）一來聞得延州迎講，特來送部深經，使延州人聞所未聞、見所未見。二來看看上人的紙鏡。（外接經介）多謝多謝，又叫和尚慚愧，仙人却也休笑。

【油葫蘆】寶鐸風微午未央，正齋餘清磬長。聽報道天涯仙侣叩山房，敢説道梵王宫久謝閒勞攘。馬蹄痕怎到寒方丈。原來是誦《楞嚴》十種仙，問陰司行駕枉。一聲兒東魯仙人訪，纔認得好豐龐。

（粘壁介）先生且請正坐，好看貧僧出醜。（暗開中門）（隔亮紗）（内現把戲）（末扮鏡中僧）（旦扮所戲婦）（老生大笑介）和尚果然可惡，堂客有堂客受罪的所在。怎麽你也把他當做徒弟，叫人家背脊下吃起痛苦來呢？（外）這叫做自他相見之相，萬種千般，善觀察身諸處别相，並没有後加一等的律。若知道陰司分别記帳，大家自然都不敢了。

【天下樂】即如那一覺揚州枉斷腸，癡也波狂。莽生涯把風月擔，葫蘆提閒將消息商。熱吹凉巫峽雲漲，疎消藍驛漿，也多分後面講。

（内换把戲介）（老生）又奇又奇！堂客脱鞋，最怕人看他脚指毛病的。怎麽和尚理外之嗜，錯認他做乾笋，拿來啃將起來？（外）這叫做以他受用爲自受用，以自受用爲他受用。名爲可受用，身增上出生喜。愛恒審思量，决定執是妄法。自古至今，普天之下佳人才子，未必不然。只有做和尚的，却實不該如此。

【那吒令】有幾個夫莊婦莊，齊眉的孟光；有幾個形雙影雙，離魂的倩娘；有幾個山蒼水蒼，遊仙的阮郎。不到那空樓際燕子忙，斷碑上鴛鴦榜，他怕不少年場心性荒唐。

（内又現戲介）（老生）换了一位沙彌來也，十七八歲。有了，呀呀呀！師父要時是没奈何，和尚怎麽倒叫徒弟戳起你的洞宫來？（外）這叫做令人以淫欲法供養己。總不過有滋味事，都要享用一個飽足的癡心，可醜可醜！但願世人把這竅皆樂滑的道理，與浮名浮利一樣看空。貧僧便叫千秋萬世揶揄唾駡，也都不惜了。

【鵲踏枝】猛地裏話行藏，便相携禮法王。可似彼蕉鹿無憑，僅猶乎金馬悲凉。一味美躊躕

半晌，及翻身地老天荒。（僧起揭壁）（内掩門介）

（老生）不瞞老師父說，這些没搭撒事，連我們何嘗得免。敝教只是一個寧雇寧嫖，不謀不盜。以智慧火，化多婬心。不斷癡愛，起諸明脱。所以天地縱容到此相會。其實三界都是空花，人天同歸一幻，那有著力氣處？（外）大仙恁說，咱每將來就好打做一家也。

【寄生草】想作當然認，緣因不久長。初先金石成虚謊，終須灰淚空惆悵。憐他鶯燕休欺創。休說到蕊珠宫千載玉樓文，何嘗有武陵溪三月桃花浪。

（老生）如何是色？（外）眉黛奪將萱草色，紅裙妒殺石榴花。（老生）如何是空？（外）昔日蘭亭無艷質，此時金谷有高人。（老生）如何色即是空？（外）夜夜月爲青冢鏡，年年雪作黑山花。（老生）如何空即是色？（外）曾經滄海難爲水，除却巫山不是雲。這些套括也不是向仙人饒舌的，只好各尋未生面目，圖個久後相逢便了。（老生合十介）你只把我這經去講，包你震動一時。講經的進了山門，俺聽經的敢也到了寓所也。（外）居士既恁高興，千萬不可失約。

【煞尾】你看乾坤水上鋪，日月籠中放。白茫茫何處是蓬壺瀛丈，碧落黄泉堪悒怏。嘆匆匆的幾日子優閒，纍纍的幾人兒崛强。猛回頭，年少拋人容易往。就是老彭錢鏗也有盡時，饒他黄帝、容成，至今何在？還只好看金爐裊香，對蓮臺合掌。何必向邯鄲，纔透利名韁。阿彌陀佛。

（老生）阿彌陀佛。

下場詩　一寸心懷千載恨，兩條眉帶九分焦。
　　　　澄澄月下常孤立，妖魄才魂自古騷。

第四十三齣　禮佛

（外大紅金綉袈裟上）貧僧懺罪之餘，則爲講經到此。吼，如斬毒樹，直拔其根，智慧頃開，心神怡曠。所以先師有言：辨則如春蠶作繭，自取纏綿；嘿則如舉火焚空，終將自息；悟則如一燈纔照，古暗俱除；改則如遇日春冰，何愁不化。惟身爲凡流者，心粗眼翳。回思往事，嘗若不見其有過。東滅西生，終非廓清之道。昨歲孔豈然送本經來，名《無盡意》。一來他約定來聽，不好不把他送的經講；二來路上細看，果是大乘深經；三來人情喜新，不曾聽過的越發喜聽。（升座如常儀介）

【中吕過曲】【縷縷金】（小生上）胡厮啞兩喬才，千年游四海，也來此追陪。只爲他粧嬌美，如來斯在。向叢林深處小徘徊，此來看佛會，豈徒看佛會。

俺李常在釋道二藏都在胸中，還有什麽經聽？只因延州有女白晰，孤行狎昵，慈悲喜捨，一無所却，世俗之欲，無不徇焉。竟是瑣骨佛示幻，忽而扮做挑牙蟲的，忽而扮做老縫窮的，忽而賣翠穿珠，處處穿房入室。但有得不如意眷屬，果要和他相與的，不論老少貧富，無不頃刻成交。今日大寺講經，他必假意來聽。特特約了豈然，來瞻仰他一瞻仰。他見了俺每兩個，就不説破行藏，亦必略示神通，斷不以常兒相待。聞得弦超兩口兀自要來，倒是三界奇人一大聚會哩！却休叫那凡夫看破，各人只幹各人的。和尚剛剛升座，善信還未齊哩，俺每且候候者。（小旦背瓦單上）家家都道我猶憐，被我瞞他四十年。若知不是風流物，多情心膽化寒烟。

【前腔】牙蟲痛代挑哉，縫窮縫出事，好狼狽。試把珠花賣，非同乞丐。好肌膚，何忍使沈埋。特來赴佛會，看誰在佛會。

（净、丑、老旦女扮）（副净、末、小丑男扮上）（末）今日無俗事。（副）特來參老禪。（老旦）如何起忒早？（小丑）妻被別人眠。（副）嫖客變成龜。（末）還敢發狂言。（净）輕輕撲一扇。（丑）爐中便起烟。日已將午，和尚好開口哩！（外擊木鉗錘介）聽講！凡有所作，心境不忘，皆墮輪迴，不入真實。以此世界虛空，所持實無邊際。不知境原是我，翻成主被客迷，九界自謂，各各非真，如來觀之，即佛法界。（雜）『境原是我』四字，從來不曾聽見，端的講得好也。

〔仙吕入雙調〕【銷金帳】（外唱衆合）聽師教與，心是靈光聚，爲愚迷相擔誤。人一向不審主客，未知鄉故。豈知那九界呵，非真即法，佛界原是伊，渠更那處尋路。不然他在何一處所。

（外）這叫做迷時境攝心，悟時心攝境。欲存便存，欲泯便泯。若無明轉，即變爲明。只有四大菩薩，達夢惟心，一切可造，如幻三昧，多□錯説，虛空無寄。（雜）知事所未有，夢能造之。則知隨心之色，不爲假矣！『一切可造』四字，向來也不曾明白，越發講得暢快。

【前腔】（外唱衆合）凡人講道，最是被境迷心苦。更欲存偏泯没據，休期他變轉無明，枉然辛苦。真個千般錯説，萬般迷誤。疑怎麽是幻，寄向虚空無處。誰能達夢，達夢惟心是菩。（雜）菩薩。（外）須知三界世間名不思議假，下自衆生，上盡諸佛，不遺一毛，諸皆如夢。故成佛度生，猶此夢攝，無量廣大幻境，猶如影像，入此普幻三昧，不可思議。一切世間妄想言語之所建立，神通願力悉能示現，而謂精粗同盡，不亦悲乎？（雜）『普幻三昧』四字，今日纔痛快觀。魂一離形，所見即異，可知。

【前腔】（外唱衆合）寬行幾步，普幻何思何慮。若言談如走路，只見願力神通，悉能顯著。休遺一毛，一毛也無別故。成佛援生，並没其他詞句。號不思議假，怎把精粗一屬。

（外）所以佛能分身散體，或存或亡，能小能大，能隱能彰，欲行則飛，火刃不傷。而治諸鬼王之張道陵亦能之。説到於無國土，現有國土；於有國土，現無國土。不違幻世，盡於幻智。思惟諸法，決定通達。他就要讓佛了。（雜）都是俺每不曾聽見過的，若要實心聽講，只須湊出銀錢，單演這本戲文便了。

【前腔】（外唱衆合）於無國土，現出華嚴譜。舊乾坤摧教仆。一任他能隱能彰，改换門户。思惟讓他，讓他千通千悟。兵火争傷，豈但飛行雲路。休違幻世，要聰明盡數。

（外）佛無男女，及其以欲度生，又可忽男忽女。但可以攝受人、降服人、利益人，皆一切行之。寧以此身，爲人物受罪，而終不得罪。經不許人邪命自活，若活人，雖邪命亦得。故佛有時舉體隨緣，而作人法。

【前腔】（外唱衆合）非但不是女，女女男男度。利於人不妨受捕。若做我的生徒，倒從無差誤。恒須攝受，攝受還能降住。自活自命休邪，若活人雖邪無罪，此身與物，豈不渾融也乎？

（小旦）恁地説時，奴家還該活也否？（外）問得有意思，則不知女菩薩一向做甚生涯。（小旦）一向縫窮，如今賣翠花了，是個賣花婆兒。（外）既是賣花娘子，且等翠落花枯再問。（雜背介）千萬聽經的，不會得打機鋒。他倒要來插嘴，敢又想和尚哩！（小生）你是念過經的麼？只問了知如幻化，通達無有礙。既悦可其意，乃發以道心。隨彼之所須，得入於佛智。以善方便力，皆能給足之。智慧無邊際，度脱無數衆。火中生蓮花，是可謂希有。在欲而行禪，希有亦如是。這七十個字俱全了麼？若都引入佛智了，便不該死。若并不曾度脱一人，就該死了。（小旦指介）你也在這裏麽？我若死時，你越發活不久哩！

〔南吕過曲〕【秋夜月】（小生）那怕途路，歷盡多辛苦。試問何人，曾被伊超度。無邊智慧收回去，庶驚驚我丈夫，驚驚我丈夫。

〔中吕過曲〕【縷縷金】（生、旦仝上）（生）天變壞，惱須來，因而謗無因果，復墮輪迴。（旦）弦郎，此是彌陀寺，略停車蓋。（合）看延州瑣骨上蓮臺，不同别佛會，該來看佛會。

（小旦）來得好好！許多弄虚花、扯閒帳的，今日都聚在一處。俺這風流魁首，也好辭别了這延州哩！（旦合十介）記得經論上説，而我以心，推求尋逐，微細揣摩，晝夜專念，連持不絶，心心相續，惟見妙好，無慚無愧。大言欲彼談説，欲言聳動其意。不知這『妙好』二字，何時纔成矢橛。（小旦）則你只看奴家，便成矢橛了也。（盤地上瞑誦介）世有男女相，此人自差別。以佛視人欲，如蚊蚋交感。譬如兩木機，無增亦無減。汝若發菩提，往事如空花。天女本來浄，摩登淫第一。今各成正果，浄淫無分別。誠使取浄淫，追尋了無得。如何空花相，轉輾謂真實。此是衆生心，汝何固執著。浄淫無分別，即汝妙明心。（作回首介）（雜驚視，喧呼介）這是什麽緣故，這是什麽緣故？

【前腔】（老生上）能喫酒，怕喫齋。喫得醺醺醉，便去摟新戒。講經和回向，全然尷尬。彦先他若未過陰回，誰來看佛會，爭成個佛會。

（外急下座，遥迎介）居士爲何失約，來得恁遲？（老生）只因孔末以假奪真，殺我族人幾盡。族子奔來告訴，所以稽遲。（外）恰好有這異事，貧僧肉眼難明。先生道高，或知其故。（老生）有何難知，此乃瑣骨佛也。（指生介）他見俺這弦敝友在此，蹤跡已露，見證有人，所以就坐化哩！（雜嚷介）千人騎、萬人跨的𢙝是佛爺？怪不得世之儒者，極口痛詆，漫不知畏。那洛陽東寺的師姑，一個兩個要想成佛，正好未哩！（生）你們大衆内中，若有陪伴過佛爺的，斗然一驚，曉得佛爺雜在常人之内，從此戒了頑耍，就是上報佛恩，死後定上天堂，决不叫墮地獄了。（外）原來學人終日定慧，臨終何能昏散。只恨貧道空入幽冥，依然聾瞽，可憐可憐！倒要急急請教，這亡化的女菩薩該怎麽安頓？（小生）快快抬上蓮臺，大衆禮足羅拜。過他幾年，上漆裝金就是哩！（雜）不怕他臭了麽？（生）住滅定者，藏識持身而壽，不滅亦不離，煖根無變壞。他若會得臭爛，你們以後竟不要信仙、不要信佛就是了。（外）有理有理。（雜）快抬快抬。（作抬坐介）（外）上座已畢，快些鳴鐘打鼓，點上香燭，待老僧請佛。

（雜應點燭）（各禮足介）

【佛賺】（外唱衆和）如來本是西方佛，西方佛。却來東土救人多，救人多。結跏趺坐坐蓮花，丈六金身會高大。他是十方三界第一個。大菩薩摩訶薩，摩訶般若波羅蜜。南無南無十方佛，十方法十方僧，上帝好生不好殺。好人還有好提掇，惡人還有惡鑒察。好人成佛成菩薩，惡人做鬼做羅刹。第一滅却心頭火，心頭火；第二解開眉間鎖，眉間鎖；第三點起佛前燈，佛前燈。方纔坐化的這位佛爺爺，真個是好也。快活我，快活我，諸惡莫作，奉勸世人則個。浪裏稍公牢把舵，行正路，莫蹉跎。大家早去念彌陀，念彌陀，善男信女笑呵呵。聽大法鼓鼕鼕鼕鼕，聽大法鐃乍乍乍乍，手鐘摇動勤勤勤勤，骨也能鑠配能多。木魚亂敲逼逼剥剥，海螺響處鑛鑛鑛鑛，上座道場誰人做。伏願老相公、老安人、大姑娘，禮足泥頭悉安樂。南無菩薩薩摩訶，金剛般若波羅蜜。（外）請佛已畢，請各位上香。

（旦上香福拜）（雜羅拜介）

〔仙吕入雙調〕【江兒水】（旦）如來證明，聽智瓊咨。啓我雙雙在人世，也算神通的，怎如菩薩大慈悲。元君可依，歸天有期，好些時登山渡水。

（生上香拜）（雜羅拜介）

【前腔】如來證明，覽茲情旨。智瓊勝父母，恁相保庇，豈知君更不思議。歸天有期，吾將逐

伊，已多年登山渡水。（老生、小生上香拜）（雜羅拜介）

【前腔】我師尊叫做黄山白石，論千把年在人世裏。有些煩厭，頗想歸西。西方最𩫖，蓮花有池，笑從前登山渡水。

（雜）俺每快去請個村學先生，做篇募疏，請人來看肉身菩薩。倒有好些錢趁，有好幾時齋吃哩！（小生）此疏須極其筆力，高麗無比。我寓在算命張瞎子家。你要做疏，不要你錢，非村夫子所能辦也。

【中吕過曲】【縷縷金】（合）原來是瑣骨胎，都説道共眠來。想他模樣，真個難賽。有誰知道仙佛弄詼諧，方爲好佛會，明朝再佛會。

下場詩

家家兩耳火雲烘，可憐一枝惆悵紅。
明月有情應記得，西風不見舊關中。

第四十四齣　話鴛

【中吕粉蝶兒】（老生上）夙世崔盧，未生以往，本是玉堂人物。俺孔豈然呵，地行仙，飄跡瓊都，有情娘爲鄰並。則怪的是他的東墻宋玉，不爭甚年貌門族，也只爲感彼前生，有識英雄的眼兒一顧。

在下爲何道這幾句？只因隔壁蘆篷裏住的那一夫一婦，原是吴人，乞食至廣。身長一丈，男女相同。遍問丹陽估客，據説本是兄妹，種菜爲業。其父姓宋，其母姓蘇，這漢名唤宋唐。却爲身體忒大了，兩下都没有人對得。情欲可是常人整半世忍得來的？到五十歲，還自相匹偶了，地方上人都不然他。不問他買菜，不要他做工，只得一路討飯奔到這裏來了。據我慧眼看來，女的前世倒叫做湯學士，男的反是杭氏女郎，帶著靈性走的，記得前因。他瞞著人不肯説是兄妹哩！待俺故意兒盤問盤問，使人知道世有如此異事。（雜扮男婦上）快看那長人去。（敲門介）走出來，走出來！（净扮女，副扮男上）列位要看，瞧瞧使得。只是看熊看虎，看西洋鏡，都要一文一看，難道咱不比這三樣略有趣些？一文不捨的便請休看。（雜各出錢）（男遞與男，女遞與女介）（净）這位大娘一捨就是十個老官板，難得難得。（老生）則問這位堂客，怎麽長的恰好對著長的？還是他來尋你，還是你去尋他？（净）我尋他呀！可不道一對蜂一對蝶，各自趁天公，知他是怎生。不肯教失了人情，怎禁得騰的似線斷風筝。

【醉春風】因見面陡目成，未結帶先心許，真吾夫婿果然殊。心兒裏自語語，因此上將未綰紅絲，未描眉嫵，爲伊傾佇。

（雜）瞧你兩位的相貌，倒都不像做花子的。怎麽少年時候不去讀書求名。（副）求名的我也見過，不大希罕了。（取漁鼓簡板用介）

【迎仙客】不過是上鳳衢，五花誥，耀青廬。班馬名高，在石渠捧盤盂。校圖書平生願足，彤管千秋注。

（老生）就不求名，才學也該弄些在肚裏！（净）只要形骸相稱、心意相同，倒也不在乎才色。

【上小樓】何必要惠班才富，謝娘風度。眼爲才高，情爲才多，性爲才殊。逞機鋒輸心素，纔拚個許三生，謎謎須參悟。

（雜）還是行聘做親的呢，還是道路野合的呢？（副）是不曾有父母之命，媒妁之言。

【么】那壁厢重趦趄，這壁厢費躊躕。寄語王郎，打合姻親，做意勤渠。口怎俞，心怎輸。不如歸去，斷人腸是花陰深處。

（老生）恁地説時，倒是討飯夫妻自在了。（净）也不過隨遇而安。

【滿庭芳】鸞儔鳳侶，心慵意冗，坐咄行吁，怎生打疊疼人處。菇檗含荼，魂慘澹斷，烟殘雨夢，悠揚海角天隅。便宜處，逍遥共居，省望寄家書。

（雜）討飯的倒恁得意，敢才子佳人還不及你哩！（副）再休提佳人才子。

【快活三】他簪花聊自娱，顧影轉欷歔。寫什麼字呵，能傳幽恨令人孤，况是他心先苦。

（老生）這娘子雖則討飯，倒也會走幾個俏步兒。（净）列位休要見笑。

【朝天子】生疎，雲鬟懶梳，並廢了花間步。風庭月榭盡荒蕪，怕聽嬌鶯語。俺也曾見過麽，翡翠筆床，鴛鴦綉譜。塵封魚蠹，歡娛轉孤，幾蹙回波顧。

（雜）你兩口兒恁地相得，休説別人要嫖要娶，拆你不得。死的時候，只怕還要扯著呢！（副）這個自然。

【四邊静】思量囑付，一樣招魂淚欲枯。雖没有他哀音恨譜，風雲月露，倘在冥途，悵望煞三生路。

（老生）萬一不服水土，難忍飢寒，生死的事也是難保的。（净）俺們若死，倒不肯一先一後的。

【耍孩兒】沙洲隨處埋玉樹，休問著生存舊廬。也不須卜宅近仙居，問他人視我何如。豈少了三年海上亡家客，萬里橋邊死校書。也有的做了未從夫的德耀，也有的做了枉薄幸的相如。

（雜）你唱的曲兒，果然比唱道情還好。俺每索性捨你幾個錢兒，天又雨哩，省得去街頭叫化也好。（净）飯是再討不了的。（指老生介）則這一位先生我也曾認的他，他也該曉得我的。相煩證一證明，俺夫妻便回去也。（場上以鐵絲摇紙雀介）（遮掩二人下）（雜喧嚷介）奇哉，奇哉！夫妻都長一丈，也就是千古未聞的事了。怎麽實實在在兩個蠻大的人，一霎時變做對小小鴛鴦飛去了也？（老生）要曉得他前世是人，因緣未偶，墳冢還在貴處，所以顯此神化。

【四煞】痛荒墳草已枯，盼幽林魂可呼。精靈渺漠今何所，誰知道他聽詩一夕風流夢。別恨三秋長短吁，千愁腹削，一慟消除。

（雜）客官倒曉得這樣的事，莫不有些仙意了？（老生）仙意是没有得，不過見的出家人多，覺得士農

工商，摟妻抱子，都是些骷髏生活，不要娶親罷了。似這鴛鴦鳥兒，三世以前呵，

【三煞】你淪亡抛路衢，俺飄零在海隅。虚生虚死徒相負。千年共穴多成假，白首同歸願已誣。長依附。倒是那横塘烟雨，深鳴荷蕖。

（雜）先生既是會説因果的，何不把他前因後果，説與咱每聽聽。（老生）這也使得，且再坐下慢慢聽者。那女的，前生倒是一位官宦，謫居烟瘴，花甲已周了。男的，反是鄰家女郎，年方十六，筆墨憨癡，才情自許。向聞此人舉世無兩，文章流傳海内，平日諷誦已多。每遇更闌人静，就去墻邊聽他吟咏。官宦覷見，便邀入亭子坐地。女兒自述幸生同時，私心景慕，願睹光儀，惟勿以非禮見疑，使妾有行露之愧。官宦道，小姐具此識鑒，才同道藴，何敢引嫌。女兒道，遐方稚女，有何知識，學士不以常兒遇之，有餘榮矣。官宦問知未字，我有門生，當今名士，當呼與子爲姻耳。女兒道，學士學士，你説什麽。短嘆長吁，似别有所爲，又不便細細問他。女兒却道，向聞學士有小如君，生子名幹，其身雖死，千古流香。須臾告辭歸寢，看他舉止端詳，叙致清雅，别有無限深情，使人難解。如君的鬼魂，聞而嘆道，相公相公，你知道這些個千生萬生，只在也帶些風流福分來。那小姐一意慕才，全無俗韵，見你神情不接，却借俺往事閒絮一番。我身雖鬼録，頗得靈通，眼見這段因緣，正如空花水月，但可種因，來世未得證果。今生可憐，一片真誠都歸虚幻。承他殷勤稱道，亦屬前因。趁此閒夜魂遊，不免與他夢中邂逅。那女兒果然做夢哩！昨夜别了學士，好生放心不下，不免再到那厢，把我的心事説向他去，却嘆道，我又差了念頭了。若是學士解此情由，怎便索然歸去？想起幽亭叙話，也有幾許神情抛接。

難道了不相關，終無下落？想慕風流，未能親近，不覺凄然欲泣。俺的曠見，豈以年不相如，便不輕言配偶？及聞又復播遷，不覺心逐魂飛，腸如淚迸，意亂神荒，形銷骨立。才因情重，情爲才牽，幸虧有個比方在此，天下不如意的何止俺每女兒，都是一般休了。就做了一首永訣的詩道：人世鍾情只近情，我因真實有才名。生生折損緣聰悟，拚得今生博後生。嗚咽了半晌，大慟一聲，遽然長逝。學士後來聞得，説道：平生四海無親，何意遇此青眼？小姐恁般美情，使我如何領受？生生是我斷送了他，兀的不痛煞也！小姐小姐，你具此高識，自然多怪少可。因緣不偶，豈能久住人間？即當勒石表墳，記我風流罪過。女兒的魂復來入夢，説道：去來蹤跡，變化何常。因你一番哀感，他生又結後緣矣。君亦不久人間，幸惟自愛。去也去也！學士醒來嘆道：聽他指點，言詞兀自關情不淺。病起，遂不服藥，急急魂靈趕去。女已投入菜傭之腹，成了男胎。他就鑽進肚去，願爲一女。

【二煞】徒參天女禪，空矜絡秀許，生生罪業無消處。一個別人已作沙中土，一個痛彼纔如掌上珠。愁無措，則見庭階蘭玉，化了山路蘼蕪。

（雜）他那地方，兄妹也做夫妻麼？（老生）一來花子的來歷本難查究；二來仙家情事，不論孃和女；三來他在肚裏就是一雙；四來恁長的人，不做夫妻，只好兩個都孤單哩！別人若和他一般長大，一般會變鴛鴦，纔方許他學樣。（丑指小丑介）俺這娘子，倒也是個妹子。（末）你家主婆是姑娘生的肉，雖仝源，骨已異派。律上雖然有罪，官司幸不苛求。（外）則俺每衆人裏面，也有表親老親，接續聘娶的；也有養子養媳，自小兒放在一處，恰像兄弟姊妹的；也有年紀過頭，或是前弦已斷，揀平日看在眼裏之人，央人去説合來的。雖然你貪我愛，無奈過幾十年，都要直脚了。怎麽魂兒魄兒，都叫變做個鳥兒也好。（老生）列位不知，世間原有捉住了錦鴛鴦，扭死要撏毛的哩！

【一煞】人間不久居，今生總棄餘，一場春夢無憑據。像在下呵，雖然寂寞無儔侶，携個仙童代眷屬。歸墳墓，曾無繫，念頗自蕭疎。（雜）天色已晚，散罷散罷！

【收尾】風吟蘆荻秋，月暗松杉路。争奈肉身人，倒説鴛鴦苦。道怎比得艷軟香嬌，温凉分段譜。

下場詩　歡樂不知足，戲郎嫌語少。沈吟爲誰故，撫己忽自笑。

第四十五齣　望浦

【商調集賢賓】（老旦上）俺只道纔相見，怎知離别陡。芳心一點，期許千秋。野絲蘿待依山斗，却朦朧邂逅。因由，人道是兒女鍾情，誰知是英雄擇偶。他如今一旦去了，好教俺心頭攩住，口頭難忘處，又待提心在口。心頭似珍珠脱手，口頭似骨鯁緘喉。

人道海水深，不抵單思半。海深尚有涯，單思渺無畔。奴家住在浦頭，所以姓浦。丈夫叫做乞力多，家世遊惰，蹙容瘵貌。只因祖上忒伶俐，後代兒孫胡又塗。所以嫁了十年，絶不生育，常常生病，伶俜欲死。難得一位遊山的仕客，姓李名在。學問超異，詞鋒俊發。志向疎逸，光采溢發。姸姿美質，舉措皆艶。帶著診脉打鍼，將他小便叠了。一方丸藥與我服，不上半年，胖也胖了幾倍，白也白了幾分，就受了孕。他受謝的藥金，又都把奴用度。如今謁漿的崔護又慳，使錢的子弟每村。奴家意思，家貧無可報德，要把這身體謝謝他。丈夫也肯，説俺擔糞人家，有誰笑話？誰知這人心性十分難捉，倒説道《感應篇》欲求地仙者，須立三百善。又説昔有孝子，因父愛姊妹，築室居之，使日在親側團聚。終身恐老人畏寒，夜必捧母足卧。投宿，婦留甚殷。及卧，來求薦寢。孝子曰：吾半死枯藤，寧有春意？婦怒拒之，出門奔憩古廟，真鐵漢也，亦因實力。行善之人，生則精明强固，寒暑不能侵；殁則浩然充塞，陰陽不能制，拿起脚來倒竟去了。更古怪的是，生得一子，出胎能言，纔四個月，暴長四尺。後漢馮勤之父，世代矬陋，乃爲子娶長妻，生勤果就長大，也還長没𠎝快。耶律太祖，生下便如三歲兒，也不曾有他半身。俺想，他這種藥必是仙丹，况且姿形端媚，令人無復堅白之操，巧媚才捷又膂力。心膽有異於常，豪健至不可敵。據其所述，妻妾亦皆端嚴婉淑，不由俺不存想不捨，可惜就不來了。

【逍遥樂】書堂依舊，人去猿驚，庭空鶴走。問伊人何處飄流，記得麽，良夜清遊，吟嘯隨風珠玉投。如今呵，空自把弓鞋冰透。則見虚亭寂静，别圃荒凉，池館閒幽。

咳，他生撇不下鴛鴦被，今生趲不上鮫盤淚。不免到浦頭去一望，看他來了没有。（作吟唱，行望介）

『東海洋洗不了面上羞，西華山遮不了身邊醜，揚子江流不盡腹中愁。明知你雨歇雲收，還指望天長地久。知他在那答續上綢繆，知他是怎生結的冤仇。』雖然只是幾句舊曲兒，如今纔曉得他的味道。

【掛金索】鏡去臺空，鸞配何年媾。弦斷琴孤，鳳操何時奏。成見難忘，契闊誰携手。日月悠悠，道遠還來否？

（旦披髮赤足，短衣紅袴，孩裝舞上）媽媽鞋弓襪小，怎麽不在家裏烘笋澆花，却自言自語摸到這河灘邊來呀？奶也不把我吃了，是甚緣故？（老旦）你這怪物，生出來能幾時，就和我一般長了。又就説話，敢是個怪物哩？將來要把你飯吃了，還吃什麽奶呢？

（旦）兒女原是替父母分憂的，我大得快，正好替你分些憂呀！只不知你愁眉皺臉，却爲何事？（老旦）我這點憂，是你分不得的。（東西行立介）

【金菊香】等閒愁緒，不上眉頭，則一片冰心，須那人消受。誰知道滿意兒的因緣偏不偶，一日三秋，魂欲斷，海西頭。

（小生右上左下介）（老旦頓足招手介）好哩好哩！到了對江哩！呀呀呀呀！那邊江岸分明是個人兒，爲何就不看見了？（旦）敢是娘眼花了？兒子眼裏，只見幾片雲移，一隻白鶴飛過去哩！這個人，是什麽人，你憶著他？（老旦）如今就和你説，也没用了。俺死了時，你問你爹就知道了。

【醋葫蘆】俺如逢肺腑，親如失左右手。只爲因緣偃蹇少良儔，閨閣名心屬勝流。誰知道事機差謬，小心窩怎擔閣許多愁。

（旦跳舞介）這個人，還是親眷，還是朋友？還是爹面上的，還是你認得的？就這們憶念他。（老旦）兒呵，你身體雖長得快，你知識原不曾開，你管這閒事則甚？

【么】非關拋閃新，多因憔悴久。數奇李廣不封侯，下第劉蕡偏不偶。總傷情都是一般休。

（旦拉老行介）我小則小，也知道些。就是該找的人，這浦頭也找不出。凄凄楚楚立到咱晚纔罷？還是回家裏去，把我些奶吃好。（老旦）我只今夜就要死在這浦頭了，你休還想奶吃。

【梧葉兒】他來早，骨未收，不然呵，浦岸見荒坵。則那窗間咏，亭畔留，話綢繆，抵不來夫妻唱酬。

（旦跌哭介）你既生了我了，我怎麼捨得你死？你若要死，我就先投下河了。（老旦）原來長得快的，倒是孝順兒子。我且依你不死罷了。

【么】行程遠，去路悠，當向古人求。三生約，一晌休，對衾裯，則指望他生聚首。

（内叫介）人家要討枝花，我又摘他不著。老娘立在那浦頭做什麼，快來替我一替。（老旦）我說你爹雖矬，到還知分。這一會兒怎的更蠢了，俺身體就回去了，魂也是不回去的。

【浪裏來煞】人間少，古罕儔，則恨生離死別兩無由。恨相逢，不與深分剖，只落得心頭自有。我這一點魂靈呵，早飛向海窮天盡不回頭。

我看的是李先生，兒見的是隻白鶴。原來恁個妙人，倒是個孤雲野鶴。畢竟軟煖易於孤危，叫我這肉眼婦人到那裏去找他。我也不必思惟彼我、哽痛自他了，從此以後，看經念佛，在家出家。倒是脚立麻了，走不回去哩！（旦）千辛萬苦纔弄得他長成，長成了還嫌爺娘衣食不佳，要他幫扶一點也不能彀，這樣的兒子多著，我是再不肯學他的。（駝介）爹就不蠢，也駝你不動，等兒子駝了你回去罷呢！

下場詩　不逢春雨偏濃艷，已是人間寂寞芬。
　　　　不信對花能却老，只緣無酒可澆春。

第四十六齣　會曇

（將演此齣須先素食）

（小丑弓鞋盤頭扮髮尼上）茫茫苦海喚慈航，特爲曇花啓道場。爲語府中盧駙馬，莽菻本已近西方。貧道式叉摩尼，來此盧駙馬府。只因府中花圃向種畢鉢羅花，婦人觸之方開，端是有情草木。近因駙馬誦經得力，此花忽然變種，竟成了一叢優鉢曇花了。所以啓建道場，專爲恒河沙劫淫欲衆生滅罪，請俺掌壇禮懺。俺見近日俗師禮懺，倒不如善男信女不曾剃染的拜得虔誠，所以不邀僧衆，特特捎信與孔豈然，叫他轉邀了李常在、弦超、瓊智、地祇神、韋安道、介象姊、王旻姑、李湜等一班半仙半人的道友，做一場亘古希逢的盛事，豈不比別的僧衆好些。咳，俺西方之教所以勝東魯者，全在音聲實能感召。駙馬設此懺壇，却也經營了半載，好不費事。雖則流沙有三斷，謂之三隴，他們登山渡水，却有神力，不費甚事，今日已刻敢都到也。試看這懺壇呵，青幃闉門，蒼松複道，卧龍街盤來曲澗，瀑布泉飛下懸崖。主第中侵雲鴟吻，參參差差，烟鎖琉璃，萬頸鴛鴦眠碧落。西湖畔，插漢浮圖可。叮噹噹，風搖寶鐸，一身玉珮響青霄。古斷橋，一邊水静，波中游戲放生魚； 歡喜園，四序花香，葉底綿蠻宣法鳥。圓圓陀陀，彌勒畫掛當門，笑眼歡眉迎道友； 猙猙獰獰，金剛圖張户掖，摩拳擦掌認魔王。雖没有重重疊疊萬户千門，一處處晨鐘暮鼓； 一般有清清净净三皈五戒，一行行念佛經行。供養三伸，咯咯咯咯，香積厨中齋已熟； 承當一喝，汪汪汪汪，曉鐘樓下夢初回。簷張梵網，雲端懸幾斛珍珠； 座擁蓮花，火焰簇一輪明月。紗幮籠碧，閃閃爍爍，銀臺上絳蠟輝煌； 綉幔圍風，氤氤氲氲，金鼎内香雲繚繞。正中供的具足慈容，赤珠燦頂，原來是過去佛、現在佛、未來佛三世如來，尊尊嚴嚴，沈香法體耀金光； 兩邊掛著圓通法像，瓔珞纏身，原來有一千臂、一千手、一千眼大悲菩薩，恭恭敬敬，水月現身呈變相。錦覆雕欄，幾行幢、幾行幡，飛鳳九苞翔羽葆； 雲縈畫棟，一重焰、一重波，蟠龍五爪捧明珠。香桌供奇花，早供起簇簇新新、綺緗封裹、銀鉤鐵畫； 慈悲懺懺牌鑲異寶，還畫個威威凛凛、戰袍裝束、卓杵提刀的護法神。几上清齋，無非是薝蔔花、旃檀香、蓮花炬、楊枝水、庵摩羅果和那金盤托出的酥酡飯； 壇中法器，不過是象皮鼓、蒲牢鐘、鳳頭錚、鴛鴦鈸、金聲玉磬與那木杵敲翻的鰲背魚。任他火焰夜摩天，試聽一聲梵吹，管放下無明無明無無明； 對了飛蟠牌位子，聊從世法山呼，齊祝道萬歲萬歲萬萬歲！（生上）俺魏椽弦超是也，阿姨請至拂菻禮懺，因此來者。（旦上）俺天女瓊智是也。阿姨請至拂菻禮懺，因此來者。（貼上）奴家介象姊是也，阿姨請至拂菻禮懺，因此來者。（小旦上）奴家王旻姑是也，阿姨請至拂菻禮懺，因此來者。（老旦上）小聖京兆地祇是也，阿姨請至拂菻禮懺，因此來者。（末上）俺唐士韋安道是也，阿姨請至拂菻禮懺，因此來者。（副末上）俺唐士李湜是也，阿姨請至莽森禮懺，因此來者。（小生上）俺川西李常在是也，阿姨請至莽森禮懺，因此來者。（老生上）俺山東孔十一是也，阿姨請至莽森禮懺，因此來者。（相見介）諸位仙眷都齊集了，妙呀妙呀，别人年老變醜該的。怎麽阿姨相貌，也變换得與前不同了呢？

【金風曲】〖四塊金〗（合）人耶獸耶，總脱泥途穽；　神兮鬼兮，引赴無生境。〖一江風〗笑蓬萊一座荒山，無物來將敬。菩薩呵，閒調老象行，閒調老象行，他聞玉女聲，把幾朵鮮花贈。

（小丑）今日駙馬設此道場，願以今生放言綺語之因，爲世世生生讚佛乘、轉法輪之言，滅邪見幢，燃正法炬。列位巾服，貧道與宅眷通是閨裝，不須改换，只消披上紅紫袈裟，戴上毗盧僧帽，便可以一同演習了。（衆披戴介）須請施主拈香纔好。（小丑）公主駙馬，他在懺殿門庭鳳樓之上，立南面北，隨衆膜拜，可以不必請了。（老生）如此大衆跪伏，令踐而登。待阿姨先請提綱者。（衆或跪或伏）（尼踏背登肩，於高處取函開讀介）第一皈依三寶，第二斷疑，第三警緣，第四解冤釋結，第五回向，第十一懺主謝大衆，第十二同發大願，第十三奉爲天道禮佛，第十四奉爲諸天禮佛，第十五奉爲梵王等禮佛，第十六奉爲阿修羅道一切善神禮佛，第十七奉爲龍王禮佛，第十八奉爲魔王禮佛，第十九奉爲國王神道禮佛，第二十奉爲諸王王子禮佛，第二十一奉爲父母禮佛，第二十二奉爲過去父母禮佛，第二十三奉爲師長禮佛，第二十四爲十方比邱比邱尼禮佛，第二十五爲十方過去比邱比邱尼禮佛，第二十六爲阿鼻地獄禮佛，第二十七爲屍河火丸等地獄禮佛，第三十一爲餓鬼道禮佛，第三十三爲畜生道禮佛，第三十六發回向，第三十七菩薩回向。（各執法器唱介）

【香讚】爐香乍爇，法界蒙熏，懺摩會上悉遥聞。臺上結禪雲，誠意方殷，諸佛現全身。南無香雲蓋菩薩摩訶薩。

(小丑擊磬介)是諸衆等各各胡跪，嚴持香花，如法供養。(衆跪念介)願此香花雲遍滿，十方界供養。一切佛尊法諸菩薩，無邊聲聞。衆及一切天仙以起光明臺，過於無邊界，無邊佛土中受用。作佛事普熏，諸衆生皆發菩提心。(衆起立，作梵音讚介)啓運慈悲道場懺法，一心皈命三世諸佛。(分兩班拜介)南無過去毗婆尸佛。(拜介)南無尸棄佛。(拜介)南無毗舍浮佛。(拜介)南無拘留孫佛。(拜介)南無拘那含牟尼佛。(拜介)南無迦葉佛。(拜介)南無本師釋迦摩尼佛。(内擊雲板)(衆擊手磬念佛下)(净女扮上)奴家九真趙媪是也，李八百寄字邀我到葃林看曇花，隨喜到此。(丑女扮上)奴家女國首領蘇尚娘是也，李常在寄字邀我到葃林看曇花，隨喜到此。(相見，萬福介)夫人也是來看曇花的麽？(净)正是正是！呀！諸位懺師早赴堂齋也。

【園林沈醉】〖園林好〗(合)響空山悠然唄聲，願經耳翻然夢醒。感煞你師王神聖。〖沈醉東風〗沈淪處自超昇，只這一聲清磬，早使我萬緣俱冷。(同拜佛介)願門往生，漸門往生，無非一點靈臺要洗清。

(内云)各案齋供，俱已擺設。曇花一朵，也插在殿當中了。請懺師上供者。(擂鼓介)(小丑等念佛上)(小生)二位賢卿到得恰好，也就跪在旁邊，隨著我們念誦便了。(净扭介)俺倒不會。(小生)拜拜不妨。(丑)差個把字也就罷了，我拜我拜！(内)戲箱裏金綉袈裟都使盡了。(小生)如今時，作僧俗男女一仝拜懺的，多你兩個，就照常閨裝，搭在旁邊使得。（齊拜念介）供養清净法身，毗盧遮那佛圓滿報身。盧舍那佛千百億化身，釋迦牟尼佛當來下生。彌勒尊佛、大智文殊師利菩薩、大願普賢菩薩、大悲觀世音菩薩，諸尊菩薩摩訶薩，摩訶般若波羅密。（唱介）〔供養讚〕虔誠獻曇花，香烟紅焰交加。蘭鐙點點燦明霞，法水净疵瑕。蟠桃玉李俱凡品，庵摩羅果偏佳。箜篌琴瑟與琵琶，奏向法王家。南無普供養菩薩摩訶薩。

【五供海棠花】〖五供養〗仙花散影優鉢花，香墜地無聲。古人多自省，見色悟無生。天香滿庭灑，清壇三伸恭敬。（内作木魚、鐘鼓、磬聲禮懺介）（旦、老旦、小旦、净、丑合）雲外傳鐘磬，志誠僧。〖月上海棠〗（生、老生、小生、末等合）問不著褊衫，果誰清净。（小丑捧爐）（衆執法器繞壇上）（小丑作梵腔讚介）南無過去七佛。（衆和介）（小丑）南無十方十佛。（衆和介）（小丑）南無五十三佛。（衆和介）（小丑）南無賢劫千佛。（衆和介）（小丑）南無星宿劫千佛。（衆和介）（對佛齊立唱介）〔滅罪讚〕慈悲懺，無量功德力，願滅衆生三毒罪。懺文舉處罪花飛，解了冤，懺了罪，當來直入龍華會。龍華三會願相逢，彌勒佛前親授記。南無龍華會菩薩摩訶薩。（化紙送懺介）如今且去後殿晚課，明日五更開净，然後入壇頂禮。（衆應介）正是。但有志誠。（小丑）無不感應。（俱下）（雜上）俺是馬鳴生仙師差我捎書到此的。哎呀！好一壇功果也，俺須一直進府者。

【玉肚交】〖玉抱肚〗逍遥欣幸，試回頭慚生愧生。恨無端一個輪兒狠，將人面目翻騰。（内作禮懺介）〖玉交枝〗呀，聽琅函細分因果明，生黿筒頓脱真乾净。大家奔到須彌上層，覷蓬萊只

滄波漫盈。（下）

（尼衆念佛送懺上）（唱讚介）〔回向讚〕慈悲懺，功德已全周，回向四恩井三有。（灑浄水介）願將法水洗愆尤，法雲地，菩薩惟願哀納受。（轉身向佛介）自皈於佛，當願衆生體解大道，發無上心。（齊拜介）自歸於法，當願衆生深入經藏，智慧如海。（齊拜介）自皈於僧，常願衆生統理大衆，一切無礙。（齊拜介）（問訊介）和尚聖衆。（老旦）呀呀，這裏道場完滿。那虚空之中，早現出一佛來也。（梁上抽下紙像介）（老生）這是瑣骨佛呀，前日坐化，今日敢來照證也，大衆望空叩頭者。（衆亂叩介）

【玉雁子】〔玉交枝〕（合）餘音猶剩度天風，花飄更馨，卿雲一簇空中映，忽然間身現仙靈。〔雁過沙〕雲端佛臨，瑣骨先生。想爲這壇寶懺呵，罪花謝盡無餘梗，則鶯聲燕語難描甚。（抬頭介）呀呀呀！怎麽瓶裏曇花走到瑣骨佛手裏去了，可不信乎，可不信乎？〔玉交枝〕俗因緣從今莫親，小葷腥休教更增。

（老生）造化小兒以色欲爲餌，哄人替他做個生育之具，却以百千苦惱隨其後，騙你我與那寃家眷屬齷齪糾纏。馬師父説得甚明，他在一月之前已往生浄土去了。説是西方中路有一疑城，名懈慢國，快樂安逸，人能不染，方得超越。就是盧駙馬所見東洲，囑咐我們千萬仔細。李兄，李兄，俺和你懺完之後，也不必回諸夏去了，做一個雖生不生，未死學死，吾本不生，彼焉能死，竟跟阿姨念佛，同歸安養，纔是上等主意。（小旦）我也要去。（旦）豈但你去，連我也要去哩！（老旦）元君真個去時，小聖就跟去扶侍。（生）大家都去，大家都去！（齊聲大笑介）休只笑那伐天和以成世事的，譬如割肉飾俎、刺血染衣也。

【風入松】兜將毒棒觸心窩，笑殺從來懡㦬。人間癡夢總是癡人做，今日裏癡魂齊破，好付與一聲笑呵。須知是他猶我，我猶他。

下場詩

歲月盡時情不盡，淚痕相映墨痕濃。

屋是主人人是客，怪牒奇觚宛轉通。

古今字文不同，南北語音或異，故古歌無定韵。平固未始常爲平仄，亦未始常爲仄。清固未始不叶爲濁，濁固未始不叶爲清。然自王元長、沈休文定爲八病，新安吴棫補音補韵之後，則雖嘽啾縱肆，輕儇剽殺之俗樂，亦罕用叶。足見古今之變，斷不相復，事事皆然。至於作者學識，全寓彦先談佛一段，足掩宋祁《唐書贊》，又勝元僧圓至説矣。〔一〕

〔一〕卷末署『重來倒好嬉子編，武林田翠含梓行』。